les 36 cordes sensibles des Québécois

les 36 cordes sensibles des Québécois

d'après leurs six racines vitales

par

JACQUES BOUCHARD

publicitaire

avec la collaboration
du photographe

ANTOINE DÉSILETS

ÉDITIONS HÉRITAGE
MONTRÉAL

Du même auteur :

« *The Twin-Bed Marketing Technique* », Éditions
« Belle Province » Inc., 1960. (Épuisé)

« *La publicité, toute la publicité, rien que la
publicité* », Éditions de la Table, Montréal, 1967.

En collaboration :

Le consommateur québécois, Éditions de la Table,
Montréal, Québec 1972. (Épuisé)

*Communication de masse et consommation de
masse,* Éditions du Boréal Express, Sillery,
Québec, 1975. (Épuisé)

La Publicité québécoise, Éditions Héritage,
Montréal, 1976. (2e édition, 1978)

Design, montage et typographie :

Le groupe BCP Limitée

Copyright de la couverture : Jacques Bouchard et
Idéation Enrg. (1973).
Copyright des photographies : Antoine Désilets

ISBN : 0-7773-3944-7   Imprimé au Canada

Dépôts légaux : 1er trimestre 1978
Bibliothèque nationale du Québec
Bibliothèque nationale du Canada

LES ÉDITIONS HÉRITAGE INC.
300, Arran, Saint-Lambert, Qué.
(514) 672-6710

Aux six millions

Table des matières

CHAPITRE 3

Prologue

Antoine Désilets — Le photographe est avant tout un voyant qui doit voir avant de laisser regarder.

Il peut choisir d'immortaliser les grands de ce monde, de croquer les mannequins de la haute-couture ou de sublimer les objets de la publicité. Antoine Désilets a choisi de photographier l'âme des Québécois.

Antoine a des Québécois plein ses classeurs, toutes nos binettes, des plus connues aux plus modestes. Pour choisir trente-six photos, il vous en laissera voir trente-six mille... et vous n'aurez pas tout vu.

Antoine fait des constats: sa lentille capte nos travers, corrige nos défauts, elle nous fait réfléchir, nous veut meilleurs. Dans la chambre noire, quand son révélateur agit, Antoine Désilets nous tient un discours politique.

Il entre dans l'oeuvre d'Antoine Désilets une telle part de création qu'on peut parler de lui comme d'un artiste-photographe tout comme l'on parle d'un artiste-peintre et, à l'instar des cinéastes qui se veulent sociologues, Antoine est devenu un photographe-sociologue.

14   Malgré tout, Antoine qui est modeste, vous le connaissez, va rougir de s'entendre proclamer « *notre photographe national* ».

Jos Tremblay — C'est dans la meilleure tradition de la publicité et du behaviorisme que je me suis constitué un « panel d'experts ». Il s'agit de huit Jos Tremblay, sur au moins une bonne centaine du même nom, qui viennent de huit régions différentes du Québec.

Ne cherchez rien de scientifique à mon « club de Jos Tremblay ». Il s'agit d'un acte intuitif de ma part, question de me rapprocher de la vraie source tout en jouant un peu à la patronymie québécoise.

En publicité, on va instinctivement au feedback, « cherchant dans la parole, la réponse de l'autre » : la rétroaction est l'objectif de toute communication, qu'elle soit discours, annonce commerciale, livre, éditorial ou sermon.

J'ai trouvé chez mes amis Tremblay et de la couleur locale et des mots et des idées; j'ai aussi trouvé beaucoup d'encouragement et d'amitié. Sans eux, que le projet du livre « chicotait », j'aurais peut-être lâché à la première difficulté venue.

Et en les écoùtant, au magnétophone, j'ai réalisé que s'ils étaient différents par leurs cordes, ils étaient « un » par leurs racines, du professionnel à l'ouvrier et du plus jeune au plus vieux, qu'ils étaient tricotés serré, une maille à l'envers, deux à l'endroit, comme une crémone du pays.

Pour le besoin des « Trente-six cordes », *il n'y a qu'un seul Jos Tremblay*: celui qui s'exprime au hasard des chapitres qui suivent. Ce héros « fondu » se contredit souvent. Mais il est en cela fidèle à lui-même.

Je dois beaucoup à Jos Tremblay. Je lui exprime toute ma reconnaissance pour ces heures enrichissantes que j'ai passées avec lui et les membres de sa famille au cours des étés 1975 et 1976.

Au commencement — C'est à Toronto, en octobre 1962, que j'ai formulé la première approche aux « cordes sensibles ».

Mon but était de démontrer à un auditoire d'annonceurs anglophones que la publicité créée au Québec est plus efficace que « l'autre », traduite en « Toronto French ».

Cette conférence, intitulée, « *The six chords of the French*

Canadian consumers », (en français, « Les six cordes du consommateur canadien-français »), fut reprise le lendemain dans un quotidien de la Ville-Reine sous le titre, « *The six chores of the French Canadians* », ou si l'on veut, « Les six problèmes des Canadiens français ».

Cette torontoiserie, loin de me décourager, allait me convaincre que le coup portait, que l'argumentation des « six cordes », directe, pragmatiquement anglaise et quasi-irréfutable secouait les puces des plus sceptiques. Je me promis bien de parfaire ce terrible engin de guerre et cela, le plus tôt possible.

Mais le publicitaire propose et ses clients disposent. Je ne devais revenir « aux six problèmes » qu'en 1972, dix ans plus tard, au cours d'un voyage en Amazonie qui pour des raisons adverses s'étira au-delà de mes espérances.

La nostalgie du pays, ou la distance, me ramenaient mentalement au Québec, aux racines des Québécois. J'avais le goût subit *d'un retour à l'évidence.*

À Toronto, fort de la trilogie classique « croix-charrue-berceau », je m'étais contenté de décrire, en termes assez généraux, les six racines vitales des Québécois, me bornant à y ajouter quelques-uns des comportements collectifs qu'elles nous inspirent.

Je n'avais jamais pensé, avant Manaus, à dénombrer nos comportements de consommateur, à en faire un synoptique. L'éloignement donne de la vision, c'est bien connu.

Je me mis au travail, qualités à gauche, défauts à droite, dessinant une grille, yin et yang, alternant le chaud et le froid. Je dessinais un portrait praxéologique à l'ordinateur.

J'avais en tête ce que les « bécépistes » appellent « la grille à **Languirand** », « une structure qui, recouvrant un ensemble, permet de définir ou de déterminer les éléments qui le composent, de même que de préciser les rapports de ces éléments entre eux et de chaque élément avec l'ensemble ».

Rentré au pays, je fis vite imprimer un poster synoptique de ces « 36 cordes sensibles de la masse québécoise », que je me mis à distribuer dans les universités et les Cegeps, question de recevoir le premier feedback. Le facteur, entre deux grèves, me rapporta un abondant courrier: un correspondant me traitait « d'ethnologue du dimanche », un autre de « penseur à la petite semaine » mais dans l'ensemble les lettres donnaient un feedback positif.

Je prononçai également quelques conférences dans les universités, comme « tests acidulés » des hautes sphères du savoir, cela à l'U.Q.U.A.M., et aux « Études canadiennes-françaises » de McGill, où le professeur **Yvan Lamonde**, passant des jugements sévères, allait me permettre d'ajuster mon tir. Le publicitaire interprète souvent le feedback comme une correction paternelle.

Le lecteur se rendra compte que le mot « feedback » va revenir souvent dans cet essai; il s'agit d'un terme anglais francisé et dont l'on se sert beaucoup en communication pour qualifier la rétro-action, c'est-à-dire les réactions du public qui font connaître sa réponse — bonne ou mauvaise — en regard d'une décision, d'une action, ou d'un événement qu'il a eu à observer. Cette réaction du public provoque en retour, une autre réponse des auteurs de l'initiative, tenant compte ou non de ces « échos ». Le feedback est donc un dialogue aller-retour plus ou moins abstrait provoqué par des gestes, paroles ou actions qui touchent précisément les cordes sensibles du public. (Le professeur **Jean-Paul Quinty** parle des « Feed-backs en disponibilité, rendus et retournés »).

Puisque ce livre allait parler de tous et de chacun, tous et chacun devaient contribuer à l'écrire. Autrement, comment prétendre ramasser les comportements de six millions de consommateurs dans une formule aussi simpliste? À moins qu'il ne s'agisse de la pierre philosophale de la communication!

Ce propos prendra la forme d'un synopsis chiffré, visualisable et mémo-technique, qui se situe dans l'ordre pratique des choses.

La grille que je propose n'a rien de rigoureusement scientifique ni de théorique! Mon approche est intuitive et ma démarche empirique.

Je suis, d'une certaine manière, en « *observation participative* » pour chiper les mots du professeur **John V. Petrof** dans: « Comportement du consommateur et Marketing »: « Selon cette méthode, le chercheur vit avec les gens dont il étudie la culture... il essaie de penser avec eux, de voir les choses comme ils les voient et d'arriver à comprendre la vie comme eux..., ce qui est sacrifié en rigueur méthodologique est compensé par la richesse de renseignements ».

Carl Jung, parlant de l'observation, écrit: « Je n'exige pas une observation uniquement objective: elle est impossible. Je dois me montrer satisfait dès qu'elle n'est pas trop subjective ». « Je me contente d'observer mes sujets, je ne les crée pas », dit, à son tour, l'entomologiste **Auguste Favre.**

« Je ne propose pas, je n'impose pas, j'expose » dira **Montaigne.** Pour ma part, je mets, selon le proverbe chinois, mille mots là où une seule image de **Désilets** souvent suffit. Lui et moi, nous exposons à notre manière.

Je vise à codifier des valeurs et des normes souvent séculaires qui déterminent des modes de pensée et des comportements afin que les Québécois se *reconnaissent eux-mêmes* (qu'ils en soient heureux ou malheureux).

Je cherche des ensembles, les plus cohérents possibles, ensembles de conceptions et d'attitudes communes à tous les Québécois et doublés de configurations sociales.

Mais rassurez-vous! Mon approche, comme le veut le jargon publicitaire « a été testée »; elle découle de centaines d'observations, qui, grâce à la corde 20, ont été annotées mystiquement, pieusement, monacalement, dans de petits calepins noirs.

Il faudra au professeur **Bruce Mallen** dans « French Canadian Consumer Behaviour », la somme impressionnante de 53 études comparées du marché consommateur québécois, pour dégager six cordes sensibles, (loyauté de marque, hédonisme, conservatisme, sensualité, inconscience au prix et patrimoine). En chercheur structuré, **Mallen** va s'arrêter au seuil du paradoxe, là où l'intuition pouvait débloquer sur « la connaissance pressentie ».

Le Québec, protégé par une citadelle, une muraille de Chine et un kremlin, demeure un des plus intéressants laboratoires de communication au monde. C'est dans ce labo que la formule des « 36 cordes » a été testée par le truchement de campagnes de publicité, de milliers d'annonces à la télévision, à la radio, dans les journaux. Nous n'allons pas sous-estimer quelque chose qui marche si bien.

Cependant, ne voulant, sous aucun prétexte, prolonger un « égotrip » à même les campagnes de l'agence, j'ai commencé, dès 1974, à « collectionner » les titres des « pages 3 » des quotidiens.

Je n'ai pas mis longtemps à réaliser que les grosses manchettes des journaux donnaient des « nouvelles » de nos cordes sensibles, et cela tout autant que les placards de la publicité. Les nouvelles quotidiennes nous ressemblent; la preuve efficace est de comparer les titres de la page un de La Presse à ceux du Montreal Star...

Ainsi je songeais à actualiser les cordes, à les situer dans l'événement et l'avènement.

Je me suis même arrêté aux revues spécialisées du Québec, qui, forcément, pour s'accrocher des abonnés, dans un aussi petit potentiel de marché, doivent porter les noms de nos cordes sensibles: « Le Bulletin des Agriculteurs, Le Bricoleur, Échos Vedettes, Elle et Lui, Madame au Foyer, Québec Nature, Québec Chasse et Pêche, Revue des Spectacles, En voyage »..., enfin, toute la kyrielle.

La révolution tranquille a fait naître une abondante littérature psychosociologique du Québec, plus de trois cents titres récents que les bibliothécaires ne classent plus sous « Canadiana » mais « Laurentiana », dont le plus rebondissant, « Les Insolences du Frère Untel ». Par ses réactions, cet ouvrage de Jean-Paul Desbiens a sans doute été le plus important à être publié au Québec depuis « Le Catéchisme en images ».

Un inventaire copieux de ces essais m'a fait voir, comme dans le cas des journaux, que les cordes sensibles s'y retrouvaient immanquablement sous toutes leurs formes. Je me référerai à ces titres en temps propice et les replacerai dans la grille, comme autant de « collages », soit pour ajouter un peu de vert de gris aux cordes ou pour faire la genèse d'un travers qui tient de souche et pourrait n'être « qu'une vieille structure mentale innée, inconsciente ou préconsciente ».

Je ne prétends pas être arrivé à une sociologie globale du Québec, alors que depuis **Guérin**, et selon le propre aveu de **Fernand Dumont**, tous les sociologues québécois, mis ensemble, n'ont pas réussi ce tour de force. La richesse de la matière que fournissent nos scientifiques des sciences humaines n'en est pas moins étonnante aussi étonnante que le fait que nos hommes en vue s'en servent aussi peu.

Benjamin Sulte va essayer de nous simplifier le parcours: « C'est un peuple qui semble n'avoir qu'un même coeur et un seul esprit ». Mais allez-y voir ! Il s'agit « d'un coeur » et « d'un esprit » qui nourrissent des sentiments et des idées compliquées, des paradoxes, des dédoublements, des volte-face. J'ai réalisé très tôt, dans ces recherches, que je marchais dans un bois rempli de pièges à ours.

Les études caractéro-sociologiques des Québécois ne manquent pas, et nous pensons à **Hugues**, **Bovey** et **Guérin**. Elles calquent des triptyques connus: « régime français-régime anglais-nationalisme » ou habitant-religion-élites » ou encore « charrue-crucifix-berceau ». Je n'entrerai pas dans ces chasses-gardées, le risque serait trop grand pour un non-initié. Je m'en vais risquer ailleurs.

Je me sens comme ce motard casse-cou américain, **Evil Knievel** qui au bout de la rampe va se propulser au-dessus de 33 autobus; c'est la première fois qu'un publicitaire va tenter l'exploit d'analyser une collectivité d'humains à partir de leurs habitudes de consommation, de leurs réactions et contre-réactions aux signaux des objets (et des idées) qu'ils achètent et consomment tous les jours alors que la culture est expliquée par l'objet et que l'objet décrit la culture.

Yvan Lamonde va amortir la chute de mon saut périlleux: « *Ici, la consommation et la publicité deviennent les nouveaux descripteurs du vieux principe des nationalités; ce ne sont plus des introversions, territoire, langue, idéologies ou religion qui particularisent mais l'extroversion de la consommation* ».

Vous allez vous demander ce que font les publicitaires dans le behaviorisme? Se prennent-ils pour **La Bruyère?** ou **Ernest Ditcher?** « La clef du succès (en publicité), dit encore **John V. Petrof**, se résume à essayer de répondre le plus exactement possible aux besoins du consommateur. *Tenter de satisfaire ces consommateurs sans savoir* *ce qui les motive (les cordes sensibles) reviendrait à viser une cible en pleine obscurité ».*

Un publicitaire ne fait pas d'éthos à froid.

Un peu comme le cheval du laitier connaît sa tournée ... le publicitaire parvient, presque malgré lui, (après quelques années de métier), à flairer ce qui marche ou ne marche pas. *Il pratique le dangereux métier de généraliser des normes et des valeurs:* les exceptions ne lui ont jamais rien appris et il les ignore. La publicité, comme « la politique, est un art qui ne s'occupe que de moyenne », pour paraphraser **Lawrence Durell**.

La publicité « sans comportement » et strictement informative serait-elle utopique? Ou bien toute communication pour être efficace doit-elle contenir une certaine décharge d'éléments émotifs, *comme les utilise si bien la propagande?* D'un être émotif à un autre être émotif, quel serait le plus court chemin entre deux points, sinon l'émotion devenue comportement?

Mais avant de nous attaquer, de plein fouet, aux six racines culturelles et aux trente-six cordes émotives des Québécois, nous allons donner une assiette au postulat « consommation-comportement » et l'encadrer en définissant globalement l'Homo Consumens Quebecensis.

Avant-propos :

L'Homo Consumens Quebecensis

Par définition, le consommateur québécois est « québécois ». Il a six racines vitales. Trente-six cordes sensibles. Et, comme je vais le suggérer, six projets collectifs connaturels qu'il peut entreprendre à volonté.

Quand six millions de consommateurs se distinguent dans leur comportement des cinquante-six millions de Français dont ils sont cousins, et des deux cent-vingt-cinq millions d'anglophones qui les entourent, on peut affirmer que ces consommateurs sont singuliers, ou si l'on veut, « québécois ».

Cette première caractéristique de notre *homo consumens*, aussi évidente qu'elle le paraisse, va prendre un sens qui dépasse le simple qualificatif grammatical à guillemets. *C'est l'omnicorde.*

En dépit de facteurs historiques et géographiques souvent contraires, le particularisme des Québécois, laissés à eux-mêmes, va primer dans leurs us et coutumes et se concrétiser dans le choix de ce qu'ils consomment quotidiennement.

En consommation, le Québécois est presque toujours « plus ou moins » que le consommateur anglophone, canadien ou américain.

Son monde, et je vais bientôt vous en rabattre les oreilles, est celui de la logique paradoxale.

Des enquêtes scientifiques cherchant à cerner ses comportements, vont, comme je l'ai souvent constaté moi-même, se contredire à quelques mois d'intervalle. Et en cela, le consommateur québécois est « québécois ». Chez lui les faits contradictoires sont souvent complémentaires.

Nos ethnologues se donnent un mal fou à cataloguer la société québécoise dans des modèles classiques, comme ceux de **Weber, Lévy-Bruhl, Reisman** ou **Clark**, mais sans y réussir: on verra **Jacques Languirand** et **Marcel Rioux,** des Québécois avertis, se contredire en plein front sur la notion des sociétés appoliniennes et *dyonisiaques* et de son application à notre propre société. Ces aménités fraternelles ne sont pas rares. Quel qu'en soit l'enjeu, tout débat prouve que nous sommes « *québécois* ».

Paradoxal Québécois qui se « met en joyeux calvaire », fait « des révolutions qui se veulent tranquilles », vote « bleu » à Québec et « rouge » à Ottawa, et était, à un moment et en même temps, le plus grand pourvoyeur de missionnaires et le plus blasphématoire sacreur du monde.

Ambivalent Québécois aussi ! « Le Québec est parvenu sur le tard à la modernité, « fera remarquer **Léon Dion** », aspects pré-industriels et post-industriels coexistent encore et leur voisinage revêt des formes souvent incongrues. À plusieurs égards, l'âge de l'atelier et celui de l'automation se côtoient ».

Les publicitaires québécois savent d'instinct que la culture québécoise, comme d'autres, porte en elle ses propres moyens de communication exprimés par des tabous, des statuts sociaux, des barrières sexuelles, religieuses, politiques, qu'il existe tout un code de signaux auxquels les Québécois ont appris à réagir en tant que participants à une culture commune et qui sont autant de clochettes des chiens de Pavlov.

Dès les années cinquante, des publicitaires, conscients de la déculturisation par la traduction et voulant promouvoir la création publicitaire québécoise, n'allaient jamais à Toronto sans leur « liste officielle des différences entre consommateurs anglophones et francophones ».

Ce vade-mecum ne comportait pas moins de cinquante différences notoires de comportements, appuyés de preuves statistiques, de citations et d'exemples divers sur « la dent sucrée » des Québécois, « champions consommateurs canadiens de mélasse, de biscuits au chocolat, de Coca-Cola, de beurres à l'érable, de bonbons mélangés et de cassonade », ce qui a fait la fortune des arracheurs de dents et le malheur des hygiénistes québécois (qui estiment que 81% de la population n'a pas une bonne dentition).

Ces records de micro-marché tiennent toujours, sauf peut-être pour la consommation per capita de Coca-Cola : la ville de Mexico, qui jouit d'un climat quasi tropical, douze mois l'an, vient à peine de dépasser Montréal... de quelques bouteilles.

Le jeu des comparaisons entre anglophones et francophones a quelque chose d'odieux, soit, mais il a été longtemps (et l'est toujours beaucoup) le *seul* moyen connu des publicitaires de garantir l'immunité du territoire.

Le Québec, pour ne citer que cet exemple classique, a toujours été le territoire le moins développé pour la consommation des produits surgelés. Avec un potentiel de consommation de 27%, il ne consomme que 8% de légumes surgelés, 9% de la viande, 17% des jus et boissons; il dépasse son potentiel dans une seule catégorie d'aliments, et vous l'avez deviné, les patates frites.

Selon un publicitaire humoriste, des différences du comportement auraient été remarquées dès la bataille des Plaines d'Abraham, alors que les deux généraux ennemis, chacun lorgnant l'autre, se seraient rendu compte que leurs troupes respectives, si elles mangeaient trois fois par jour, ne se nourrissaient pas de la même façon ».

Dans la revue R.N.D. de juillet-août 1977, un jeune publicitaire francophone à la solde de l'agence américaine J. Walter Thompson donne à fond dans « le marketing désincarné » et affirme que « le Québécois type n'existe pas et que les 36 cordes n'allaient pas le convaincre du contraire ». Il n'y a que des statistiques, que des « tête-de-pipe », rien de « québécois »... et plus rien à dire.

Mais les derniers porteurs d'eau de la publicité se meurent au Québec. Le Québec reste « un marché de mini-marchés », la culture québécoise ayant tout un réseau de sous-cultures régionales ! Ce sont des différenciations qu'il sera intéressant de replacer dans la grille des cordes sensibles, certaines d'entre elles, comme on s'en doute bien, seront plus typiques à des régions qu'à d'autres.

On sait par exemple que la région de la ville de Québec est le château-fort des buveurs de gros gin, que Chicoutimi se distingue par ses propriétaires de grosses voitures, que « contrairement à ce que l'on pourrait supposer, c'est dans les foyers montréalais qu'on retrouve *le moins d'électroménagers* et que c'est dans les régions les plus reculées que l'engouement pour les appareils électriques de toutes sortes est le plus répandu ». *Ainsi, moins de 50%* des foyers de Montréal possèdent des télé-couleurs, des sécheuses à linge et des lessiveuses électriques alors que la proportion pour ces appareils oscille de *60 à 80% ailleurs au Québec*... Les records, dans ce domaine, appartiennent presque tous à la ville de Sept-Iles, cependant qu'elle est chauffée de près par plusieurs centres régionaux comme Hauterive, Roberval, Chicoutimi, Matane et Rimouski.

Au Québec, des marques nationales ont touché rapidement

des volumes de ventes bien au-delà de la moyenne nationale, d'autres, par contre, n'ont jamais percé la moindre brèche dans le marché.

Il a toujours déplu à certains marketers anglophones de percevoir les différences du marché québécois puisqu'il leur fallait alors chambarder leur vie... engager des représentants de ventes francophones, avoir des étiquettes bilingues, faire des campagnes de publicité autonomes pour le marché québécois. Cela ne faisait pas l'affaire de tout le monde. Il y a à peine trois ans, à Toronto, un professeur de marketing affirma devant un auditoire de quelque trois cents annonceurs anglophones que « la seule différence notoire entre les *deux consommateurs canadiens était le revenu disponible* ». Et comme vint le conclure, à ce même symposium, une publicitaire québécoise à la solde d'une grosse agence américaine, le « Toronto French », c'est-à-dire la traduction, « *était donc plus que convenable* ».

Je conserve, dans mon sottisier de la publicité, une annonce, parue en 1961, qui invite les Québécoises à « faire parvenir leur recette favorite de plum-pudding »... une autre pour un sel hépatique qui traduit « Abbey's every morning » par « Abbey's tous les matins ».

Le professeur **J. V. Petrof** cite deux autres cas récents de pure aberration publicitaire qui nous viennent de Toronto et des U.S.A. ; le lancement raté du dentifrice « Cue », à l'assonance française peu catholique et mis en marché à l'encontre des recommandations de conseillers publicitaires francophones (également cité par **Jean-François Pelletier** dans « Une publicité en quête de qualité ») et la ridicule campagne d'un javelisant, traduite de l'anglais, qui annonçait « Une nouvelle révolution de blancheur » à des ménagères québécoises qui depuis toujours avaient été les plus importantes utilisatrices nord-américaines de produits javelisants. Comme quoi on peut investir des fortunes pour annoncer que « Noël sera un 25 décembre, cette année ».

Le Québec est devenu un immense cimetière de ce genre de campagne de publicité. Des annonceurs, et non les moins importants, ont toujours trouvé plus commode d'établir des ressemblances niaises entre les deux marchés alors que les différences crevaient les yeux des plus myopes.

Ainsi, quand nous voudrons établir une communication avec la masse québécoise, lui vendre un produit ou une idée, il nous faudra accepter, à priori, que cette masse est « québécoise », donc différente et ce par ses cordes sensibles.

Ce n'est pas avant 1970, que j'ai commencé à tester rigoureusement ces « cordes » dans le laboratoire « bécépiste ». Avant, l'agence avait joué de cet instrument à cordes, intuitivement, par oreille, plus intéressée aux archétypes mondiaux, à des mythes et des symboles flous, qu'à la réalité québécoise quotidienne.

Nos dernières campagnes comme « Qu'est-ce qui fait donc chanter le p'tit Simard? », « Dominion nous fait bien manger », « C'est quoi ton code postal? », « L'Aircaneurope », et « Mon bikini, ma brosse à dents » pour Air Canada, ou « Lui y connaît ça », et « On est six millions... », de Labatt, sont toutes facilement décodables selon la nouvelle grille.

La formule a également été chauffée en éprouvette à l'occasion de plusieurs campagnes électorales majeures : elle a démontré la même efficacité.

Il n'est jamais facile de nier ou détruire ce qui a donné des résultats tangibles.

Chapitre

Les six racines vitales

Mon objectif sera d'aller au bout des Québécois.

Si un individu ne se connaît jamais lui-même, un peuple se connaît encore moins.

Nous allons essayer de cerner ce peuple québécois dans ses racines, là où il est fixe, immuable et tout nu, là où, après un périlleux concours de circonstances, il s'est défini lui-même et donné un type social.

En tant qu'usager de biens, de services et d'idéologies, l'*homo consumens quebecensis* va puiser quotidiennement les stimulations de ses actes décisionnels *à même ses six racines vitales* dont les connotations sont tout autant économiques, géographiques, politiques, sociologiques, écologiques, biologiques que psychologiques. Alouette!

Les Québécois sont, de par leur patrimoine génétique culturel:

A) de souche terrienne.
B) en état de minorité.
C) géographiquement nord-américains.
D) de religion catholique.
E) d'origine latine.
F) d'ascendance française.

Ces racines ont été, ailleurs, plus abstraitement libellées: terriennité, minoritairité, américanité, catholicité, latinité et francité.

Le type social du Québécois ressemble à un bouilli aux légumes; on ne s'attarde au goût d'aucun légume en particulier mais si le chou a été oublié, on s'en aperçoit vite.

Par ses multiples racines le Québécois est *hybride* et *paradoxal*, (de ça, je ferai abondamment la preuve). Comme il s'enchevêtre souvent dans la multitude de racines, il en tire des comportements contradictoires et primesautiers qui font frémir les manufacturiers et trembler les hommes politiques.

Or, cette hérédité des racines est *immuable*. Par le fond, nous *serons* toujours ce que nous avons été : ce disant, je ne suis pas fataliste (corde 22), mais au contraire, admiratif et optimiste (corde 25). Nous avons dans notre inconscient collectif, comme dans un sous-sol minier, des richesses insoupçonnées, *les cordes sensibles*, et ce sont elles, mobiles, que l'on peut travailler au corps.

Mais restons-en pour tout de suite aux racines.

a

Les Québécois sont de souche terrienne

Au début des années cinquante, la société canadienne-française au grand étonnement des ethnologues, passe, en criant ciseaux, de société agricole à société urbaine. On en parle encore.

La société québécoise va subir un choc et il y a de quoi: de quatre-cinquième rurale et de huit-dixième autonome, elle retourne ces proportions à l'envers comme s'il s'agissait de simples imperméables réversibles.

C'était notre deuxième grand déplacement: En 1760, les Canadiens français, alors massivement citadins, se retirèrent sur des lopins de terre; c'est de ce refoulement que l'affection de l'habitant pour sa terre va s'assimiler à un sacrement, à une religion.

« Nous sommes tous, à trois générations près, des habitants », dira Jos Tremblay.

Duplessis, finaud, répétait, en distribuant ses largesses aux comtés ruraux, « qu'il y aurait toujours au moins un cultivateur dans chaque famille canadienne-française ». C'était l'époque triomphante des gros ministres de l'Agriculture. L'adversaire de **Maurice Duplessis**, Adélard Godbout était lui-même cultivateur-agronome, pomiculteur de Frelighsburg et fils d'un homme du sol.

Le peuple, qui ne manque jamais d'à-propos, va suggérer sa

32 propre version de ces mutations ethnologiques: « On peut sortir un habitant de la campagne, mais on ne sort pas la campagne d'un habitant ». Et la folk-société va aller faire un petit tour en ville !

À la fin des années trente, le Ministre **Laurent Barré**, un cultivateur, va inviter les écoliers de la province à participer à un concours de composition inter-collégial sous le thème, « Emparons-nous du sol ». Quarante ans plus tard, un film québécois, « La piastre », du cinéaste **Alain Chartrand**, sera un long réquisitoire en faveur du retour à la campagne.

Ce thème de la nostalgie de la terre, de l'opposition entre la ville et la campagne, du « déchirement », va rester un sujet favori de nos gens de plume: un récent roman, « La Mornifle », de **Jacques Garneau**, m'aura tenu par ma racine terrienne, puisque comme l'auteur, j'ai vécu à Sainte-Rosalie où se déroule l'action.

Suivant un phénomène qui est plus écologique que « de kolkhoze », des jeunes « décrochent à demi », professeurs, publicitaires, journalistes et avocats, reviennent au métier de leurs ancêtres et se disent « habitants ». Le mot n'a plus le sens péjoratif de « T'es un maudit habitant » et a repris d'un seul coup toute sa noblesse, celle de la terre, qui est la seule noblesse de la masse québécoise. Ce qui faisait dire au Marquis de **Montcalm** que nous étions tous passablement « paysans »...

Gérard Filion, dans « Notre Milieu » décrit ce « paysan » classique, « l'habitant » de la grande noirceur des années quarante.

« Il a gardé de ses ancêtres français les qualités essentielles de sa race au physique — il est sans être très robuste — d'une endurance incroyable « il a du chien ». Il a des aptitudes très naturelles pour tous les métiers. Au moral — le paysan canadien-français est le frère siamois du français. Du coeur à l'ouvrage, et de la constance dans l'effort — mais il manque de vision — c'est un calculateur mais à courte échéance. Il est très hospitalier et aime à fréquenter ses parents et ses amis — ce qui ne l'empêche pas d'être chicanier, plaideur obstiné et parfois batailleur. Il est attaché comme pas un aux biens de ce monde — sa terre, ses animaux et son argent... Autant il est sobre et frugal en temps ordinaire — autant il mange et boit avec excès en certaines circonstances durant le temps des Fêtes, aux noces, aux corvées — il passe pour ivrogne mais il est rarement alcoolique. On remarque chez lui un curieux mélange de crédulité vis-à-vis les étrangers et de défiance envers les gens de son entourage. Il est en général très honnête et respecte sa parole. S'il boude son voisin depuis longtemps, il cherche quand même à savoir ce qui se passe chez lui. Il méprise volontiers les collets blancs — mais a l'ambition d'avoir un de ses fils, prêtre, avocat ou médecin — au prix de lourds sacrifices. »

Cette citation est longue à dessein : si vous aimez les exercices pratiques, il vous sera facile de revenir coder le texte de **Filion** selon la grille des cordes sensibles ; ou encore de jouer le jeu des différenciations régionales entre les types « d'habitants » classiques du Québec selon qu'ils sont du Plateau laurentien, de la Plaine du Saint-Laurent ou du Plateau appalachien, et d'après ce que les 120 jours annuels de culture mixte ont bien voulu les faire...

Ce sont les cultivateurs de la région de Montréal, trimant à la culture maraîchère et à proximité des grands débouchés qui vont s'en tirer le mieux : les Lalande (le superbe Cyril Lalande que j'ai fait jouer comme une grande vedette dans un commercial de Labatt), les Lalonde qui nous ont donné un Ministre fédéral, les Lavoie, les Bigras et les autres, véritables seigneurs de la terre « et dont les enfants, souvent dix ou douze, vont faire des cours classiques ». Il n'en sera pas de même partout : dans la région appalachienne du Bas St-Laurent et de la Gaspésie, selon les dires d'un curé de la fin du siècle, les « habitants » sont arriérés, plus conservateurs, ignorants et partisans en politique donc, facilement exploités, et dépendants du curé qui agit en tout ». Les habitants du Plateau laurentien, du lac Saint-Jean, de l'Abitibi, du Témiscamingue, sont, selon une autre source, « plus casaniers, plus communautaires aussi, plus autonomes et plus industrieux qu'ailleurs » : « les femmes veulent être à la page à tout prix, confortables dans leur maison et bien habillées ».

Jacques Godbout commente l'influence de notre racine terrienne : « On découvre qu'il y a ici deux écoles de pensée : l'une qui croit que l'homme est sans cesse en lutte contre la nature et n'existe que les jours où il désouche et brûle la forêt ; l'autre qui reconnaît au milieu naturel un rapport avec les habitants (écologique) difficile à décrire mais qui ne s'arrête pas à la dramatisation bête du combat contre la nature, assimilé au mal ».

L'analyse des six cordes terriennes, dans notre laboratoire publicitaire va donner raison à la deuxième hypothèse, *celle de l'homme en harmonie avec la nature*. Le Québécois aime la forêt, elle l'attire et le charme par son mystère : bien souvent, d'ailleurs, c'est elle qui lui donnera sa nourriture.

Un été assez long pour réchauffer nos cordes latines et un hiver qui nous nordicise vont nous donner une âme à l'image de nos paysages. Tout osmose, les saisons de la racine terrienne nous rendent paresseux l'hiver, amoureux au printemps, besogneux l'été, et mystiques en automne.

Quelle belle racine !

b
Les Québécois sont en état de minorité

Le Québécois est minoritaire.

Selon le juriste **Capitant**, une minorité est une « collectivité » de race, de langue ou de religion, caractérisée par un vouloir-vivre collectif, englobée dans la population majoritaire d'un État dont ses affinités tendent à l'éloigner ».

Pour son plus grand malheur, c'est en entretenant le sentiment d'être inférieur que le Québécois vit cette situation.

Quant à **Sagarin** (1971) qui, à plus d'un égard, rejoint **Wirth** (1968), il déclare: « In a pluralistic society, when an ethnic group, or several of them, is kept in a subordinate position and its members are judged collectively rather than individually, the subordinate ethnic collectivity is called *minority group* ».

Nous en sommes venus au cours des années à surestimer à tel point notre état de minoritaire que ça nous sert à expliquer nos faiblesses collectives, à rationaliser nos complexes, à trouver notre nombril beau.

Aurions-nous perçu la description de **Memmi** comme le piège à éviter: « L'état de minorité ou de colonisé, écrit-il, peut mener jusqu'à l'amour du colonisateur et à la haine de soi », au risque de tomber dans le modèle des anthropologues classiques (nous qui habituellement aimons tant nous différencier !). **Evereth Hagen** décrivant le groupe soumis au traumatisme collectif d'une colonisation ou d'une conquête dit qu'il :

1) réagit spontanément contre le conquérant ou le colonisateur pour sauver sa propre identité vis-à-vis de « l'autre » ; 2) cette réaction de défense prend d'abord la forme d'une négation (rejet) du système de valeur de « l'autre » et d'une retraite sur soi ; 3) le conquis ou le colonisé *tend à surévaluer ce qui le distingue de « l'autre »* et ce dans quoi il est cantonné par force : il devient le missionnaire de ces éléments de sa situation ; 4) le conquis ou le colonisé s'enferme dans une vision autoritaire du monde, ce qui constitue un système de protection ; 5) toutes ces réactions, par leurs influences sur la constitution de personnalité, entraînent une inhibition de la créativité collective en faveur de la conservation de l'héritage du passé.

Nous avons tous connu des Juifs antisémites, des Noirs négrophobes et des Québécois « mange-canayens ».

Le Québécois serait trois fois minoritaire : Canadien, il est économiquement minoritaire en Amérique du Nord, vis-à-vis des Américains ; Québécois, il est historiquement, politiquement et (encore une fois) économiquement minoritaire au Canada ; francophone, il est minoritaire dans la francophonie.

Woodhouse, s'inspirant du modèle de **Wirth,** écrit dans son introduction à « Minorities and Politics » : « Minorities can be pluralistic seeking toleration for their own way of life along with full civil and economic rights in the host society. If successful in this, they may then seek full assimilation. But if frustrated in this aim, they may seek complete separation from the dominant society either by establishing a new nation of their own or by joining another nation with which they identify more closely... ».

L'émergence de la société noire américaine, depuis les événements de Little Rock, n'a pas laissé les Québécois indifférents : le Québec a eu ses Black Panthers et ses « étés chauds ».

Les leaders noirs se sont attaqués très tôt aux symboles « blancs » véhiculés par la publicité, en insistant pour avoir des interprètes de leur race dans les annonces électroniques et les imprimés. (Les Noirs des États-Unis constituent un marché-consommateur presque aussi important que tout le marché canadien).

Le mot « québécitude » existe tout comme « négritude ».

J'ai fait valoir ce rapprochement des deux minorités devant des Anglo-saxons, qui ont refusé de l'accepter. Dans « Le Juif et le monde moderne », **Annie Kriegel** tiendra, tout au long d'un chapitre, une comparaison serrée entre les Juifs et les Noirs, « ... passé esclavagiste, diaspora, ghetto... *qui les font ce qu'ils sont à leurs propres yeux et aux yeux des autres* ». S'il y a des Noirs de religion juive, il n'y a pas à proprement parler de « nègres blancs » mais il y a des inférioritaires et ils se ressemblent, par proximité, par convergence et par connexion.

Les Noirs américains, après avoir voulu l'assimilation crient maintenant à tue-tête que leur « Black is beautiful! » et rejettent le « *passing* », l'état où un Noir pouvait presque « *passer pour* » un Blanc. Ils se réafricanisent et ce qui était stigmate devient source d'orgueil.

Les Juifs qui veulent passer pour des Anglais se font plus rares. Comme les Québécois, les Juifs oscillent dans leurs extrêmes: « Pauvres, dit un personnage de **Mordecai Richler**, ils seront « plus juifs »; riches, ils choisiront ce qu'ils veulent être, là où ils veulent l'être ».

Chez les trois minorités d'Amérique du Nord, la racine américaine l'emporte sur « l'infériorisante » racine minoritaire: les Israélites d'ici font de spectaculaires campagnes de souscriptions en faveur d'Israël, à distance, les Noirs ont adopté la coiffure « afro » et ravivé les objets du folklore, à distance, les Québécois échangent des émissions de télé avec la vénérable O.R.T.F., au-delà de l'Atlantique. Toutes ces manifestations filiales ne feront pas revenir les minorités à leur mère patrie.

Alex Haley, poursuivant ses recherches en Afrique, s'étonne: « Ils sont tellement noirs, tellement purs... En Amérique, nous nous promenons avec une curieuse de génétique ».

Au fond, c'est plus intéressant de négocier que d'abandonner. « Le problème, me dit un collègue de Toronto, *c'est que vous n'avez jamais cessé de négocier les conditions de la défaite des Plaines d'Abraham* ».

Le pendule n'arrête jamais.

Il oscille à droite: au début des années cinquante, il était convenable chez nos hommes d'affaires de s'osmoser à la société anglophone, d'être du St-James Club, d'habiter le South Shore, et même d'épouser une de ces belles grandes filles au teint de pêche. « J'ai même appris à rire du nez me dit un collègue ».

Et le pendule oscille à gauche: trente ans plus tard, des étudiants en commerce soutiendront mordicus qu'il n'est même pas nécessaire de parler l'anglais pour réussir en affaires au Québec. De l'ancienne mode de s'angliciser, on passe à la phobie de le faire; nous conservons les mêmes manifestations du comportement minoritaire.

Il n'y a qu'un pas entre le complexe d'infériorité et celui de supériorité.

Ces réactions, et tant d'autres, vont donner aux Québécois

38 des codes de consommation particuliers. Nous allons revenir aux six vibrations de cette racine dont la sève amère n'aurait légué aux Québécois que l'orgueil de leur humilité, des contre-réactions pisse-vinaigre et le goût de beaucoup en parler.

C

Les Québécois sont quotidiennement nord-américains

Cocacolonisation ou non, nous n'allons pas craindre de nous « américaniser » puisque nous sommes Nord-Américains sans être forcément « yankees ».

Nous n'allons pas devenir schizophrènes parce que les Américains sont nos voisins. À force de vouloir éviter les « hot-dogs », nous pourrions rater une partie importante de la technologie, des sciences humaines et des arts.

Les Québécois, premiers blancs à habiter l'Amérique, se sentent solidaires du continent, de « la grande baignoire », et s'y sont adaptés avec bonheur. Si toute culture pour survivre doit être perméable et adaptable, la nôtre fait ses preuves tous les jours et avec les honneurs de la guerre.

Au milieu du XVIIIe siècle, les Américains poussent l'Angleterre à se battre contre la France et à la déloger de l'Amérique du Nord. « Point de repos à espérer pour nos treize colonies tant que les Français seront maîtres du Canada », écrira un fils de l'oncle Sam. Ce sont ces mêmes impudents qui viendront, un siècle plus tard, nous demander de les aider à déloger les Anglais de leur pays. On refusera. Ça leur apprendra !

Léon Dion, dans « La prochaine révolution », écrit: « Une particularité du Québec consiste dans le fait que nous avons, ici plus qu'ailleurs, à relever le pari américain parce que nous sommes plus près physiquement, géographiquement et intellectuellement des États-Unis. Nous pouvons toujours dénoncer les États-Unis mais nous aurons peine à vivre en marge ou à l'écart du continent. Par conséquent se pose la double nécessité d'accepter la présence des États-Unis et de tenter, en ce qui concerne les Québécois francophones, de le faire « à la française ».

Ou le faire « à la québécoise ».

Pierre Vallières, dans « Le Québec impossible » dit que « le Canada est un état américain en liberté surveillée ».

Marcel Rioux surenchérit : « Il ne fait pas de doute que « l'animosité » de la population québécoise, prise dans son entier est plutôt dirigée contre le Canada que contre les États-Unis. Ce qui indique que l'aliénation nationale est plus vivement ressentie que l'aliénation économique et culturelle ».

Cette racine pratico-pratique rend le Québécois quotidiennement conscient de son héritage matériel et temporel. C'est l'antidote au poison que secrète la racine minoritaire.

La racine nord-américaine, profonde, puissante, juteuse, véhicule les éléments hétéroclites de « notre » anglophonie ; c'est l'influence quotidienne et aspirante des millions d'anglophones qui nous entourent, au Québec, au Canada, aux États-Unis, sans oublier l'influence directe des autres pays du Commonwealth et de l'Angleterre elle-même.

YES SIR !

Cette racine pousse également en terre amérindienne, mais nous préférons ne pas trop en parler ou raconter des balivernes comme « les sauvages apportent les p'tits Québécois à leur maman », (souvent, après leur avoir donné des coups de bâton sur les jambes qui nécessitent quelques jours à l'hôpital…)

Dans « Je suis une maudite sauvagesse », la montagnaise **Anne André** écrit cette phrase, pointue comme une flèche : « *À mon avis, de tous les peuples de la terre, il n'y en a vraisemblablement aucun qui ait la fierté de la culture et de la langue du peuple voisin* ».

Il est étrange, par les temps qui courent, alors que la conscience des Québécois est à l'encan, *de vouloir régler le problème de ceux qui nous auraient tout pris sans vouloir auparavant régler le problème de ceux à qui nous avons tout pris.*

Nous *devons* « aux sauvages », à part nos p'tits frères, des produits de consommation comme le sirop d'érable et la gomme d'épinette ; des méthodes de germination et de conservation de céréales et de légumes ; des techniques de pêche, de chasse, de transport comme la raquette et le canot ; des vêtements, vestes de peaux, mocas-

sins et « mitasses » ; nous leur avons emprunté plusieurs mots et des
centaines de noms géographiques.

Ces « peaux rouges » sont souvent nos cousins directs par « des unions, dira un Jésuite de l'époque, dont nous ne savons que penser... » à tel point qu'un quart de million de Québécois auraient du sang amérindien dans les veines. **Dollier de Casson,** potineur, le **Édouard Rémy** de son époque, rapporte le cas du malheureux **Sieur de la Barre** : « **Maisonneuve** fait repasser en France, en 1645, **de la Barre** à cause d'une « sauvagesse » qu'il engrossa ». Plus près de nous, il y a **Jack Monoloy**... et tous les bouleaux de la rivière Mingan s'en rappellent...

Le « Red Power » québécois, comme le « Frog Power », s'agite depuis une quinzaine d'années, (il ne fallait pas laisser **Sol Alynsky** venir au Canada), et à l'instar des Canadiens anglais devant les aspirations du Québec, nous ouvrons des bras interrogatifs en demandant : « What do they want ? »

En dépit du fait que les Amérindiens pensent, que notre « Je me souviens » est passablement édulcoré, notre appartenance continentale n'est pas d'hier : dès 1630, elle engendrera une certaine rivalité entre les « habitants », les vrais, ceux qui « habitent », et les « hivernants », fonctionnaires, soldats ou traiteurs de la Métropole française, « profiteurs, qui s'en vont le premier printemps venu ». Ces aménités donneront naissance *au premier de nos nationalismes particuliers* de la corde 18.

Même si la langue de Shakespeare a essuyé quelques avatars depuis le « 15 », le Parlement de Québec est anglais et américain de tradition : *à l'Angleterre*, avec l'Acte Constitutionnel de 1791, nous avons emprunté le système parlementaire et monarchique (terres de la *Couronne*, commission *royale* d'enquête, etc.); à la constitution des U.S.A., avec l'Acte de l'Amérique du Nord britannique de 1867, nous avons adopté le caractère fédératif des deux niveaux de gouvernement. Seul, le Code Napoléon nous vient de la racine française.

Quand on veut tâter le pouls du Canada ou du Québec, il est bon de tenir compte des conjonctures économiques et culturelles des Américains.

Vous aurez deviné que cette racine nous réserve d'intéressantes expériences en laboratoire ; ses cordes pourraient bien nous démontrer que l'idéal traditionnel du Québécois en est un de fidélité à son paradis perdu.

Jos s'enthousiasme:

> « *Un Québécois qui ne va pas faire son p'tit tour à New York deux, trois fois par année est un arriéré! On magasine, on voit des spectacles, des musées, du monde pas ordinaire! Pour moi, New York, c'est le nombril du monde* ».

Qui a peur du méchant loup américain? Sûrement pas un Québécois pure laine.

d
Les Québécois sont de religion catholique

Le Québec est-il devenu la seule religion des Québécois? L'État-Dieu?

Commentant la Fête du patrimoine de 1977, le journaliste **Jean-Guy Dubuc** répond, avec des gants blancs: « Pour éviter de s'excommunier et de se condamner mutuellement au sein de la nouvelle « religion nationaliste » dont les dogmes et la morale sont plus rigoureux que tout ce qu'on a déjà connu, il fallait donc une référence à la fête, un pôle d'unité et de fierté communes... le patrimoine ».

Les églises et les maisons-mères sont à vendre, les curés se marient et font des enfants, les anticléricaux, passés de mode, ont dit « tout haut ce qu'ils pensaient tout bas »; un loustic vole le coeur du Frère André, **Peyrefitte** (pas le nôtre, l'autre) prétend que le Pape est homosexuel et Le Devoir ne riposte pas; un député enguirlande un évêque publiquement sans craindre de perdre son siège. C'est plus pareil.

« Cependant, pour paraphraser la boutade de **Voltaire**, le Québécois a fait Dieu à sa propre image ».

J'interroge Jos sur son prénom.

> « C'est à peu près tout ce qui me reste de catholique... Joseph. On m'a donné ce nom là en l'honneur

de Saint-Joseph d'Alma. Dans le temps, on avait tous des noms de saints pour rester sous leur protection. Les curés refusaient de baptiser des enfants avec des noms païens. C'est un fait. « Jos » ça sonne moins catholique que « Joseph ». Y paraît que les fonts baptismaux où j'ai « été fait enfant de Dieu et de l'Église » ont été vendus à des antiquaires américains... »

La « ville aux cent clochers » a des églises à vendre.

« L'obsession des Canadiens français pour ces immenses édifices, élevés à la gloire de Dieu, ne peut nous empêcher de faire un rapprochement avec les Mayas et les anciens Égyptiens qui finirent par s'épuiser à tailler, à empiler des pierres *et qui se retrouvèrent sans ressources quand vint le temps de repousser l'envahisseur* ». Cette observation apocalyptique du début des années 50, tirée de « Quebec Now », de **Miriam Chapin**, nous rappelle la carcasse de l'église Saint-Jacques, rue Sainte-Catherine, où les Barbares seraient passés en apportant les trésors et les femmes...

« *Les bons catholiques, un jour ou l'autre, éclateront* », écrivait, en 1946, le père **Marie Gaudreault** o.p., « l'intervention trop accentuée et trop étendue des hommes d'Église que nous sommes dans les choses profanes peut être une grande imprudence à plusieurs points de vue... L'anticléricalisme se développe rapidement, beaucoup plus rapidement qu'on ne le croit ».

Les pierres vont commencer à pleuvoir dans le jardin de Monsieur le curé. Les verdicts sont durs.

Andrée Benoist, dans la revue Parti-Pris, assène : « L'importance du facteur religieux dans l'éducation, valorise l'autodépréciation, la résignation, l'obéissance et la soumission ».

Marcel Rioux darde, à son tour : « Plus globalement, le Québécois reste *imprégné* de cette religion et cela se manifeste dans sa recherche d'absolu, dans sa forme déductive de raisonner, dans son penchant pour les structures hiérarchiques, dans ses attitudes manichéennes et dans sa panoplie extrêmement riche de jurons religieux ».

Maurice Tremblay, en 1950, porte un autre coup : « Ce catholicisme canadien-français nous apparaît, dans l'ensemble, *comme un catholicisme de conserve* à l'arrière-garde des transformations radicales que l'évolution du monde exige de la chrétienté. Nous avons ici un exemple de cet ultramontainisme étroit et improductif dont l'Église a fait sa principale arme dans sa politique générale de conservation et de défense de la chrétienté canadienne-française ».

Il y a moins de miracles au Québec. Moins d'apparitions !

Les *Chiniquy*, les *T.D. Bouchard*, les *Jean-Charles Harvey* sont partout! Il y en a même 37 d'identifiés à l'Assemblée nationale... Le député **Samson** demande par motion la restauration de la prière (abandonnée en décembre 1976) à l'ouverture des séances quotidiennes; il est battu à 37 voix contre 31, avec l'abstention de 10 « tièdes », qui ne voudront passer ni pour des mange-curé ni des rongeux de balustre. Et pendant que l'Université de Montréal et le Vatican se disputent toujours l'autorité suprême sur le département de théologie, des Québécois bien intentionnés posent des questions signifiantes, par le truchement de lettres à l'éditeur : « Pourquoi ne pas ordonner prêtres les religieuses et promouvoir en même temps la libération de la femme? Nos prêtres communistes seront-ils excommuniés? L'axe des politiciens et du Haut-Clergé pourrait-il revenir sous la couverture d'un socialisme québécois? » Personne ne veut répondre.

Mon curé, qui est homme de la corde 1, m'avouera que « si le matérialisme est mondial, la courte vue de notre clergé a été notoire : il ne fallait surtout pas abandonner les écoles! », affirme-t-il. En souriant, il ajoute « Il faudrait faire de la publicité... »

Et pourquoi pas?

Sacrant en tribu plus fort que jamais « des sacres qui sont moins sacrés », devenus « catholiques à gros grains », ou « païens », les Québécois vont prouver par leurs comportements de consommateurs que le « catholicisme canadien-français » les a fortement imprégnés. Comme la bienheureuse stigmatisée Italienne, ils saignent abondamment des mains, des pieds et... de leur compte en banque.

e
Les Québécois sont d'origine latine

En comparaison avec les anglo-saxons des alentours, le Québécois est latin. Ses étés sont aussi chauds qu'en Italie...

Nos origines normandes, « d'hommes du nord », (Northmen) vont nous aider à passer l'hiver mais les quelque deux mille cinq cents mois de froid rigoureux que nous avons essuyé, depuis 1608, vont souvent congeler nos ardeurs latines.

Paradoxalement, le Québécois est un latin-nordique, « les pieds froids et la tête chaude ». L'autre latin-américain, le Mexicain, est certes plus latin, mais comme il a rarement les pieds au froid, (à peine neige-t-il trois fois par siècle sur les hauteurs de la capitale mexicaine), nous n'allons pas partager avec lui une situation aussi paradoxale, aussi intéressante que la nôtre.

Typologiquement, le Québécois, sombre, à moustache bien fournie, trapu et bien campé sur des jambes plutôt courtes, est un latin réussi; la Québécoise de « cinq-pieds-cinq », rondelette, aux yeux doux et aux longs cheveux bruns, rejoint des lignées ancestrales communes aux Italiennes, aux Espagnoles et aux Portugaises. Si vous mêlez un peu de sang amérindien au sang latin des Québécoises, comme c'est souvent le cas, vous les retrouvez en copies conformes sur les plages d'Amérique latine.

Répondant à cet appel du sang, le touriste québécois visite

48 d'abord des pays latins, France, Italie, Espagne, Portugal et Mexique. La fascination qu'exercent sur lui les pays d'Amérique latine, catholiques et terriens en sus, vient du tréfonds de ses racines vitales.

Des intellectuels « catholiques » avaient caressé le rêve d'unir spirituellement le Québec aux pays latino-américains: tout latins que nous sommes, mais septentrionisés par le climat, l'idée fut reçue froidement. Il ne resta de ce rêve que « L'union des Latins d'Amérique », un club social où l'on amenait danser sa blonde dans les années 50.

La météorologie qui joue au plus malin, le climat et l'environnement physique vont donner à ces latins-nordiques des comportements aussi difficiles à prévoir que la température des saisons. Cette météo des comportements ne doit pas dérouter le communicateur: les cordes de la racine latine, nous le verrons, ne servent que « d'emballage » sonore et visuel à la communication.

Si la publicité est plus un art qu'une science exacte, ce sera aux accents des cordes de cette racine que tous les vendeurs du temple, les fabricants de produits et d'idéologies vont chanter... sur le rythme latin et endiablé de « Sico... Sico par-ci, Sico... Sico, par-là ! »

La racine latine, pour des raisons que nous expliquera en profondeur la corde 30, est celle du « sens politique » québécois. Jos Tremblay nous en donne un aperçu. Il est resté collé au bipartisme, les *bleus* et les *rouges*, qui selon les époques vont incarner tour à tour les *bons* et les *méchants*:

> *« Dans le temps, on entendait pas parler de lutte des classes. Là y a des gars de chez nous qui ont juste ces mots-là à la bouche... Selon toé y a des classes au Québec? Où ça? On vient tous de la même poignée de colons... Des religieux, c'est-y une classe? J'en ai dans ma famille. Des hommes d'affaires, si c'est une classe, j'en ai aussi... un gérant de banque et un quincailler Rona... Des professionnels, c'est-y une classe? Ma cousine germaine est mariée à un médecin... Dans ma famille, de mon côté ou celui de Fernande, t'as des gens riches, des gens instruits, d'autres qui le sont moins: quand on se rencontre, on s'parle, on est tous pareils. C'est la classe des Tremblay... »*

Ce clivage social, et nous allons le voir, nous empêche de jongler avec les principes mêmes d'une « révolution agraire » et « de plaquer de vieilles idées marxistes du 19e siècle à la réalité québécoise ».

Les cordes de cette racine nous promettent au moins six assemblées contradictoires...

f

Les Québécois sont d'ascendance française

Le fait français en Amérique et particulièrement chez nous est une réalité. Les familles Picard, Tourangeau, Normand, Breton, Champagne et Savoie des bottins téléphoniques du Québec en attestent tout en précisant leurs origines.

Il y a aussi des Beauparlant de la corde 12, des L'Heureux de la corde 25, des Dulac, Larivière, Laforêt, Després, Lavallée et Therrien de la corde 2, des Lévesque et Leclerc de la corde 20, des Lesage de la corde 32, des Laframboise et Leboeuf de la corde 13, des Mouton de la corde 21, des Latendresse, Letendre et Saint-Amant de la corde 29, des Legros de la corde 34... des Langlais et Malterre de la corde 7, des Sansregret, Sanschagrin et Sansoucy de la corde 22... tous des patronymes bien français qui décrivent des cordes bien québécoises.

Nous avons la mentalité française mais pas « celle des Français ».

Josette Alia, du Nouvel Observateur, interroge ingénument **M. René Lévesque**, un mois après le « 15 »: « Si vous ne pouvez pas négocier un marché commun avec le reste du Canada, de qui attendez-vous une aide? Des États-Unis ou de la France? ». La porte étant grande ouverte, le Premier Ministre entre: « Les États-Unis sont certainement un prolongement économique naturel du Québec… Beaucoup d'affaires se font déjà avec eux… mais il importe de réfléchir avant de marier un éléphant à une souris. Quant à la France, je dois dire qu'il est, en général, très difficile de transiger avec elle. Pourquoi? Peut-être sommes-nous finalement, comme le disait **Bernard Shaw**, « séparés par une même langue ». Nous avons beau parler, il y a entre nous et vous trois siècles, un océan, un continent, cela provoque pas mal d'incompréhension et de malentendus dont nous avons parfois souffert dans le passé ».

Parlant du milieu rural du Québec **Philippe Garigue** nous fait remarquer qu'il a peu à voir avec celui de la France. « Si un certain nombre des 10,000 Français qui émigrèrent au Canada, au cours des 150 années que dura la Nouvelle-France, venaient des régions rurales, ils n'apportèrent peu ou rien des institutions sociales de la France paysanne… comme les terrains de commune, les droits de pâturages… »

« Monsieur **Bigot**, notera un voyageur français, incarne le peu d'amour des Canadiens pour ceux de France (corde 24)… ils demandent un intendant de leur propre race », (corde 31) qu'ils attendront jusqu'en 1755.

« Le Canard enchaîné » titre en juillet 1967 : « **de Gaulle** dit aux Français canadiens que leur cordon ombilical est relié au placenta de la France ».

Voyons comment cette racine française est hyper-nord-américanisée. On va faire se rencontrer un boucher des Halles et un « coupeur de viandes » d'un marché Dominion : la langue pose un premier obstacle, l'argot de Rungis et le Franglais-joualisant ; nos deux bonhommes ne dépècent pas les animaux de la même façon, « culotte » ici, T-Bone par-là ; les clientes n'ont pas les mêmes goûts, une veut 50 livres de boeuf dans la ronde pour son congélateur, l'autre, si elle est dans les bonnes grâces du boucher, s'en ira avec deux kilos de fines tranches de bavette, « la partie réservée ».

La même comparaison entre un monteur de Renault, à Boulogne-Billancourt, et un monteur de la General Motors, à Sainte-Thérèse ne tiendrait pas davantage.

Pourtant le Québec ne manque pas de francophiles « qui montent à Paris plusieurs fois par année » : on les retrouve dans les milieux compacts de la télévision, de la publicité et des arts. Une certaine école de pensée québécoise voit chez eux une autre expression du phénomène de la racine minoritaire et veut qu'ils aient été « recolonisés » et « recarculturés » par la Métropole.

Le traducteur **Pierre Beaudry** va démontrer que la « déculturisation » française du Québec peut aussi venir… de la France (et que les Québécois en veulent toujours à ce mauvais arpenteur de **Voltaire**) :

« Quelle que soit leur nationalité, les hommes d'affaires ont pour premier objectif de faire des profits. À cet égard, ceux de la France ne sont pas différents des autres mais il n'en est pas moins triste de constater à quel point certains d'entre eux se comportent chez nous en parfaits étrangers. Un lecteur m'envoie un carton publicitaire de la filiale canadienne de la société française, BIC, tout naturellement installée à Toronto, sans doute pour mieux pratiquer le bilinguisme avec comme langue de travail l'anglais et, comme langues de la publicité, d'une part l'anglais et d'autre part, le Toronto French. En commençant par sa raison sociale : Bic Pen of Canada Limited, Bic Pen (sic) du Canada Limitée. Ne nous abaissons pas à critiquer l'empressement avec lequel cette société a manqué une excellente occasion d'apporter à la francisation de l'économie, l'économie québécoise. Contentons-nous plutôt d'admirer « l'esprit » qui l'a amenée à confier sa publicité (française) à des Torontois, histoire de la rendre plus intelligible chez nous ».

Bic, malheureusement, n'est pas un cas d'exception.

Le journaliste français, **Barthélémy** de « Stratégies », venu étudier le phénomène publicitaire francophone du Québec écrit : « Il n'y a ici qu'un mini-marché pour la France ». Il est brutalement honnête. Plus que **Valéry Giscard d'Estaing** qui va y aller d'une belle envolée à trois temps lors de la dernière visite de **M. René Lévesque** en France... « une amitié qui repose sur des liens qui se situent au-dessus des calculs de la politique et des combinaisons d'intérêt ».

Que le Québec ne soit qu'un autre débouché commercial pour la France, pas de problème, (on n'en veut pas aux Japonais), mais il faudrait cesser de se servir de grandes tartines beurrées de « cousins d'Amérique », de « relations fraternelles » et de « filiations émouvantes ». Personne ne croit plus à ce théâtre de boulevard.

Action Canada-France, le mensuel bilingue de la Chambre de Commerce française au Canada, reproduit in-extenso le texte d'une conférence prononcée devant ses membres en 1976 par un haut fonctionnaire québécois.

Poli et même spirituel, le conférencier parle longuement de relations culturelles, du jumelage de villes... puis entame le morceau : « Les résultats ont été plus lents à venir sur le plan économique qu'à d'autres paliers... Un dossier américain (d'implantation industrielle) se transige en 12 à 14 mois... un dossier français prend de 3 à 4 ans... certains de 7 à 8 ans. Pendant ce temps, quelqu'un d'autre a pris sur le marché la place que vous pensiez occuper ».

Comme pour se faire pardonner sa désinvolture, notre haut-fonctionnaire fera la courbette classique du baisser de rideau : « Le mariage de raison économique entre les Français et les Québécois doit durer. Le mariage d'amour entre nous se nourrit de culture et de politique. Il est donc éternel ».

Jamais un peuple n'aura autant pleuré sa mère...

Et autrement important aura été le « mariage d'amour » entre Toronto et Londres.

Le M.I.C., grâce à un concours annuel, envoie des cadres québécois en France en vue d'élargir leurs connaissances en « management ». Un journaliste commente : « Ça coûterait moins cher de les envoyer en séjour d'été à Harvard, mais le vin y est moins bon ». Depuis une quinzaine d'années, grâce à l'Office Franco-Québécois pour la jeunesse, la France et le Québec se sont échangé plus de 25,000 jeunes travailleurs dans des domaines allant de l'agriculture à la technologie de pointe.

Ces efforts, conjugués aux quatre mots célèbres de **de Gaulle**, aux 3,500 exemplaires de l'Express et aux 8,200 de Paris-Match vendus périodiquement dans les débits de tabac, allaient sans doute faire remonter l'étoile de la France, quand vint... Madame **Berlioux**.

Madame **Monique Berlioux**, française, et directrice du Comité International Olympique ose dire, en anglais, que « les Jeux Olympiques de Montréal manquent d'âme ». Scandale à la une ! Les Québécois, en plein richissime « égotrip » se sentent trahis par un **Voltaire** doublé d'un Lord **Durham**. En l'an 2976, on connaît leur devise, ils s'en souviendront encore.

Gérald Godin dans « Possibles » nous révèle que seul le beau poète **Alfred de Vigny** vers 1840, nous aura témoigné quelque compassion : « Comme un vaisseau qui laisse derrière lui toute une famille dans une île déserte, la France a jeté au Canada toute une population malheureuse et qui parle la langue que j'écris ».

Mais la racine française *est*.

Quand **Alain Peyrefitte** dans « Le Mal français », reproche à ses compatriotes leur « structurite », leur amour immodéré de la théorie, leur méfiance héréditaire, leur totale absence de gentillesse dans la fonction publique, il décrit des cordes québécoises. Quand il fait l'éloge de l'efficacité et du pragmatisme germanique, il ressemble en cela à certains Québécois qui auraient tendance à exalter ces mêmes qualités chez les Américains.

Les six cordes de « la conserverie de l'âme française », pour employer l'expression de **Hanoteaux**, *vibrent en crescendo*. Je n'aurai aucun mal à vous le démontrer.

Chapitre

Les trente-six
cordes sensibles

Ces racines vitales, impossibles à renier, vont nous donner nos comportements collectifs, défauts et qualités; j'en ai dénombré trente-six, d'où « *les trente-six cordes sensibles des Québécois* ».

Pourquoi trente-six? Pourquoi pas... cinquante? Parce qu'au-delà de ce nombre, la formulation risque de s'édulcorer. Il me faut presque *vous garantir que chaque corde fait vibrer au moins cinquante pour cent de l'ensemble des Québécois*; certaines cordes iront au-delà de cinquante pour cent mais aucune en-deçà. *La moyenne prime en publicité.* Fort de la magie ésotérique des nombres, je m'en tiens à six fois six cordes, exhaustivement satisfait que la grille se tienne, que l'instrument a la caisse pour faire résonner les plus importantes vibrations collectives des Québécois.

Les loteries jouent souvent six ou trente-six; sur les plages de sable volcanique des îles Galapagos, le jeune loup-marin fonde sa colonie avec six femelles: à son apogée, il en aura trente-six. Nous pinçons l'ésotérique corde 20!

Comment déterminer qu'une corde est bel et bien une corde? Une enquête récente, par exemple, m'apprend que 63% des Canadiens anglophones, contre 13% francophones, « pensent que le timbre canadien à l'effigie de la Reine d'Angleterre est une tradition à conserver ». Si je faisais les cordes Canadiennes-anglaises (comme

56 j'ai bien l'intention de le faire un jour), cette découverte m'inciterait à penser que l'attachement à la couronne, ou *le royalisme,* est une corde sensible de la collectivité anglo-canadienne. Il me resterait, à l'aide de plusieurs observations d'ordre pratique, à en faire la preuve « dans le laboratoire » de la consommation.

Un étudiant de Chicoutimi, inspiré du poster auquel j'ai déjà fait allusion, m'envoie sa liste de soixante-trois cordes sensibles dont la 51ième est « le goût pour la bière ».

Notre penchant pour le « divin houblon » de **Goethe** découle de différents facteurs: *environnement*, les Anglo-Saxons sont de grands buveurs de bière; *historiques,* **Talon** implanta une première brasserie au Québec; *climatiques*, la vigne ne pousse pas au Québec; *économiques*, la bière coûte moins cher que le vin ou le whisky. Notre consommation de bière (que l'on est porté à exagérer) est proverbiale: mais chaque denrée, chaque boisson que nous surconsommons n'est pas en soi une corde sensible: le fait de trop boire, de manger plus que les autres ne sont que deux composantes entre une douzaine, de la corde 34, la sensualité; il faut plus qu'une composante pour « baptiser » une corde.

Ainsi, des facteurs facilement observables, d'autres plus psychologiques, influencent le choix de ce que nous consommons, depuis la pomme de terre jusqu'à la soupe aux pois.

Nous savons, par ailleurs, que les stratifications sociales sont peu marquées au Québec, que les différences de pouvoir d'achat entre les groupes d'individus sont peu marquées. Ainsi, l'acquisition d'objets, même de luxe, n'est pas forcément reliée au revenu disponible comme elle n'est pas non plus une caractéristique exclusive des élites; le médecin et le plombier qui sacrent de la même façon roulent tous deux dans des Cadillac assez semblables pour se rendre à Miami, à la première bordée de neige.

Dès que *plusieurs* comportements, généralisés et assez exclusifs aux Québécois, semblent être mus par un même moteur, *ce moteur*, qui peut avoir plusieurs pistons, *devient* une corde sensible. *Chaque corde, individuellement, n'est pas nécessairement exclusive aux Québécois mais l'ensemble des trente-six cordes le serait.* On verra que souvent, en psychologie de masse, les défauts deviennent des qualités et vice-versa.

La découverte de nos moteurs émotifs va nous permettre de « passer à la renverse » avant de prendre une décision d'achat, de « penser avant de dépenser » ou de voter.

Je voudrais que les Québécois découvrent comment ils fonctionnent en dedans comme en dehors. Je n'invente pas, j'observe, et de preuve en preuve, dans « mon laboratoire » de la BCP, je perfectionne cette grille d'émotions chiffrées qui devrait permettre aux Québécois de décoder, d'interpréter et de comprendre tous les messages qu'ils reçoivent des publicitaires et des politiciens, des propagandistes et des chansonniers, des journalistes et des curés... enfin, de tous ceux qui font métier de l'inconscient collectif québécois.

Cette grille des comportements numérotés vous révélera que le commercial de la Banque Provinciale joue sur les cordes 1, 7 et 9 en majeure, sur les cordes 11, 17 et 22 en mineure, que **Rodrigue Biron** vient d'utiliser les cordes 2, 4 et 5 de la racine terrienne, que **Claude Ryan** met en opposition les cordes 7, 20 et 30 aux cordes 16 et 23. Vous vous surprendrez à décoder les chansons de **Gilles Vigneault** et de **Pauline Julien**, les romans et les films québécois.

Si vous mourez d'amour pour les beaux yeux d'une belle fille du Lac Saint-Jean, vous voudrez peut-être lui écrire une lettre à partir des cordes 25 à 30; vous pourrez facilement décoder sa réponse... et ne pas baisser vos gardes trop vite.

Vous prendrez pour acquis que dès que quelqu'un a quelque chose à vendre, idéologiquement ou commercialement, il y a gratouillage de cordes sensibles. Et c'est à cela qu'il faut exercer votre sensibilité.

La grille des cordes sensibles, faisant de nous des *initiés*, nous rend *conscients*.

Grâce au code, nous pouvons alors déchiffrer, sans erreur, le contenu émotif, (ou logique), du message.

De citoyens *traqués*, nous devenons des citoyens *traquants*. Et comme disait **Kipling** : « Guetté, je guettais ».

1
Le bon sens

Le « ça du bon sens » ou « pas de bon sens » de Jos Tremblay équivaut à un décret : Et là, attention !

C'est le bon sens que **Balzac** définit comme « La solide intelligence des gens simples ». (Les Québécois vont même conserver la prononciation du mot que l'on usait à l'époque de cet auteur et dire « bon san » comme dans « sans dessus dessous »).

Une campagne de l'agence de communications sociales Feedback, pour l'Office de la protection du consommateur, en 1976, a atteint un degré de notoriété record auprès des consommateurs : vous vous en souvenez, c'est « *Le Gros Bon Sens* ».

« Philosophe populaire » **Yvon Deschamps**, dans un texte de cette campagne nous parle d'une tante à lui :

« *Connaissez-vous ma tante Gertrude ? Cette femme-là c'est une femme économe. A ménagé toute sa vie, du matin jusqu'au soir. En 42 ans de mariage, elle a jamais manqué une vente de sa vie : les ventes de liquidation, de feu, d'après-saison, de Noël, de la fête des pères...*

À un moment donné, mon oncle a été obligé de lui dire. Il a dit : « Gertrude, on arrive plus. Pour moi, t'économises au-dessus de nos moyens ». J'étais p'tit dans ce temps-là mais j'ai compris que ça finit par coûter cher de tout économiser tes payes dans des ventes de même ».

Contrairement aux campagnes prêchi-prêcha qui utilisent la situation pour épouvanter le consommateur, la campagne: « *Le gros bon sens* » ne donne pas d'ordre, ne demande pas l'impossible: la campagne joue au « castigat ridendo mores » et corrige nos travers tout en nous amusant; par maïeutique, elle étale le ridicule d'une situation, l'amplifie, l'exagère aux yeux de l'auditeur qui va s'écoeurer de la situation et se corriger... si le chapeau lui va.

« Le bon sens », vertu paysanne par excellence, va subir le choc de l'esprit cartésien et « parisien » d'un publicitaire français, qui prenant le mot de haut, passe au crible une campagne du Crédit Agricole français dans la revue Stratégies.

« *RETROUVEZ LE BON SENS* » *suggère cette publicité.* « *À LA CAMPAGNE, LES GENS ONT TOUJOURS EU DU BON SENS ET ILS ONT FAIT LE CRÉDIT AGRICOLE À LEUR IMAGE. AUJOURD'HUI, LES CITADINS ONT ENCORE BESOIN D'AIR PUR: LE CRÉDIT AGRICOLE LEUR APPORTE SES BONNES IDÉES SOLIDES, SA CLAIRVOYANCE, SON EXPÉRIENCE* ».

Ce à quoi notre créatif « métropolitain » répond : « Sommes-nous tous des paysans? Voyons un peu quelles sont les qualités que l'on reconnaît généralement aux paysans? La roublardise? C'est pas bon pour une banque, ça donnerait une mauvaise image. Le sens des économies? Mais on vire vite du côté grippe-sous et doigts croches. Les pieds sur terre? Ça vient, on y est presque. *Le bon sens?* Voilà ! Le fameux bon sens paysan, celui qui sent bon le terroir et les traditions. Avez-vous lu dans quelque livre que ce soit qu'un paysan n'ait pas de bon sens? Le bon sens va aux paysans comme l'avarice aux Écossais: c'est un fait admis, un postulat, une évidence ».

On ne va pas se surprendre que « le bon sens » flatte à rebrousse-poil la très cérébrale école de publicité parisienne.

Une autre école de publicité, l'américaine celle-là, au nom du pragmatisme, utilise le contre-bon-sens, ou si l'on préfère, la preuve « ab absurdo » qui nous a fait connaître Madame Blancheville, la Tornade Blanche, Monsieur Net et Madame Déry de Trois-Rivières.

Chaque fois que j'ai eu l'occasion de consulter des groupes d'étudiants ou de consommateurs, les annonces de savon à contre-bon-sens étaient toujours en tête de liste des plus excécrables « parce qu'elles créent des situations qui n'ont ni queue ni tête et des gens qui n'ont pas de bon sens ». Mais le contre-bon-sens fait-il vendre parce qu'il choque? C'est toujours ce que prétend l'école de publicité américaine...

La publicité n'a pas encore prouvé incontestablement que le ridicule tue au Québec. Ce serait aux nouveaux consommateurs québécois à le prouver.

2
L'amour de la nature

« Ils aiment la chasse, la navigation et les voyages » constate **Hocquart** aux premiers temps de la colonie.

Les héros classiques de notre littérature pratiquent des métiers de la nature... draveurs, pêcheurs, chasseurs, cultivateurs...

En cela, le Québécois répond à ses instincts de pêcheur breton et d'Amérindien chasseur.

On connaît son goût pour les bateaux depuis la modeste chaloupe « Verchères » jusqu'aux voiliers qu'il fabrique lui-même. (En 1976, il y avait 3,700 chantiers navals « amateurs » au Québec). Quant à la chasse et à la pêche, depuis le professionnel jusqu'au simple manoeuvre, tout le monde veut son quota de truites, son orignal et ses canards.

Quel est le prix de cet atavisme ?

Les pourvoyeurs vivent bien. En 1976, le Canada a importé pour plus de $21 millions d'armes à feu dont 36.9% ont été vendues au Québec. Un bon chasseur québécois ne prend pas le sentier sans avoir dépensé de $1,000 à $5,000 pour son grément personnel alors que ses chances de revenir bredouille augmentent d'année en année: en 1974, on a émis 76,114 permis de chasse à l'orignal, et seulement 7,317 bêtes ont été abattues pour un taux de réussite de 9.6%

à comparer à 12.6% en 1969. Le ministère du Tourisme de la Chasse et de la Pêche qui dénombrait en 1971, 463,000 participants à des activités de chasse (sans compter les braconniers), estime que leur nombre passera à 582,000 en 1980, et à 635,000 en 1986. (Et les pêcheurs ne le cèdent en rien aux chasseurs...).

La rareté du gibier et l'accès restrictif aux parcs provinciaux n'empêcheront pas nos « coureurs de bois » de partir pour la « sauvagerie », et faute d'orignal, on perdra $100 aux cartes, on videra quelques bouteilles de gros gin, on aura pris l'air et l'on parlera longtemps de ces orignaux énormes que l'on a bien « failli avoir »... en pinçant la corde 35.

L'hiver, on se contentera de pister en motoneige, cette autre manifestation de la corde 2. En 1960, on attrapait la skidoomanie ; pas moins de 300,000 foyers québécois possédaient au moins un de ces engins qui permettent de « courir les bois » et ensuite de bricoler un moteur, corde 6 de la souche terrienne.

La montée spectaculaire des camionnettes sportives à quatre roues motrices, les « quatre pattes », rejoint les mêmes passions.

Depuis notre exode vers les villes, l'appel de la nature est resté obsédant. On le sent.

Ce campagnard citadin se cherche une niche : il déménage souvent et souvent juste dans la rue d'à côté, un peu plus loin, comme autrefois, « là où la terre est neuve et plus cultivable ». Le déménagement est un sport national au même titre que la politique, la généalogie et le hockey.

Le vieux **François Paradis**, personnage de **Louis Hémon**, avouera : « Gratter toujours le même morceau de terre, d'année en année, et rester là, je n'aurais jamais pu faire ça de mon règne. Il m'aurait semblé être attaché à un pieu comme un animal ».

Nomades par « sauvagerie », locataires par vocation, il nous est facile de tout fourrer dans des boîtes de carton, d'appeler Baillargeon et d'oublier un propriétaire trop « gratteux ». Selon des chiffres tout frais, 47.4% des ménages québécois sont propriétaires par rapport à 67.9% en Ontario ; en juin 1976, dans la seule région de Montréal, 120,000 locataires changeaient de proprio et mettaient en branle tous les effectifs de la chasse aux chiens errants de la Société Protectrice des Animaux.

L'amour des bêtes qui fait de nous de « doubles consommateurs » n'est pas moins atavique et tout aussi paradoxal que notre plaisir à les pêcher et à les chasser.

La langue populaire est truffée d'expressions qui nous parlent de cette fraternité avec les bêtes... « curieux comme une belette ... y a pas un chat... manger comme un cochon... têtu comme une mule... la bête noire, le mouton noir... un froid de canard... rapide comme un lièvre... fort comme un boeuf... heureux comme un poisson dans l'eau... une punaise de sacristie »...

L'habitude de prédire la qualité des saisons à partir des comportements des animaux ou des plantes est une habitude qui persiste chez nous. **Pierre des Ruisseaux** en fera un dictionnaire: « Guêpe: si les nids sont placés près de la terre, peu de neige; placés haut dans les arbres, neige abondante ».

La relation homme-animal (et il y a plus d'un *demi-million* de chiens au Québec) n'est pas, ici, celle que nous racontent les commerciaux américains traduits en français: pour un Québécois habitué aux animaux de la ferme, un bon chien *reste* un bon chien qui devra avoir une utilité quelconque. Il n'est pas, comme chez les Américains, « assimilé aux membres de la famille ». Le Québécois, plus que le Canadien anglais, nourrit traditionnellement son chien et son chat de restes de table, *comme un inférieur*, ce qui rend le marché « canin » québécois extrêmement difficile à conquérir pour les marques de pâtés en boîte. Paradoxalement, on retrouve deux cimetières de chiens au Québec, l'un à Caughnawaga, l'autre à Beauharnois où l'on peut faire enterrer son chien ou son chat pour $100 ou $1,200, selon la qualité du cercueil et du monument. Un de ces entrepreneurs de pompes funèbres m'affirme que plus de la moitié de ses clients sont francophones.

Jos n'a pas d'animaux à la maison:

> « C'est difficile en ville d'avoir des chiens. Y sont malheureux... Mais moi c'est les chevaux que j'aime. C'est le plus bel animal au monde. J'aime ça aller les voir courir à Blue Bonnets. Y sortent du dernier tournant la bave aux narines, à l'épouvante... Et j'suis allé trois fois au Festival de St-Tite ».

Notre passion du Western n'a pas fini d'en étonner plusieurs... On la vit aux accents d'une guitare à plusieurs cordes sensibles.

Si le phénomène est américain par ses pionniers et ses aventuriers, il rejoint vite, par la chanson populaire, la racine latine, frôle le mysticisme des « bons contre les mauvais », des héros légendaires de la racine catholique pour aboutir à la nostalgie terrienne. Les « cowboys » sont les Québécois les plus négligés de nos ethnologues et sociologues.

Pourtant, les manifestations de cette passion populaire sont nombreuses: le festival de St-Tite, « seul rodéo français au monde » et Nashville québécois, les émissions western de la radio et de la télévision, le « roi » **Willie Lamothe** et **Ti-Blanc Richard**, la folie des films « de poussière » depuis **Tom Mix** et **Roy Rogers** jusqu'au **Leone** de **Charlebois**, des disques western qui se vendent dix fois plus que ceux des chansonniers...

Le cowboy est un homme fort, qui ressemble au « boulé » de village d'autrefois.

Dans un pays où la nature tire au poignet avec tout le monde, la force physique de l'homme québécois va prendre une place importante dans la vie populaire : les « famlettes » et les « pomoniques » (qui seraient atteints de pneumonie) n'auront pas la cote d'amour.

Les concours de jambette, le tir au poignet et une kyrielle de démonstrations de muscles, vont tout au long de notre histoire, créer des supermen, des héros mystiques comme **Jos Montferrand** (dont on vient de rééditer une biographie par **Benjamin Sulte**), **Louis Cyr** « qui retenait quatre chevaux de 1,200 livres chacun », et **Victor De Lamarre** et **Claude Grenache**.

Avoir des muscles, c'est perdre quelques-uns de ses complexes. Plusieurs de nos hommes forts d'antan « battaient à eux seuls dix, quinze Anglais »; aujourd'hui nos lutteurs battent des Russes, des Indiens, des Japonais, enfin à peu près tous les archétypes que les promoteurs, habituellement Juifs, leur amènent.

Maurice Richard qui arrive à compter contre Toronto « avec quatre Anglais accrochés à son cou » entre dans la même mythologie.

Le muscle, la « mâseulle » est un commerce au Québec : il y aura toujours des centaines de futurs « Monsieur Montréal » et « Monsieur Canada » dans des dizaines de studios de culture physique qui, soufflant, forçant, suant, rêveront de records olympiques parce que leurs ancêtres arrachaient des souches « à bout de bras », battaient des « gangs » de draveurs irlandais et « crachaient, dans un sifflement de dents un filet de liquide jaunâtre, à plus de quinze verges, sans jamais rater le ventre rougi de la tortue... »

Tout ce qui rappelle la nature et le rythme des saisons est donc susceptible de rendre la communication plus empathique.

Gérald Fortin, dans « La Société canadienne-française », en parle : « Centrée principalement sur le rang et l'agriculture, la vie sociale (à Sainte-Julienne) se déroulait selon le rythme de la nature : les événements importants correspondaient aux différentes phases du travail agricole... semailles... foins, récolte et départ pour la forêt le lendemain de la Toussaint... »

Le modèle de **Fortin** n'existe plus, serez-vous tentés d'observer. Un communiqué des Caisses Pop nous décrit « La famille terrienne de l'année 1976 », la 20ième à être ainsi honorée : « Une famille qui se distingue par sa réussite agricole et son rayonnement social et qui est composée du père, de la mère et de quinze enfants. La famille Roy de St-Pierre de Broughton, dans le comté de Frontenac a une vocation ancestrale et terrienne et sait transmettre l'éducation reçue. Ses membres ont remporté des succès éclatants lors d'expositions, dont la Foire royale de Toronto ».

« Celui qui veut changer notre société est un peu considéré comme quelqu'un qui voudrait changer les saisons », constate **Marcel Rioux**. Il a raison.

3
La simplicité

La simplicité est une chose simple. Jos Tremblay le sait:

> « *Mes parents ont vécu heureux toute leur vie parce qu'ils étaient des gens simples, des gens qui ne se compliquaient pas les journées et qui ne se faisaient pas de bile* ».

Le français **Georges Vattier** dans « Mentalité canadienne-française » écrivait, en 1928: « Le Canadien a toujours été réputé pour sa frugalité. La note prédominante dans toute la province reste *la simplicité* chez les riches aussi bien que chez les pauvres. L'humble origine des premiers colons, les conditions d'existence dans leur nouvelle patrie devaient entraîner forcément chez les Canadiens une grande simplicité de goûts et de moeurs: ils ont dû, en outre, surtout dans les débuts, se contenter de peu ».

En communication de masse, quand on veut dire: « Il fait beau, on dit simplement: « Il fait beau ». Si l'on veut faire passer un message, qu'il s'agisse d'une annonce, d'un télé-roman ou d'un discours, il est souhaitable de suivre la structure classique « début-milieu-fin ». Il faut, si possible, s'en tenir à un seul argument principal et le marteler sans cesse, avoir cent bouches mais un seul discours, comme les curés qui du haut de la chaire lisaient les mandements des évêques.

Simple ne veut pas dire simpliste, « quétaine » ou « pompiériste », la simplicité est une qualité.

La masse québécoise ne cherche pas midi à quatorze heures. Elle est linéaire. De quoi se mettre sous la dent, de quoi se mettre sur le dos...

Des écrivains comme **Damase Potvin, Léo-Paul Desrosiers, Félix-Antoine Savard** et **Roger Lemelin** ont décrit des gens « simples ». Il est clair que la vie des « Canadiens » telle qu'elle nous paraît dans ces oeuvres est une vie dure, marquée de sacrifices ; pourtant ils l'acceptent, en font leur lot de tous les jours et apprennent à y trouver un certain plaisir. Comme le confirme **Kalm** aux débuts de la colonie, dans « Voyages en Amérique », « ils sont néanmoins toujours d'humeur joyeuse et gaillarde en dépit de leur fortune ». Cette simplicité a souvent été interprétée à tort comme de la résignation.

Dans « Les Canadiens français d'après le roman contemporain », **Eleanor Michel**, de l'Université Laval, commente : « À part le plaisir qu'ils prennent à travailler, ils cherchent des divertissements *simples*. Se réunir, parler, échanger des anecdotes, jouer à des jeux peu compliqués (croquet et dames), chanter... » jouer des instruments simples, harmonica, « os », guimbarde, « cuillères ». N'est-ce pas la vie de nos parents ou grands-parents qui est décrite ici ?

En communication, toute simplicité empruntée ou condescendante soit dans la situation, la forme ou le contenu, est vite repérée par l'homme de la corde 3 qui n'aime pas les gens qui écrivent ou parlent la bouche en cul-de-poule, qui veulent l'impressionner et « se forçent » à mal parler comme pour mieux le rejoindre.

La belle simplicité a cependant ses ennemis au Québec, ceux qui précisément se compliquent l'existence : un auteur va même jusqu'à parler de « l'aliénation de la simplicité ». Qu'en termes compliqués ces choses-là sont dites...

René Lévesque, au tableau noir de Point de Mire, était un homme simple parlant simplement à des gens simples... de choses souvent très compliquées.

> « **Lévesque**, *dit Jos Tremblay, est peut-être le plus instruit des Québécois mais on comprend ce qu'il raconte :* **Réal Caouette** *c'est la même chose, pas tellement moins instruit mais en bien plus drôle* ».

La simplicité est le secret des grands communicateurs ; après avoir tâté toutes les autres formules ils y reviennent par instinct professionnel.

4
La fidélité au patrimoine

> « *Le patrimoine, dit Jos Tremblay, ce serait ce que tous les Québécois ont ensemble, la chaise berçante, «Alouette», la soupe aux pois et* **Maurice Richard** *!* »

En 1945, ou à quelques années près, la publicité québécoise donnait dans la chanson folklorique; les publicitaires voulaient prouver aux annonceurs anglophones qu'ils avaient quelque chose de différent et de plus mordant que la traduction de banales ritournelles américaines. Tous les recueils de «La Bonne Chanson» de l'abbé **Gadbois** y passèrent, au plus grand plaisir des radiophiles de l'époque...

La littérature québécoise contemporaine n'a jamais cessé d'user de thèmes folkloriques: chansons du terroir, superstitions, légendes, fêtes, coutumes, métiers. Le retour aux gestes, aux paroles et aux objets traditionnels est notoire ici depuis le début des années 60; qui ne rêve de maison à l'ancienne, d'armoires en pin, de tapis nattés, de collection de vieux outils faits des mains des vieux?

La nouvelle «Revue d'ethnologie du Québec» ainsi que de beaux livres récents, tels ceux de **Robert-Lionel Séguin**, remettent en ordre et revitalisent les choses de notre passé, les unes que nous avions presque oubliées, d'autres dont on découvre de nouvelles significations. Ce réveil apolitique pour tout ce qui regarde le patrimoine, et la « petite histoire » est un lien plus unificateur que les nationalismes de la corde 18. *On aime tous la soupe aux pois...*

« Nous sommes de civilisation traditionnelle ». **Jean-Claude Dupont**, dans « le Pain d'habitant », précise : « Les manifestations culturelles qui reposent sur des connaissances acquises par la représentation du geste et de la parole, liant ainsi le passé au présent, ont la tradition comme fil conducteur. Ce mode de transmission des connaissances qui conduit à la réincarnation du « vu » et « entendu » est dit « de civilisation traditionnelle ».

Le Québec aurait été un paradis généalogique pour **Alex Haley** : son phénoménal « ROOTS » a non seulement rendu les Noirs américains moins « inférioritaires » mais il a aussi créé une véritable psychose de la généalogie chez les Américains de race blanche. « La chasse aux ancêtres, selon Time (28.3.77) vient de dépasser la philatélie et la numismatique comme passe-temps populaire » !

Marcel Rioux, recueillant la généalogie de la famille Boudreau, à Chéticamp, pense que « le spécialiste de la famille » pouvait connaître et nommer quelque 2,000 noms de parents *par coeur*.

Le journaliste **Réjean Tremblay** (La Presse 31.5.77) décrit des conséquences cocasses de la fertilité de son premier ancêtre Pierre Tremblay : « Je suis un Tremblay-Cornette qui a marié une Tremblay-Chapelle. Mon frère est un Cornette qui a marié une Tremblay-Philibert. Mon père, un Cornette évidemment avait marié une Tremblay-Luçon, et une de mes tantes, Jeanne, une Luçon, a pris pour mari un Tremblay-Pétambin... Les Pétambin, la branche à mon oncle Roland, héritèrent du surnom parce qu'un de leurs ancêtres avait l'habitude de répéter : « Vous savez *Pou(r)tant* ben !... » Sans parler « des Tremblay-Lapiroche... au Saguenay, on appelle « piroche » la femelle de l'oie... »

Il y a un généalogiste qui sommeille en chaque Québécois.

Parce qu'elle était traditionnelle, qu'elle racontait inlassablement des « antiquités sociales », l'émission « Un homme et son péché », (une autre des belles histoires des Pays d'En-Haut), détient *le record mondial* de longévité pour un roman-fleuve à la radio et à la télévision... « Dans tous les Cantons », l'émission de folklore traditionnel de la télé sherbrookoise, est en passe de battre un autre record : il y a bien vingt ans que l'on « gigue » à cette émission qui a reçu sa consécration internationale à Paris, en 1977.

« Si tu veux savoir où tu vas, cherche d'où tu viens », dit la chanson : le communicateur qui tient compte de ce conseil trouvera toujours des oreilles tendues pour l'écouter.

5
La finasserie

Le Québécois aime à finasser; la Québécoise à marchander. C'est l'épiphénomène de la corde 13.

Le téléspectateur, branché au canal de la CECO, lequel télédiffusait l'enquête sur le commerce des viandes avariées (la plus réussie de la trilogie du crime organisé), pouvait jouir par toutes les cordes de sa racine terrienne. Cette enquête se déroulait à l'enseigne de la finasserie, la nôtre, en peinture.

Tant et si bien, qu'après deux longues semaines de débats, les juges, finauds eux-mêmes, je vous en passe un papier, n'avaient toujours pas obtenu des témoins une description précise de ce que pouvait être «une vache malade» ou un animal impropre à la consommation publique. Il y avait bien quelques vaches «mortes-deboutes» comme «foudroyées» donc pas nécessairement malades, d'autres «qui avaient pu se déchirer un peu «le dedans» en mangeant de la broche à clôture», des vaches endormies, des un-peu-boiteuses, «des vieilles peaux avec des plaies pas graves» mais des vaches malades, connais pas. Un des témoins, éleveur depuis quarante ans, invite les juges à goûter sa viande «vu que toute la famille en mange à la maison et que tout le monde est en pleine santé».

Vattier écrit: «On trouve chez les Canadiens français une subtilité d'esprit qui parfois se change, surtout dans le peuple, en ce que l'on pourrait appeler de la *roublardise*. Le marchand, le cultivateur, soit dans leur commerce soit dans quelque entente ou contrat, savent faire preuve d'une habileté qui touche à la ruse et à l'astuce. Le paysan canadien est extrêmement madré. Dans un ordre de choses plus relevé, cette finesse d'esprit se traduit par une compréhension à demi-mot et une perception des nuances les plus délicates qui devient presque un art. C'est sans doute à cette disposition d'esprit qu'on peut encore attribuer ce talent avec lequel les orateurs politiques savent manier leur auditoire, connaissant parfaitement ce qu'il faut dire ou faire suivant la façon dont cet auditoire est composé, suivant qu'ils veulent surexciter ses passions, le calmer ou le faire changer d'opinion ».

Notre esprit à slogan, taquin, malicieux, nous pousse, comme les anciens, à pourfendre nos ennemis avec des épigrammes et des satires. Reportez-vous aux graffiti ou aux pancartes des grévistes.

Comme il n'y a plus de chevaux pour se faire maquignon, sommet de la corde 5, on se darde sur les « chars » usagés. L'honneur est sauf et l'instinct servi.

Autre manifestation de finasserie, le patronage politique, dont parle **Guy Joron**, dans « Salaire minimum annuel : $1 million » : « On attribue généralement aux « gros intérêts », grosses compagnies et multinationales, des pouvoirs qu'ils n'ont pas. Leurs contributions aux caisses électorales, au niveau provincial, en tout cas n'ont rien de l'ampleur qu'on leur prête... *Le patronage traditionnel demeure une entreprise locale.* Un permis de poste d'essence stratégiquement situé « coûte » plus cher que celui pour établir une raffinerie ; un agent distributeur d'alcools risque fort de recevoir la visite du « trésorier » du parti, une distillerie, moins souvent ».

Aussi roublard que ses ancêtres normands, il ira volontiers chez le boutiquier juif ou syrien de la place (il les confond d'ailleurs) voir s'il ne pourrait pas faire baisser le prix ou obtenir le prix du gros. Ces boutiquiers sont tous devenus riches grâce au « beau, bon, pas cher » québécois.

Jos ne cache pas ses penchants :

> « *Mon grand-père tenait de son grand-père de jamais avoir une token dans ses poches : il passait son temps à échanger avec tout le monde. Je l'ai vu un jour échanger 15 vaches contre 15 vaches, toutes des vaches pareilles... J'ai jamais compris... On est une famille de barguineux, ah ça ! C'est pour ça que j'encourage plus les Juifs que les Anglais... Un p'tit 15% de rabais, des fois plus... Mais y te voient venir... Quand on arrivait à tromper ma grand-mère et vider le pot de « biscuits cassés », elle nous courait après en criant : « Ah mes p'tits Juifs ! »*

On a souvent proposé des comparaisons entre la finasserie des Juifs et des Canadiens français. Un Anglais va trancher la question : « Les Canadiens français sont tatillons » dit **Norman W. Taylor** dans son « Étude sur le comportement de l'industriel québécois ». « Il y a toutefois une différence notoire, précise-t-il, car dans le cas des Juifs, on peut attribuer à leur habileté en affaires leur façon de négocier quand il s'agit de prix, tandis que l'attitude des Canadiens français semble plutôt liée au fait qu'ils cherchent à se donner toutes les assurances possibles contre les risques inhérents aux transactions de ce genre ». Autrement dit, on « tatillonne » autant que l'on finasse.

En publicité le consommateur québécois n'aime pas les impératifs du genre « Buy it now ! ». Cette formule si chère aux Américains ne laisse pas le temps mental de finasser avec l'annonceur et bloque l'action recherchée.

Il est rare que le Québécois aille droit au but. Enfin, p't'être ben qu'oui... p't'être ben qu'non... même chez les hommes d'affaires arrivés.

Mais paraît-il que cette corde nous aurait historiquement évité l'assimilation. P't'être ben qu'oui...

6
L'habileté manuelle

« Il avait les mains comme des outils ».

« Le bricolage était le grand moyen d'occuper le long hivernage, écrit **Pierre Deffontaines**, l'habitant dispose dans l'habitation d'un local spécial, la boutique, et se réserve les petits métiers comme complément de travail hivernal ».

« … Ce qui était fait de main d'homme était revalorisé ».

« Au départ, fait remarquer **Hector Grenon**, dans « Us et Coutumes du Québec », on constate que dans la plupart des cas, les vieux ont dû inventer de toutes pièces, ou à tout le moins améliorer sérieusement et les adapter à nos conditions et à notre climat, ces précieux outils dont il fallait se servir tous les jours pour accomplir les tâches essentielles qui autrement n'auraient jamais pu être exécutées ».

« Gosseux » et « patenteux », nos ancêtres copiaient leurs outils sur les illustrations des premiers catalogues américains.

Léon Guérin va jusqu'à dire que le système « D », « *le fait que l'habitant se suffit à lui-même*, est le véritable miracle de notre survivance ».

Jos raconte que c'est la corde 6 qui a permis à sa famille de survivre pendant la crise de '29.

« Dans le temps, j'avais treize ans. On est arrivé à Montréal, dans un logis de la rue Mont-Royal, en haut d'un magasin de chaussures. On avait le coeur serré. Les patates poussaient pas sur les trottoirs à Montréal...

Sauf le plus jeune, Jean-Louis, on s'est tous mis à chercher du travail. Si tu savais pas te servir de tes mains, t'étais mort. Le seul monde qui travaillait, c'était les «manuels», les hommes-à-tout-faire. Mon père s'est improvisé réparateur de dynamos de tramways, moi j'ai fait le déneigement, puis de l'entretien d'édifice. On s'aidait entre parents, ou entre voisins. Mon grand-père qui, lui, était resté sur la ferme nous envoyait du blé d'Inde et des quartiers de boeuf... pas souvent. Ma mère allait à la messe tous les matins pour se donner du courage. Elle savait se servir de ses deux mains ; elle faisait tous les vêtements, raccommodait, rapiéçait, tricotait ; elle faisait toute la mangeaille elle-même, le pain, les poudings-chômeur. Elle était bien trop orgueilleuse pour demander du «secours-direct»... Une fois, je pense, la Saint-Vincent-de-Paul est venue quand mon frère a été malade, un hiver... Finalement ma mère lui a fabriqué des remèdes «de ma grand-mère», je ne sais plus quoi... et il s'en est remis ».

Le système «D» nous vient tout naturellement de la racine terrienne ; l'homme de la terre réparait tout, tant bien que mal, souvent avec «de la broche à foin», (d'où l'expression péjorative que l'on connaît), tripotait la mécanique de la faucheuse-lieuse et de la trayeuse, le dynamo du tracteur et le système de refroidissement de la grosse Chrysler du dimanche.

Encore aujourd'hui et tout autant à la ville, les Québécois sont à la fois charpentiers-menuisiers, plâtriers, électriciens, plombiers et mécaniciens... «trente-six métiers, trente-six misères».

Naturellement, ils sont de bons clients des quincailleries et des centres de rénovation, deux des secteurs de la vente au détail où les marchands francophones se défendent bien.

Marguerite Tremblay et son mari, ingénieur à la retraite (sans lien de parenté avec Jos), dirigent une société qui transforme en argent sonnant les idées de nos inventeurs: « Notre expérience, dit cette femme d'affaires au journaliste **Jean-Guy Duguay**, prouve que le Québécois est ingénieux et débrouillard. Cependant, il ne possède pas toujours les moyens financiers et l'expérience nécessaire pour développer et exploiter seul ses projets ».

Certaines des inventions québécoises sont légendaires: nous

connaissons la motoneige de Bombardier, la tronçonneuse mécanique des Tanguay de Roberval, la chaîne de production des petits gâteaux Vachon.

Les machines de tout genre passionnent l'homme québécois qui va dans les « cc » et les pétarades donner libre cours à une de ses passions naturelles, démonter et remonter des mécanismes.

On dit des petits Québécois qui démontent leurs jouets qu'ils sont des « brise-fer » : on oublie que c'est ainsi qu'ils développent en plus leur habileté manuelle.

Le Québécois achète frénétiquement tout ce qui est motorisé : tondeuse à gazon, scie mécanique, brosse à dents électrique, motoneige, hors-bord, motos. Ne cherchez pas d'autres explications à cette passion des courses de « stock cars », ces majestueuses « minounes » que l'on fait ronronner à demi-tour précis de tourne-vis, hybrides de toutes leurs pièces, « funny cars » de tous leurs accessoires et qui font la joie de milliers de Québécois de petites villes.

Du maître-charron au fondeur de poêles, du « patenteux » avec diplôme d'ingénieur qui va fabriquer des « pattes de fusée lunaire américaine », en passant par toute une gamme d'artistes naïfs ou d'inspiration « pop », comme **Ernest Gendron**, boursier du Conseil des Arts, « le seul homme au monde qui peignit trente portraits à l'huile avec le même cure-dents », le Québécois est inventif.

Un livre assez récent est consacré à cette corde : « Les patenteux du Québec » de **Lise Nantel** et tout un mensuel, « Le Bricoleur » qui tire à 88,560 exemplaires.

Et quelle belle corde pratique si elle ne se heurtait pas à la 19ième.

7
Le complexe
d'infériorité

Sujet éculé et complexe déterminant !

Le Québécois confond généralement en son esprit: « *mino-rité* » et « *infériorité* ».

> « *Si je comprends bien la question, répond Jos Trem-blay, minorité... infériorité... c'est du pareil au mê-me, non? Ou ben t'es le boss ou l'employé... l'en-clume ou le marteau... c'est vrai qu'y a moins de boss que d'employés... J'ai peut-être pas saisi la question...* »

C'est rare que Jos reste le bec cloué. (Plus de 120 heures de conversation enregistrée avec huit Jos Tremblay...) C'est bien une exception...

La masse québécoise a constamment besoin d'être revalori-sée. Les Histoires du Canada en images nous ont tellement répété que la défaite des Plaines d'Abraham n'était pas « de notre faute », y avait le Roi de France, puis **Voltaire**, puis les sanguinaires Iro-quois... Nous vivons depuis 1763 en nous répétant que ce n'est « pas de notre faute »... si seulement nous avions été là... *1763, est l'année la plus importante de nos cordes sensibles...* et de toute notre histoi-re.

La corde vibre en majeure.

Elle fait vibrer le Québécois dans ses extrêmes, là où **Gilles Vigneault** s'inspire pour créer les personnages qu'il chante.

La superconsommation de la corde 13 est un phénomène de revalorisation; le Québécois domine le marché des symboles revalorisants, ceux qui coûtent le plus cher.

Alors qu'il détient le record des grèves en Amérique, (et suit de très près l'Italie), que son revenu disponible est moindre que celui des travailleurs ontariens, il dépense plus pour se nourrir que n'importe quel autre Canadien. «Tant qu'il y restera quek'chose dans l'frigidaire», chante **Tex**.

Ce complexe va faire éclater le sensualisme de la corde 34: les voyageurs en Nouvelle-France remarqueront «les comportements somptuaires des habitants de ce pays». Les marketers canadiens connaissent nos penchants pour tout ce qui est «riche, sucré»: nous consommons 35% du marché des «petites gâteries» sucrées du Canada.

Selon les derniers chiffres officiels, 67% des Québécois sont obèses. La masse québécoise qui vit déjà au coeur du continent de la consommation, nourrit bien son complexe: «Dominion nous fait bien manger».

Hypocondriaque, et toujours à la recherche de sa revalorisation, le Québécois domine plusieurs secteurs de produits pharmaceutiques, ceux des sels hépatiques, des aspirines, des laxatifs, des toniques. Après avoir trop bien nourri son complexe, il le soigne...

Ses brûlements d'estomac le rendent souvent acariâtre et soupe au lait.

«Les muscles au pouvoir», dit un mur du Harlem. Aussi, un mur de Chicoutimi... «Le poing sur la gueule...!» À preuve, l'anecdote suivante:

«Un démarcheur en produits pharmaceutiques, fraîchement débarqué de France, (dans ce secteur comme dans celui des parfums, nous sommes un gros «per capita» pour les marques françaises) loue une voiture à Montréal et se rend à Chicoutimi pour des fins de prospection. Résultats pratiques de son voyage, selon un journal régional «*trois semaines à l'hôpital*». S'étant fait «couper» d'une façon désinvolte par un camionneur, notre «cousin français» s'est trop empressé de servir une leçon verbale à «cette tête de lard» le premier feu rouge venu. Au Québec, les insultes se lavent souvent dans le sang.»

Marc Laurendeau a écrit un livre de deux cent quarante pages, sur «Les Québécois violents», réflexe automatique direct de la corde... dans lequel il «envisage l'utilité de la violence, son retour et sa rentabilité».

« Tit-Coq, simple soldat », lui aussi, a le complexe du courage à tout prix : comme nous avons toujours les « arbalettes » en l'air… les poings sortis à la moindre provocation, nous faisions de bons soldats. Il y a plus martiaux que nous dans les défilés, mais comme faits héroïques individuels, on ne le cède à personne. Parlez-en aux gars du 22e régiment.

Violents aussi, les boxeurs noirs continuent de me fasciner : ils sont tous devenus sociologues ! **Mohammed Ali,** défiant les barrières raciales, gueule à 20 millions de téléspectateurs : « Je suis beau, je suis intelligent, je suis riche et je cogne fort… si un Blanc a tout ça, qu'il se nomme ». Son valet de pied « blanc », le commentateur sportif **Howard Cossel**, opine de sa « moumoute » jaunissante.

Moins fort en gueule, plus intériorisé, le challenger **Ken Norton**, (qui entre autres trophées, a décroché la mâchoire d'**Ali**) déclare à son tour à la télévision, (je traduis) : « Mon combat est dans ma tête. Je me bats très peu pour moi, je le fais pour ma famille, et ceux de ma race, pour leur dire de ne pas s'arrêter car si les Noirs s'arrêtent maintenant, ils vont descendre plus bas qu'avant 60 ; je ne peux pas vous expliquer comment ça se passerait, mais ça serait terrible comme quand on va au plancher et qu'on voit apparaître des ombres qui ressemblent au diable. Il faut pas aller au plancher… Les ombres qui défilent veulent tout vous enlever, votre femme, votre maison, ils veulent vous couper le sexe… ».

« Les premières générations de millionnaires noirs, selon l'étude du Département du Commerce américain de 1969, existeront dès 1980 » ; les fortunes auront été faites dans l'assurance, la vente des automobiles, les postes d'essence, les boîtes de nuit et les restaurants, la sous-contractance dans la construction, le transport routier, les épiceries en gros et au détail, l'exploitation agricole.

Ces catégories d'entreprises sont également celles où les Canadiens français se sont d'abord enrichis, (si l'on exclut les professions libérales historiquement bloquées aux Noirs) ; entreprises de service et petites entreprises gravitant autour des multi-nationales, fiefs financiers de l'automobile, du camionnage, etc.

Robert Charlebois, qu'il faut bien considérer comme l'un de nos sociologues les plus avant-gardistes, chante « I'm a frog »… notre version du « Black is beautiful ! ». Dès lors, *nous sommes tous moins « frog »*, moins « pepsi », moins « Pea soup ». Et « les créoles du Canada » comme nous appelait le père **Charlevoix**, en 1720, vont commencer à s'aimer un peu plus.

Ainsi, « on laisse au vestiaire le parapluie de l'Autre, dit **Marcel Rioux**, qui fait allusion à cet ancien mimétisme qui faisait ressembler physiquement les hommes d'affaires québécois aux « businessmen » anglophones jusqu'à se promener avec un parapluie, rue Saint-Jacques ».

BCP va utiliser la corde 7, et *une dizaine d'autres,* dans sa cam-

88 pagne « revalorisante » « Lui, y connaît ça ». Quelques années plus tôt, la même corde, pincée pour lancer la bière Kébec va donner une fausse note ; la corde reste coincée entre le complexe et l'achat et la bière Kébec deviendra le cas « Edsel » du marketing québécois.

Le communicateur joue toujours gros jeu en voulant miser sur le besoin de revalorisation des Québécois. Corde à vibrato mais aussi corde pour se pendre.

Et de cela les analystes nous préviennent depuis 1960 ; ainsi **Rioux**, analysant les changements rapides du Québec, écrit dans « Minorities and Politics » : « They ceased to consider themselves as a minority group within Canada and began to think of themselves as a majority in Quebec and to behave accordingly... ».

La sociologue **Thérèse Sévigny** pose une question : « Où s'ar-rêtera le pendule entre « l'infériorité » et la « supériorité », entre les deux complexes ?... Personne au Québec ne semblerait avoir trouvé *son* espace...« .

« Il faut bien nous rendre compte, dit **Marcel Rioux**, qu'être Québécois c'est accepter de vivre dangereusement ».

8
Le bas de laine

On « ménageait » son habit du dimanche, le savon du pays, l'huile à lampe... et les bouts de chandelles; soigneusement, on accumulait, en espèces sonnantes, dans un vieux chausson de laine, de quoi passer les mauvais jours, au cas; on allait palper, compter ses richesses dans le haut-côté. « Prêter quelques piastres, à des parents, à des voisins, ajoute au prestige personnel... » C'est la vieille histoire de Séraphin mais le maire de Sainte-Adèle a eu des centaines de sosies.

Séraphin a pu faire croire que c'est l'homme qui est avare alors que traditionnellement, selon plusieurs observateurs, c'est la femme qui « garde » le bas de laine et l'homme qui est « dépensier ».

« L'usure, écrit **Mgr Bourget**, en 1859, est une plaie hideuse qui ronge notre peuple et finira par le ruiner. Faisons, de grâce, abstraction de nos origines normandes ».

Au moment de quitter un hôtel d'Ocho Rios, la femme de chambre, une plantureuse Jamaïcaine toujours prête à rire, entre et fouille sous le matelas. Je la regarde faire. « Si vous dormez sur votre argent, ça grossit la nuit », me dit-elle de tout son sourire.

Un boutiquier juif de Montréal, va me démontrer qu'il faut toujours avoir au moins la moitié de sa fortune en « espèces » transportables.

Au mur de son salon, deux **Renoir** et un **Picasso**. « Tout ça, bien roulé, tiendrait dans ma serviette. Je perdrais les encadrements ... Mais ils ne valent pas très cher. Voyez par vous-même.

Chaque minorité semble avoir son bas de laine sous une forme ou sous une autre...

Les caisses populaires sont nées des cordes 8 et 20.

Un ex-gérant de caisse populaire raconte comment il « déterrait » les bas de laine. « J'abordais les bons vieux cultivateurs à peu près en ces termes : « Vous devriez avoir un compte à la caisse populaire de la paroisse ». Moi?, répondait l'habitant, surpris, j'ai pas un écu qui m'adore ». Je feignais aussi la surprise... « C'est pas ce qu'on dit... on raconte dans le village que vous avez pas mal d'argent de caché dans des vieilles boîtes en fer blanc? » « Dites-leur de se mêler de leurs oignons, répondait le vieux cultivateur, l'air embêté. « Le lendemain, je voyais arriver mon homme à la Caisse, celui-là même qui la veille n'avait pas un écu, tenant sous le bras, un petit paquet discret, enveloppé de gazette ».

Dès les premiers jours du régime anglais, les « habitants », qui sous le régime français avaient accumulé la fameuse monnaie de papier de l'intendant **De Meulle**, se font « laver » royalement. Les banques et les gouvernements vont rester suspects...

L'économiste **Auguste Roy** parle du bas de laine moderne des Québécois : » Le taux moyen d'épargne personnelle, en pourcentage du revenu disponible, au cours des cinq dernières années (70-74), a été de 6.8% au Québec, de 8.0% pour le Canada et de 8.4% pour les neuf autres provinces. Il existe une concurrence très vive entre les institutions financières et l'on a assisté au cours des dernières années à une multiplication de formules en vue d'accaparer la portion la plus élevée de l'épargne des Québécois. Les Québécois semblent placer de plus en plus leurs économies dans des avoirs de courte et de moyenne durée (de 52.4% en 70 à 57.4% en 74)...

« Les obligations des gouvernements vont devenir, à partir « des Obligations de la Victoire », une forme d'épargne recherchée. « *Elles sont en or* » a été un thème extrêmement profitable pour les campagnes des Obligations d'Épargne du Canada. Le publicitaire ajoutait : « Elles sont sûres, rentables, faciles à encaisser... c'est de l'argent comptant », autrement dit, « *un bas de laine* ».

Le bas de laine se retrouve encore sous forme d'assurance-vie. Le Québécois sur-assuré personnellement (sous-assuré autrement, 23% des automobiles ne portent aucune assurance), détient des records canadiens même si ce secteur a eu tendance à diminuer d'environ 3% entre '70 et '74.

Le marché du « patrimoine financier » est aussi ouvert qu'il est prometteur au Québec. Le bas de laine sera-t-il remplacé bientôt par des décisions économiques personnelles plus planifiées? Il y a des lueurs d'espoir prétendent les économistes.

L'expression « bas de laine » a pris un sens plus moderne, celui de la fausse économie qui fait échanger « quatre trente-sous pour une piastre ». Un médecin connu de Montréal va en Floride, chaque année dans sa grosse Cadillac, sous prétexte « que l'avion coûte trop cher ».

On ménage mais on se prive de rien: le Québécois, jouant du paradoxe oscille entre les cordes 8 et 13. Dire à la consommatrice qu'elle est économe, c'est appliquer un baume bénéfique sur une plaie douloureuse.

On sait que la ménagère québécoise ne court pas les ventes et se méfie des « prix coupés à plein ». Simpson's me rappelle un vieux dicton de ma grand-mère : « La qualité coûte toujours moins cher ».

Les promotions, les primes, les « coupons » sont des armes de merchandising autrement efficaces que les soldes auprès des Québécoises.

Selon **John M. Kaynes**, il y a sept raisons (disons, « cordes sensibles ») qui pourraient empêcher les gens de dépenser tout leur revenu : la précaution, la prévoyance, le calcul, l'ambition, l'indépendance, l'orgueil et l'avarice.

Bof! Mais quand on en a un peu de côté... on peut gaspiller le reste...

La Québécoise, qui dans toutes les questions d'argent a son gros mot à dire, peut-elle devenir aussi prévoyante, aussi économe que la Japonaise, le modèle à suivre, selon les observateurs?

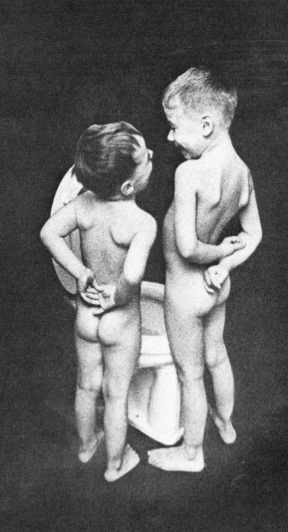

9
L'envie

Un mythe paralysant, une vilaine tare ancestrale, *l'envie*!

Mon grand-père **Émile Bouchard**, de Saint-Hyacinthe, (qui m'a enseigné cet autre sport national des Québécois, le billard à la « bostonnaise ») répétait: «On a un glaive qui passe au-dessus de nous, si tu lèves la tête plus haut que les autres, tu te fais zigouiller ».

Nous nous sommes passé la consigne: « Tant qu'à en arracher, arrachons-en tous ensemble... Partageons notre misère ».

Dans sa chanson, **Félix Leclerc** met Ti-Jean en garde... «Le plaisir de l'un, c'est de voir l'autre se casser le cou... ou.. ou ! »

Arthur Buies (celui « d'Un Homme et son péché ») disait des gens de la ville de Québec: « Ils s'y mangent entre eux et ont l'habitude de se décrier dans les livres, les journaux, les discours et les conversations... »

« Le Bas-Canada, dévoré par les coteries, écrit **J.E. Roy**, était alors renommé par ses mauvaises langues ».

« Ils aiment aussi à se critiquer les uns les autres; l'envie, la jalousie, la médisance existent au Canada », fait remarquer **Vattier** au début du siècle.

Ce mythe ligote les Québécois.

« Moi plus chanter en créole… pays trop petit pour gagner sa vie »… Ce revirement subit de **Robert Charlebois**, pourtant légitime, sera considéré par plusieurs comme un acte de transfuge. Accusé de toutes parts, **Charlebois** rétorque, « Le Joual nous a peut-être permis de nous retrouver au Québec, et c'est bien, mais un joual attelé, ça a toujours des oeillères ».

Dans une lettre adressée au Ministre des Affaires culturelles, publiée à renfort d'encre du Devoir (14-6-76), un artiste de variétés se plaint de son sort : le ton badin de ses propos ne cache pas tout à fait son amertume : « Bon, j'ai envoyé une lettre aux « Gazettes » dernièrement, concernant les fêtes de la St-Jean. J'y déplorais qu'on présente à peu près les mêmes artistes que l'an dernier. (On n'a pas passé mon message sans doute parce que ma lettre était pleine de fautes). La pire faute commise envers le Québécois c'est de ne pas les représenter tous à ces festivités. Y a semble-t-il que le Sieur **Guy Latraverse** avait son mot à dire la-d'dans. Mésieur le ménisse des Affres Culturhell, appelez-donc les fêtes, l'an prochain, « la danse de St-Guy… Latraverse » à cause de Kébec Spec (Kébec Spec…ulation) non j'vas vous dire franchement au Québec y a plus fou que **Ferland**, plus gelé que **Charlebois**, plus smatte que **Deschamps**, plus beau que **Vigneault**, plus intéressant que **Léveillée**. Écoutez ! pour le même prix, j'vous les aurais fait toué cinq. Salut ».

Que l'envie vienne perturber notre colonie artistique, on ferme les yeux, c'est de l'art… mais quand ce vilain petit défaut, encore pis que de se ronger les ongles, court les couloirs des grands Ministères à Québec et à Ottawa, atteint les chaires des universités, n'épargne ni les centrales syndicales ni les Chambres de commerce, là, il faut bien l'admettre, nous en sommes tous frappés.

L'envie est promue et systématisée par une caste bien spéciale au Québec, celle « *des demi-succès* ».

Les « *demi-succès* » sont des gens passablement intelligents, mais qui dans bien des cas, et de leur propre faute, ont été frustrés du succès. Plus venimeux que les envieux ataviques, ils sont dangereux parce qu'ils occupent des postes, disons des demi-postes. On retrouve ces p'tits messieurs-dames dans toutes les sphères de l'activité, à la tête de demi-postes, prenant des demi-décisions.

Les demi-succès sont envieux de tous les « qui », ceux « *qui* » ont réussi.

« Qui » n'a pas bureau et secrétaire au 12ième étage de Radio-Canada ? « qui » ne réalise pas l'émission à succès de Télé-Métropole ? « qui » n'a pas la cote d'écoute à 20 heures ? « qui » n'a pas d'influence dans le parti ? « qui » n'est ni **Cosgrove** ni **Pelland** ? « qui » n'est pas **Yvon Deschamps**, « qui » n'est pas **Paul Desmarais**, « qui » n'est pas le porte-parole du syndicat ? « qui » n'est pas le « qui » qui a réussi ?

Ces demi-succès envieux des « qui » qui ont réussi ralentissent le progrès. Ces roquets aux canines pointues, mordillent les talons de tout le monde et finissent par faire mal.

Un de mes clients, président de P.M.E. a affiché un proverbe arabe dans son bureau : « Les chiens hurlent mais la caravane passe ». (J'ai inventé (corde 6) et fait patenter une « guêtre-anti-petit-chien » : cet appareil de cuir souple, s'attache autour de la cheville et protège le talon d'Achille contre les morsures des petits chiens).

> *« Moi, avouera assez piteusement Jos Tremblay, je pense que c'est notre pire défaut et en même temps celui que l'on connaît le mieux. Comment faire pour s'en débarrasser ? »*

Les Juifs tapent sur leurs congénères avec une férocité notoire. Mais contrairement à nous, le mouvement d'envie passé, ils ont tendance à vouloir imiter ceux des leurs qui réussissent, sans chercher à les détruire. Mais nous, allez-y voir.

Si vous avez du succès au Québec, si vous êtes riche, si vous pouvez exercer quelque influence quelque part, n'en parlez à personne. Parlez plutôt de vos dettes, de vos déboires en affaires, en amour, et prétendez que tout va mal.

Mais là, attention à la corde 12, *le commérage* ; si vous vous faites une gloire de ne pas entretenir d'aventures extra-maritales, on va conclure que vous êtes pédé ; si vous admettez en avoir à l'occasion, vous passerez pour un impénitent coureur de jupons…

10
L'étroitesse
d'esprit

L'étroitesse d'esprit prend plusieurs visages.

Jos nous apprend qu'il est prude.

> « *Y a pas de honte à l'admettre… Je tiens ça du curé Blanchard, j'imagine… ou de ma mère? Chaque premier dimanche de juin, quand les gens de la ville arrivaient pour passer l'été au lac, le curé leur faisait un maudit sermon de circonstance…* « *Venez pas scandaliser les paroissiens avec vos shorts et vos deux-pièces brimbalants… et n'oubliez pas la quête* ».

> « *Ma mère chantait* « *Auprès de ma blonde* » *en disant* « *qu'il fait bon se tenir* » *au lieu* « *de dormir* ». *A fermait la radio net quand la chanteuse française* **Rina Ketty** *mimait les* « *grands frissons* »…

> « *Si j'ai vu* « *Deux Femmes en Or?* » *Ben voyons! J'ai mis une semaine à décider Fernande… On a bien ri. C'était bien plus une comédie qu'un film à l'index… si on peut dire… Je perdrais pas mon temps à aller voir un film* « *cochon* » *pendant deux heures si c'était pas drôle… (Sa femme fait allusion à un enterrement de vie de garçon). Fais pas ta*

*« Sainte-Nitouche »… on était entre hommes. C'est
pas la même chose, les danseuses étaient des « has-
been ». Voyons quand est-ce que tu m'entends parler de sexe… Le sexe, c'est personnel… Y a juste les
gars qui sont « plus capables » qui en parlent toujours… Chez nous, on parlait jamais de ça. Ma mère disait que c'était pas pour rien « qu'on avait été
fait à la noirceur… »*

La vogue des films érotiques québécois aura duré le moment
d'un grand défoulement collectif. Cinq ans avant la sortie de nos
premiers films « osés », la danse était toujours illégale dans la région
du Saguenay-Lac Saint-Jean. « Le rire corrige », dit **Bergson**.

Il y a à peine dix ans, les religieux, dans nos couvents et collèges, prenaient soin de déchirer les pages du Petit Larousse qui mon-
traient « Les Trois Grâces » et « Diane au bain »

En publicité québécoise, on va se méfier de l'érotisme… et des
relents de la grande noirceur…

Jos Tremblay a pour son dire que les années 40 ont été les années de « la grande étroitesse d'esprit » des Québécois :

*« Si t'es un rescapé des années 40, t'es pas un Qué-
bécois, t'es encore un Canadien français ! Ma génération est bornée ! Le Québec a 1,000 milles du nord
au sud et plus, je pense, de l'est à l'ouest, je crois…
mais on est étroit d'esprit ».*

*« J'ai été pensionnaire dans un collège : je faisais un
cours commercial et déjà les gars du cours classique
nous regardaient de haut, on allait pas faire des doc-
teurs… Le seul journal qu'on avait le droit de lire
était Le Devoir, alors catholique, nationaliste, anti-
communiste, anti-capitaliste et anti-duplessiste : les
plus vieux lisaient « Notre Temps », plus étroit encore et plus catholique que le Pape… »*

*« Tout était « catholique », l'union catholique des
cultivateurs, la J.E.C., la J.O.C., les syndicats.
C'était l'époque du « Crois ou meurs ».*

*« On a mis cette époque-là sur le dos de **Duplessis**.
Pourtant il y avait plus… La pègre menait Montréal,… la loterie était chinoise, on avait la « loi du
Cadenas », les orphelinats étaient remplis. C'était
pas drôle. Le clergé en avait déjà plein les bras mais
tenait à garder le contrôle malgré tout… »*

*« Les évêques ne voulaient pas que nos pères fassent
partie des « Rotary », des clubs neutres ; ils favori-*

saient *l'Ordre Jacques Cartier ou les Chevaliers de Colomb avec leurs initiations mystérieuses... On avait alors peut-être 15,000 prêtres, deux fois plus de frères et pas moins de 40,000 bonnes soeurs: ils étaient comme « un mille-pattes sur le dos »...*

« *On avait du théâtre « catholique », de* **Ghéon** *et de* **Claudel** *: j'ai vu jouer « Le Noël sur la place » dix-sept fois en huit ans... J'aurais peut-être fait du théâtre mais comme on me faisait toujours jouer les « rôles de filles », je me suis découragé... »*

« *De temps en temps, les Sulpiciens s'en prenaient aux Jésuites, les Jésuites aux Sainte-Croix... le pouvoir était toujours contesté... c'est la nature du pouvoir.* **Duplessis** *montait les marches de l'Oratoire à genoux. Il n'aimait pas les gens instruits et disait que « la boisson et l'instruction on était pas toujours capable de supporter ça ».*

« *Mais moi, j'voulais m'instruire, je lisais des livres « français » en cachette... J'étais bibliothécaire de division au collège: on avait des biographies de tous les Saints, des centaines de titres sur « la vocation » et le Thomisme, des récits de missionnaires... les essais de l'Abbé* **Groulx**... *tout ce que publiait Fidès, les Frères Maristes et les F.E.C.... à part ça, rien. Tout était à l'index, les livres de France, je l'ai dit, étaient suspects mais ceux des auteurs canadiens-français aussi, et dès qu'un « externe » nous en apportait un, on devait, demander un « legatur » à son « directeur de conscience » qui vous déchirait 52 pages à « Maria Chapdelaine », et 50 à « Trente Arpents ». Plus tard, ça s'est continué pour des auteurs « dangereux » comme* **Gabrielle Roy, Roger Lemelin, Yves Thériault** *ou* **Jean-Jules Richard** *qui étaient les « libre-penseurs » qu'il fallait proscrire. On ne lisait pas non plus n'importe quelle Histoire du Canada »*

« *J'me souviens... six étudiants en philosophie... le plus jeune devait avoir vingt ans... ont été mis à la porte après avoir passé le congé du jeudi au théâtre Gayety pour voir la danseuse Lili St-Cyr ».*

« **Mgr Charbonneau** *(Moi, j'ai beaucoup aimé cet homme-là) répétait aux curés: « Vous allez trop loin... arrêtez les bingos, favorisez l'instruction obligatoire et les manuels gratuits... travaillez avec les grévistes d'Asbestos... » Il demandait trop de cho-*

ses pas catholiques... On l'a pendu haut et court. L'inquisition, c'était l'inquisition!... Il a fini à Vancouver, si je me rappelle bien. Il y avait aussi le père **Dion**, *un autre qui en avait assez et* **Hertel**. *Je ne sais pas ce qu'ils sont devenus, mais c'étaient des « héros » à mon époque ».*

« Non, si t'étais un Canadien français dans les années 40, tu peux pas être un Québécois aujourd'hui. Les Québécois ont tous moins de 30 ans. Nous autres, on sera toute notre vie des « Canadiens français » parce que l'on ne peut pas tout effacer par enchantement... On reste collé avec nos souvenirs. On se demande pourquoi on est encore au Québec... comme si l'on pensait que seul le Québec pouvait nous laver du Québec... »

« Dans un sens, j'ai raté ma vie ; je l'ai passée à me remettre en cause, à me corriger de la « maladie des années 40 », de mon étroitesse d'esprit... à désapprendre ce que j'avais appris... à faire le contraire de ce que l'on me défendait...

« J'aurais aimé être un homme d'affaires... ou peut-être diriger une troupe de théâtre... ou une compagnie de disques et ça va faire trente ans que je suis fonctionnaire... Je me plains pas, je gagne mon pain. Mais qu'est-ce que ça m'a donné de passer ma vie à lire les auteurs que l'on me défendait de lire quand j'étais petit gars, je connais **Voltaire** *sur le bout de mes doigts, plus que bien des Français mais à quoi ça me sert... Je n'ai jamais été utile à personne en tant que Canadien français ».*

Duplessis, qui, de son propre aveu, ne lisait pas, aurait confié à des intimes « que les Canadiens français avaient peu de place dans leur tête pour les idées des autres... »

Les auteurs anciens vont démontrer que l'étroitesse d'esprit est sœur de l'intolérance.

« Au contraire des peuples « vieux » qui sont devenus blasés sur ce que l'on peut penser d'eux ; les Canadiens français supportent très mal la critique » dit le pamphlétaire **Arthur Buies**. « Notre outrageuse susceptibilité ajoute-t-il, piquée au vif par le moindre mot, ne nous permet pas de supporter la plus légitime critique. Non seulement ils n'admettent pas qu'on leur donne des conseils, qu'on les blâme sur tel ou tel sujet mais encore les éloges semblent aussi provoquer leur colère ».

« Nous subissons mal la morgue souriante ou la bienveillance protectrice de nos amis de Londres ou de Paris », confirme à son tour l'abbé **Camille Roy**. Nous n'acceptons pas d'être comparés à des Esquimaux, d'être accusés de manquer de loyauté à l'Angleterre, de descendre de métis et enfin de parler patois». (C'est **Barrès** qui, parlant de l'arrivée de nos troupes en France lors du premier conflit mondial, fait allusion «à ces Indiens et à leur courage»).

De l'intolérance, nous en arriverons vite à une «violence verbale» qui va aussi aller puiser ses manifestations dans la corde 7. «Ils sont nombreux les fédéralistes qui considèrent les indépendantistes comme des rêveurs, des poètes, des arrivistes, des frustrés de carrière; ils sont nombreux les indépendantistes qui traitent les autres de traîtres, de vendus, de cocus satisfaits ou de valets de puissants. On ne prend plus la peine de discuter des idées: on condamne les individus qui les défendent» dit **Jean-Guy Dubuc**, (La Presse 8-4-77). «Mais à voir s'exprimer les sentiments des Québécois qui s'affrontent, on a toutes les raisons de craindre une société qui remplace le respect par l'intolérance, l'échange par le mépris et l'amour par la haine».

La courte-vue québécoise va se manifester en politique comme nous le verrons à la corde 30: coups bas, campagnes de «whisper», aidées par la corde 12, haines partisanes entre familles d'un même patelin qui durent pendant des générations, boycottages systématiques de petits commerçants identifiés au camp politique ennemi, seront autant de manifestations anormales de la corde 10 et de relents des années '40'.

Nos luttes intestines, féroces, épuisantes, vont toujours profiter à quelqu'un, mais pas aux Québécois.

Jos le sait:

> « Quand le premier centre d'achats a ouvert en '54, les épiciers canadiens-français sont partis à l'épouvante et se sont fait une guerre de coupage de prix. Tu parles d'une maudite réaction! Y avait qu'à faire comme les «chaînes» et attendre... Les Anglais, on peut les admirer pour leur patience... beau dommage... y nous connaissent ».

De la corde 10 à la corde 11, il n'y a que l'espace d'un autre préjugé penseront toutes les Québécoises...

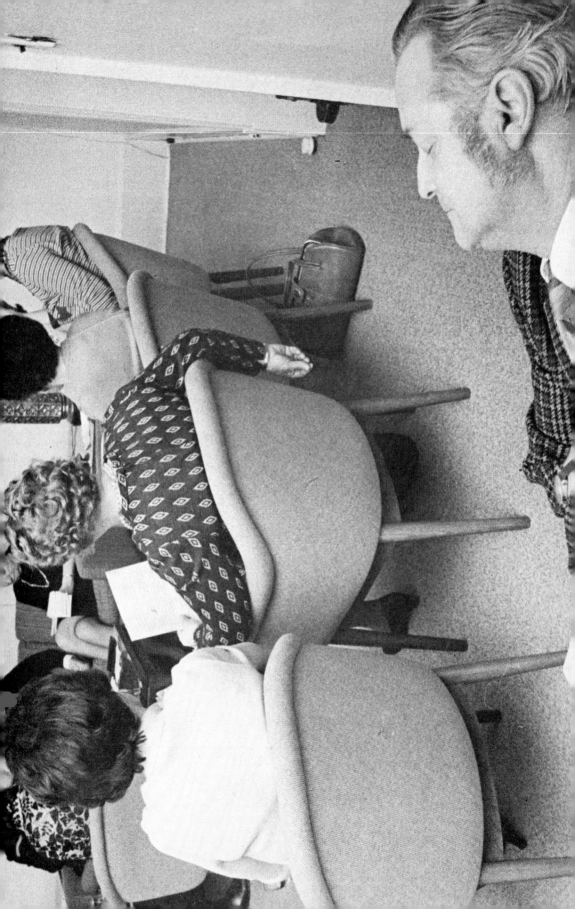

11

Le matriarcat

J'ai entendu des Européens commenter avec dégoût les films américains qui véhiculent « le duo matriarcal dans lequel les deux conjoints aiment la même femme ».

Si vous refilez cette remarque aux membres de la white-anglo-saxon-protestant-society, ils vous diront que ce sont les Juifs américains, grands bonzes du show-bizz filmé, qui ont mis la femme sur un piédestal. Personne ne veut faire son mea culpa.

Les Jésuites de la Nouvelle-France vont perdre leur latin en découvrant que la société Iroquoise est matriarcale.

Philippe Garigue concède que « les Québécoises jouent un rôle plus actif que les hommes au sein de la parenté; ce rôle, en plus de celui qu'elles exercent en tant qu'épouses et mères leur confère une grande influence et assure la continuité du groupe parental en tant que tel... Tous les informateurs des deux sexes affirmèrent que ce sont les femmes qui agissent à titre d'agent de liaison entre les divers niveaux de parenté ».

« Femmes fortes, souvent plus instruites que les hommes, *elles l'emportent sur les hommes pour l'esprit* et elles en ont toutes beaucoup. Elles sont même d'une façon générale *plus intelligentes que leurs maris* » écrit **Franquet** à la fin du siècle dernier. « Les femmes contrôlent les naissances ajoute-t-il tant pour la consanguinité que pour le nombre de bouches à nourrir ».

« Où l'intelligence des Canadiennes apparaît encore, c'est *dans leur esprit pratique, leur aptitude aux affaires:* elles sont bien des descendantes des Normandes dont on connaît la capacité (je n'ai pas dit, rapacité) en ce qui concerne les questions d'argent et les contestations légales », écrit **Georges Vattier**. « Les gens de la campagne n'entreprennent et ne concluent rien de quelque conséquence sans leur avis et leur approbation. Beaucoup de femmes de négociants gouvernent les affaires de leurs maris ».

La Québécoise n'est donc pas tout-à-fait « cette bonne petite femme d'intérieur » que l'on s'est plu à voir en elle.

Au Québec, une image éculée veut que l'homme dépose sa paye sur la table de la cuisine, le vendredi soir, après son débourrage hebdomadaire à la taverne, se gardant le minimum pour fumer, se véhiculer au travail et acheter des bricoles. Selon une enquête menée en 1974, même dans les ménages où les deux conjoints travaillaient à l'extérieur, la « cagnotte » familiale à 75% près était administrée par l'épouse.

Les proverbes populaires en disent long sur nos moeurs maritales: « Parole de femme, parole de Dieu », « Ce que femme veut, Dieu le veut », « L'homme propose et la femme se repose », « Le coq gratte puis la poule se repose ».

En Jamaïque, dans la population noire d'Ocho Rios, j'ai compté des centaines d'unités familiales sans homme: arrière-grand-mère, grand-mère, fille et jeunes enfants. Le Noir des plantations, le Juif du Pogrom, le Québécois de l'usine, sont un seul et un même homme, un homme quelque peu diminué.

Le matriarcat est le propre des sociétés minoritaires.

Le gagne-pain de la famille québécoise, souvent un petit salarié d'usine, est, par définition, un homme instable et vulnérable. « Extériorisé » en tant que gagne-pain de la famille, « il aurait plus ressenti la présence des « foremen » et des patrons ». Le mâle est extrêmement vulnérable dans son amour-propre; s'il perd son orgueil, il n'est plus que la demie de lui-même. L'autre demie, selon la légende, était comblée par le curé, confident et confesseur de la Québécoise, « Un homme qui n'avait pas peur des Anglais ».

Jos Tremblay va amorcer ce sujet épineux avec sa femme Fernande:

> « *Dis pas le contraire, Fernande, ta mère criait à ton père d'aller fumer son cigare dehors... Y allait en maudit! La queue entre les jambes...* » « *Y fumait trop et y est mort d'un cancer aux poumons, coupe*

Fernande. Ma mère lui avait bien dit... Qu'est-ce que t'as à redire contre elle? »

« *Voyons maman! J'dis pas que ta mère était pas une bonne personne... bonne cuisinière, le torchon toujours à la main... Mais souviens-toi quand elle a commencé à me tasser dans le coin pour savoir si j'te marierais au printemps ou à l'été... A lâchait pas le morceau... C'est pas à ton père que j'ai demandé ta main, c'est à ta mère...* » *Fernande coupe:* « *T'étais allé trois fois à Québec avec lui, « entre hommes »... et tu lui parlais jamais de mariage... Nous autres, on vous attendait... Fallait bien que quelqu'un s'en occupe...* »

« *J'dis pas qu'elle a pas eu raison Fernande, c'est pas ça que je veux dire... Fâche-toi pas maman! Ris avec nous autres... T'as tellement un beau sourire...* »

Dans « Le Comportement du Consommateur » le professeur **Georges-M. Hénault** décrit le rôle respectif des membres de la famille québécoise: « *Le rôle du père* qui, autrefois, consistait essentiellement à être patriarche et l'administrateur de la ferme se cantonne à celui de pourvoyeur des moyens financiers permettant de faire vivre sa famille. Les aspirations ont changé. De l'influence morale religieuse qu'il avait, il se tourne vers des satisfactions autres comme celles que procurent les relations sociales, les groupes d'amis: l'anglophone se contente de relations sociales avec des gens appartenant à son milieu professionnel alors que le Canadien français préfère diversifier ses contacts. *Le rôle de la mère*, était celui de collaboratrice dans le travail de la ferme et d'éducatrice des enfants. De nos jours, sa responsabilité croît dans la famille puisqu'elle gère de plus en plus les finances et s'occupe de l'entretien de ses enfants. Du système patriarcal de la société rurale, il semble que la famille canadienne-française évolue vers une domination de type matriarcal, ayant passé de l'intro à l'extro-détermination et, par ailleurs, de l'influence des média qui ont placé la femme d'ici dans un contexte nord-américain et matriarcal ».

Louis Larochelle dans son frontispice de La Presse, 25-7-77, nous donne des nouvelles fraîches de cette corde: « Il y a deux choses, avoue en raillant un tantinet, le ministre québécois des Finances **M. Jacques Parizeau**, sur lesquelles je ne m'entends pas avec le ministre des Institutions financières, **Madame Lise Payette**; c'est, d'une part, les clubs privés et d'autre part le parlementarisme... je suis tout à fait disposé qu'un premier ministre au Québec, éventuellement, soit une femme. Je suis bien prêt, s'il le faut, pour avoir la paix sociale à décréter que les femmes doivent gagner deux fois plus que les hommes mais je veux qu'on puisse avoir tranquillement accès à nos clubs privés ».

Les femmes qui ont envahi hardiment les tavernes n'ont toujours pas, au Québec, les privilèges masculins des clubs privés... « ces autres tavernes pour hommes d'affaires en moyens ».

La femme est *instinctivement* intériorisée, donc conservatrice et accumuleuse ; l'homme, extériorisé, est, au contraire, « poche percée » et dépensier.

Je dis « *instinctivement* intériorisée » et j'en veux pour preuve, sans faire de zoo-psychologie, mon couple de Bouviers des Flandres, Zut et Bof. *À la maison,* la chienne Zut prenant toutes les initiatives, aboie aux livreurs, flaire les visiteurs, enterre et déterre les os, mène et corrige, à l'occasion, les comportements du gros mâle, alors passif. En promenade, Zut colle à mes talons alors que Bof s'empare de l'initiative, court à deux cents pieds devant, le nez à ras de terre, détecte tout ce qui bouge, défie chiens, chats, mouffettes et passants. *Son territoire, c'est le quartier et l'extérieur.*

Si Zut et Bof sont égaux devant un Dieu cynophile ils n'en sont pas moins ce que ce Dieu les a faits, c'est-à-dire différents l'un de l'autre.

Intériorisée, la Québécoise tient les cordons de la bourse, conserve. Et elle était, en 1974, le seul pouvoir de décision de 73% des achats de biens et de services nécessaires au bon fonctionnement de la cellule familiale ; elle participait avec son mari ou ses enfants à 21% des décisions communes laissant au « chef de famille » 6% d'autonomie, ($12 s'il gagne $200 par semaine) pour sa marque de bière, ses cigarettes (s'il n'y a pas de coupons-primes), l'essence de la voiture (si le pompiste n'a pas de vaisselle à collection) et autres peccadilles masculines.

La longévité plus élevée de la femme va faire que les vieilles dames vénérables que l'on rencontre dans les beaux hôtels de villégiature possèdent 75% de la fortune du monde. Le Québécois vivra 68 ans, la Québécoise 74 ans. Non seulement la longévité de la Québécoise est-elle plus élevée mais l'écart continue de s'accentuer.

Le curé **Charlevoix**, dans son journal de 1744, concède à la Canadienne « la capacité de conduire les plus grandes affaires... »

Déjà prévenus par les auteurs anciens, nous n'allons pas commettre l'erreur de mésestimer la Québécoise et l'entrepreneurship !

Les entreprises Dulac, les « croustilles », dans la Beauce, ont été fondées par une Québécoise qui menait la barque d'une façon plus que correcte. Elle n'avait pas de fille pour lui succéder, seulement des garçons, et l'entreprise a été vendue ou, si vous préférez, n'a pas été « intériorisée ».

La famille Steinberg, juive et minoritaire, fournit un exemple de tribalisme matriarcal : cet empire, comme on le sait, a été fondé par Madame **Ida Steinberg** ; le fils « maternel » qui lui a succédé à la présidence a eu cinq filles, et aucun garçon, comme si une force ésotérique voulait protéger la caste. Pouvons-nous supposer qu'une femme dirigera de nouveau, un jour, tout l'empire Steinberg ?

« Ainsi, « il y aurait toujours une femme derrière chaque gros entrepreneur québécois ». J'en veux pour exemple les douze « Hommes du Mois » de la revue Commerce, que l'on couronne, chaque année, lors d'un Gala du Commerce. Vous ne serez pas surpris d'apprendre que les épouses, de long vêtues, accompagnent les supermen du Mois sur l'estrade, « afin que l'assemblée puisse rendre un hommage officiel à la fidèle épouse » (C'est toujours ce que l'on dit dans ces cas-là). Or sur l'estrade d'honneur ce soir-là, mon voisin de gauche en était à son troisième mariage et celui de droite était un célibataire à tous crins, accompagné de sa cousine. Mais qu'importe, la tradition était sauve.

Les femmes mènent aussi le Québec par l'entremise des Premiers ministres... Encore une hypothèse ? Et qui ne serait pas exclusivement d'ici...

On connaît le cas classique de **Corinne Lesage**, la « Corrine parlementaire », et des non moins puissantes **Reine Johnson, Gabrielle Bertrand** et « **Madame Bourassa** ». Mais pas de Madame **Duplessis** !

De l'aveu de plusieurs députés, sans « leur fidèle épouse », (toujours beaucoup « montrée » en campagne électorale), ils n'auraient pas été élus et seraient bien incapables de tenir leur secrétariat de comté.

Une femme élue en politique a toujours l'air de « trimbaler » un mari qui s'ennuie dans les cérémonies officielles et qui forcément se retrouve « aux activités féminines » des congrès.

Ainsi, en marketing québécois, il n'est pas bon d'oublier « la femme forte » dont parle l'Évangile : c'est une erreur que commettent plus facilement les politiciens que les publicitaires.

On verra à la racine 34 que ces femmes « à tête froide » ont le coeur chaud.

12
Le commérage

Le plus puissant médium de masse au Québec, c'est *la corde à linge* : il surclasse la télévision, la radio et le journal mis ensemble.

L'oral l'emporte sur l'écrit.

« Il a été prouvé, dit le professeur **Georges-Maurice Hénault**, selon l'expérience de **Bourne**, que pour les biens de consommation courante, l'influence des contacts interpersonnels, donc de communication de bouche à oreille, *est supérieure à celle des média* de masse que sont la presse écrite et la radio. C'est la même chose en ce qui concerne le choix des films. Par contre, pour tous les produits qui portent atteinte aux tabous culturels, l'influence des mass-média est décisive ».

« Si le Français enseigne toujours quelque chose à d'autres, écrit **Rioux**, le Québécois, lui, a toujours quelque chose à *raconter* à d'autres non pour lui enseigner quoi que ce soit, mais pour faire rire, pour confirmer des solidarités de groupe... Au Québec, il n'y a rien qui ne se raconte ».

Chez nous, les roches parlent... les murs ont des oreilles ! Les Québécois ne cessent de se répéter que « les Américains sont devenus riches en se mêlant de leurs affaires ». Mais les Québécois se mêlent des affaires de tout le monde; selon le lieu géographique, ils jasent, placotent, jaspinent, bavassent, « portent les paquets ».

Les journaux ressemblent à leurs lecteurs : il y a chaque mois au Québec une révolution « qui, heureusement, ne fait couler que de l'encre ».

« La parole chez les Québécois, dit encore **Marcel Rioux**, avait depuis longtemps été refoulée dans la vie privée. Seules, les élites parlaient. Le curé, le notaire, l'avocat étaient les professionnels de la parole. Les gens « ordinaires » les écoutaient. Depuis une dizaine d'années, c'est « l'âge de la parole ».

Le peuple, lui, dit : « l'âge de la jasette ». La « jasette » est en soi un sport assez inoffensif : dès qu'elle va joindre la corde numéro 9, l'envie, elle devient du « mémérage ».

Le publicitaire **André Contant** attaque ce travers dans la revue du Publicité-Club de Montréal : « Je fais allusion au lanceur de rumeur professionnel : la « mémère ». On retrouve fréquemment dans sa conversation des « J'ai entendu dire... Savais-tu que... Il paraît que... ». Quand une agence de publicité va bien, il lui fait perdre ses clients, quand elle en perd, il lui fait fermer ses portes, quand elle survit, il lui fait encore fermer ses portes. Ces faiseurs de température vont de groupe en groupe, de service de média en service de production, font la tournée des agences, visitent les clients, sont de tous les cocktails et colportent la « bonne » nouvelle ».

Les publicitaires sont « mémères » par déformation professionnelle...

« L'amour du raisonnement, écrit **Vattier** au début du siècle, l'enchaînement des idées entre elles est porté (chez les Canadiens français) à un haut degré. C'est ce qui explique qu'ils *aiment tant parler, argumenter, discuter.* C'est pourquoi leur esprit est naturellement porté à l'éloquence. On peut le constater surtout aux élections, quand le public, avec une patience admirable écoute, parfois sous la pluie ou la neige, les candidats pérorer pendant des heures, applaudissant les belles tirades qu'il apprécie tant ».

Le journaliste **Jean-Pierre Richard** parle, lui, de la « jasette »; « Le génie de chaque peuple se reflète dans son discours, de la caisse de l'épicerie jusqu'au parlement, en passant par ces assemblages de « mouches mortes » que sont les colonnes de journaux. De « Point de Mire » à « Appelez-moi Lise », le Québec est passé du « vous » au « toi ». La « jasette » est une forme de communication qui allie simplicité, précision, bonhomie, humour et recherche de la vérité... Sur le perron de l'église, ceux qui nous ont précédés parlaient plus souvent de l'état des routes que de l'état de grâce... »

Le « sacrage » n'est qu'une autre expression de notre corde verbale. Dans un essai, qui ne manque ni d'esprit ni de documentation, « Le Livre des sacres et des blasphèmes québécois », **Gilles Charest** nous apprend le quand, pourquoi et comment « des gros mots religieux ». « Ici, précise l'auteur, au contraire d'autres pays, cela possède une dimension spectaculaire s'apparentant parfois davantage à un *sport oral* qu'à un simple outil verbal ou encore à un simple outil linguistique ».

Mais si le sacrage est désormais « désacralisé » au Québec, Jos sacre légèrement, et s'en confesse :

> *« Pourquoi je sacre? Tout le monde sacre. Mon père sacrait comme il respirait. Ma mère avait accroché dans la cuisine une image du Sacré-Coeur qui disait « Ne me blasphémez pas »... Ça empêchait pas le père de jurer comme un « charretier » et de « marcher au catéchisme » tous les jours. Son grand-père sacrait aussi... il racontait l'histoire de l'habitant qui arrive en retard au marché... Son cheval voulait plus avancer. Y était « en joyeux calvaire... » Y descend de la carriole, ramasse trois pommes de route gelées, et lui met dans la gueule en lui criant, « Communie, mon archevêque de chrisse! » Ça c'était sacrer comme du monde. Mon grand-père a essayé toute sa vie de battre ce record... »*

« Parle, parle, jase, jase », touche un million de téléspectateurs « à jasette » cinq fois par semaine, et en chiffres absolus, la population francophone entière du Québec, *chaque semaine*. **Réal Giguère** sait faire parler ses invités, qualité rare chez les interviewers qui justement parlent trop eux-mêmes.

Nous formons une société tribale, viscérale et verbale !

Caractéristique de terrien et de minoritaire, les affaires de tout le monde deviennent nos propres affaires dans un compact familial tricoté aussi serré que le nôtre.

Cette corde transforme le Québec en laboratoire à feedback : la publicité n'a plus qu'à jeter un peu d'huile sur le feu... pour que tout le village brûle !

Le Québécois règle ses problèmes par un brin de jasette.

> *« C'est à s'parler qu'on s'comprend », a besoin de dire Jos Tremblay.*

Dans ce monde sonore du bouche-à-oreille où l'on achète, chaque semaine, plus d'un million d'exemplaires de journaux à potins « pour tout savoir sur tout le monde », une fausse rumeur ou une médisance, se répand comme une traînée de poudre, vous amoche la réputation ou fait dégringoler vos ventes sans préavis. Les potineurs sont échotiers, les échotiers, potineurs et les politiciens le savent : « Le « whisper campaign » a calé plus d'un homme politique valable au Québec et **Daniel Johnson** serait possiblement le seul qui ait pu combattre les rumeurs de la « guerre psychologique » de notre corde à linge avec succès ».

J'aurai eu maintes fois l'occasion de tester cette corde. Dans un commercial télévisé, **Juliette Huot** nous fait part qu'elle est « amoureuse d'un dénommé Philippe ». Comme tout le monde sait que Juliette est « vieille fille », on prête l'oreille. Juliette précise, avec un sourire à nous faire acheter n'importe quoi, que Philippe, l'objet de son amour passionné, n'est pas un homme, mais un téléviseur couleurs Philips « qui lui, n'a jamais de défaillances ». La curiosité de l'auditeur est satisfaite… Le publicitaire a gratté la corde 12.

Les campagnes de publicité du genre « teaser », qui comportent certains éléments mystérieux et dont il faut deviner ou la suite ou la conclusion ont du succès auprès d'une population qui a le besoin démentiel de tout savoir avant tout le monde, tout ce qui se passe pour pouvoir le répéter à tout le monde.

> « *Quand t'arrives à Québec, par le boulevard Charest, fera remarquer pertinemment Jos, les gens dans les voitures d'à-côté s'étirent le cou pour voir qui tu es... et placotent...*

Mais n'allez surtout pas répéter ce que Jos vient de dire des Québécois…

13
La superconsommation

Surconsommer, est la première manifestation de la quotidienneté nord-américaine « des plus vieux et des plus riches colonisés du monde ».

Au début du siècle, on reconnaissait aux Québécois la vertu de frugalité, et frugal, il fallait l'être pour élever des « trallées » d'enfants sur une maigre pitance. Les Anglophones de l'époque nous disaient même plus « ménagers » et plus prévoyants que des Écossais...

« La richesse, dit **Aristote**, consiste bien plus dans l'usage que dans la possession ».

Jos donne raison au philosophe en parlant d'un hédonisme bien personnel :

> « Mon père était aux « jobines » ou sur « le secours direct » pendant la dépression. Avant la guerre de '39, j'peux dire que j'ai connu ce que c'est que la misère... Y en avait de plus pauvres dans la rue... Moi, j'étais le troisième sur la même paire de culotte... (j'avais deux frères aînés)... J'étais le troisième sur les patins, les paletots d'hiver et les livres d'école.

Ma mère passait son temps sur sa Singer à pédale...

Depuis le temps, j'men suis payé un maudit paquet d'habits. Mes enfants ont jamais porté les culottes des-autres. Y a assez de leur père qui a un complexe de guénillou. Fernande dit que les vêtements ne durent pas comme dans le temps...

Ma maison est moyennement meublée mais j'ai du beau. J'ai chambré sur la rue St-Hubert pendant six ans... sur des matelas qui sentaient... Après ça... t'apprécies ton chez-vous.

Si j'ai eu des chars usagés? Juste un... une «minoune» de la rue Lajeunesse. J'm'étais fait fourrer aux as. Bah! j'étais jeune!... c'était une Ford noire «de 2,000 milles qui avait appartenu à un vieux docteur». Si j'avais juste regardé le trou dans le plafond, j'aurais su que «mon docteur» chauffait un taxi... Non, c'est mieux de s'acheter un char neuf que tu changes tous les deux ans. Ça te revient meilleur marché et t'as toujours un capital sous les pieds.

Des dettes? Ben j'en ai un peu comme tout le monde mais selon mes moyens. (Ici, Fernande énumère la maison, la voiture, l'orgue Hammond et une somme quelconque due à un ami, ce qui fait grimper Jos dans les rideaux). Ben oui! ben oui! c'est ça que je dis... des dettes comme tout l'monde... Écoute-la donc... J'ai pas inventé la loi Lacombe... M'as-tu déjà vu courir les compagnies de finances pour rencontrer les hypothèques de la maison... penses-tu qu'Eaton va venir chercher l'orgue de Chantal... Arrête-moi ça. Tu me prends pour ton frère Léo... Quand personne te court après, t'as pas de dettes».

Jos n'est pas tant «l'homme de Pavlov» qu'un consommateur en rattrapage et cette antique aversion paysanne pour l'endettement, il ne l'avait pas dans ses valises en arrivant en ville.

Étudiant les transitions parcourues par le consommateur québécois actuel, le sociologue **Gérald Fortin** constate: «D'après les nouvelles normes, il ne s'agit plus pour la population (de Sainte-Julienne) de survivre, mais de vivre et de bien vivre. D'une économie de production, on est passé à une économie de consommation. L'amélioration continue du niveau de vie devient un des buts principaux de l'individu et de la famille... De même ce ne sera plus la façon dont on gagne son argent qui sera importante comme critère de stratification sociale, mais plutôt la façon dont on dépensera cet argent. Il vaut mieux vivre moins libre mais bien vivre que d'être indépendant et vivre dans la pauvreté ».

Le Québécois vit au coeur de la société de consommation par excellence et il «la» consomme. Pincez n'importe laquelle de ses trente-six cordes sensibles, et par réaction ou contre-réaction, il achètera quelque chose.

On voudra peut-être se méfier des études de marché venant de Toronto, à cause du «franglarbiage», (le questionnaire, conçu en anglais, est traduit en français, les réponses, données en français, sont retraduites à leur tour en anglais... pour être interprétées par des analystes anglophones), mais Chatelaine, au début de '77, révélait que la Québécoise se dérangeait la moitié moins pour courir les aubaines dans les supermarchés que les ménagères anglophones, 0,58 fois par mois contre 1,21.

Les psychologues-behavioristes savent-ils pourquoi les Québécois ont mâché pour $15 millions de «chewing gum en 1975, *soit à quelques dollars près, le budget total du ministère de la Consommation du Québec*? Mâcher de la gomme était en Russie, jusqu'en 1975, un acte hautement anti-social...

J'ai toujours eu pour mon dire qu'il était aussi difficile d'enseigner «la consommation rationalisée» aux consommateurs adultes que le français aux vieux fonctionnaires anglophones d'Ottawa. Le droit à l'information du citoyen en consommation a consisté longtemps à publier des brochures, des tonnes de brochures alors qu'il y avait encore un demi-million d'analphabètes au Québec en 1960.

C'est dans les écoles qu'il faudrait travailler et laisser les adultes... mourir le ventre plein, étouffés par leur bonne santé.

Le mot «consommer» n'existe d'ailleurs pas dans le langage populaire québécois. Jos Tremblay utilise le mot « acheter »:

> « *Acheter n'est pas un péché mortel, mais si tu y penses un peu, rien au monde vaut vraiment la peine que tu l'achètes... C'est pas encore d'autres lois de crédit qu'il faut, c'est de ne pas se faire fourrer, ni d'un bord ni de l'autre. Si acheter rend quelqu'un heureux, ils n'ont pas à s'en occuper, si c'est le contraire, là, c'est différent* ».

Le Québécois, nous le savons, est perméable à toute forme de communication. Un simple entrefilet publié, sans trop de conscience professionnelle, dans un quotidien, au début de février 1977, sera plus qu'il n'en faut pour créer une pénurie artificielle de pain qui allait durer une longue semaine. La panique apaisée, les poubelles vont regorger de pain pendant dix jours...

120　　Des chercheurs d'une université américaine ont étudié scientifiquement, pendant un an, le contenu des poubelles de trois différents quartiers d'une ville moyenne du Minnesota pour conclure que *plus du tiers* des aliments d'une famille moyenne était jeté à la poubelle, que plus de la moitié de ce qui s'y trouvait était constitué de matières recyclables, journaux, bouteilles, etc., et que les « gaspilleux » n'étaient pas nécessairement les plus riches...

Au Canada, en 1976, chaque individu produisait tous les jours sept livres de déchets...

14
Le confort

Le Québécois tient au confort des fesses.

Si possible, il ne reviendra pas à la planche à laver, au savon Barsalou et à la « bécosse ».

Il s'abandonne à son confort sans arrière-pensée : il a frigo, cuisinière, lave-vaisselle, le tout en gros format et de bonne qualité ; il dispose de plusieurs téléviseurs et d'appareils de téléphone : il se déplace dans une grosse familiale américaine confortable. Il a le ventre bien rond.

On connaît son goût marqué pour les décapotables et les grosses voitures « avec tous les accessoires », y compris le dispendieux système de climatisation hiver-été. (Des voitures irrésistibles... si bien que 43% des vols d'auto sont commis au Québec, alors que la corde 36 nous a fait oublier de verrouiller les portières).

Selon des chiffres publiés en 1976 par la DEUTCHE WIRTSCHAFSINSTITUT, les Français doivent travailler *deux fois plus longtemps* que les Américains (et les Québécois) pour s'acheter une maison individuelle ou une petite automobile et *trois fois plus longtemps* pour acquérir une machine à laver. Le confort n'est pas cher en Amérique.

Toujours heureux ou malheureux, par comparaison, Jos Tremblay raconte son voyage à Paris, en 1966 :

> « *Le goût nous a pris d'aller à Paris avant l'Expo de
> '67… À l'hôtel, on avait dû être mal conseillés…
> on gelait tout rond. T'avais l'eau courante dans la
> chambre mais pour les autres besoins et la douche,
> t'allais au bout du corridor. Mais on mangeait bien
> à notre faim à cet hôtel… c'était bon. Fernande,
> elle, a été surprise de voir que les Françaises fai-
> saient leur marché tous les jours parce qu'elles n'ont
> pas le frigidaire à la maison. Le pain, la viande,
> le beurre… tous les jours. Elles aiment mieux ça
> comme ça… »*

Jos compare ensuite son train de vie à celui d'un cousin Franco-
américain, agent d'assurances dans une petite communauté du
Massachusetts :

> « *Louis est venu nous visiter avec sa famille, ça fait
> cinq ans, en été '71. Y a eu des problèmes pour se
> rendre, le gaz était rationné aux États… (Jos ne
> fait pas cette remarque méchamment mais il y
> tient). Ils s'habillent un peu différents de nous au-
> tres… plus « détendus » mais pas mieux, ça c'est
> certain… Pour la nourriture, y sont moins diffi-
> ciles, j'dirais, moins que mes enfants. Mais dans
> l'ensemble, nos deux familles, j'penserais, vivent
> à peu près pareil… Louis était inquiet, son fils
> était d'âge militaire, il pouvait être enrôlé. Au Ca-
> nada, on a des problèmes de politiques, c'est
> moins grave… »*

Les Québécois n'ont d'ailleurs pas besoin d'un cousin aux
« États » pour comparer leur standard de vie à celui de leurs voisins : les commerciaux américains « traduits », à la télévision, leur
permettent de souffrir la comparaison tous les jours. (Quand ces
mêmes commerciaux traduits en espagnol atteignent les bas-quar-
tiers des grandes villes d'Amérique latine, la comparaison devient
autrement difficile à « souffrir »).

Convaincus qu'il y aurait plus de confort au sud du 45e parallèle, par deux fois, les Québécois émigrent en masse aux États
et prennent d'assaut les chantiers et les filatures… Ainsi un parti
politique qui demanderait aux Québécois de se départir de leurs précieux objets, de leurs « miroirs aux alouettes », courrait à sa perte ;
c'est deux voitures par famille qu'il faut promettre aux Québécois,
comme la Volkswagen des Allemands d'avant-guerre…

Peut-on consommer au point de « se consommer soi-même » ?…

Comment les Québécois réagiront-ils aux nouveaux concepts
des sociétés conservatrices ? Il faudra bien y venir un jour… Accep-
teront-ils volontiers la philosophie du « small is beautiful », vont-ils

vouloir se départir de leurs animaux domestiques, «ces consommateurs pollueurs»; voudront-ils se contenter de louer leurs «objets» au lieu de les acheter pour éviter de gaspiller en les multipliant?

Les Québécois sont-ils des candidats favorables aux sociétés conservatrices? Ici, les théories s'entrechoquent: une veut que nous soyons, au fond, une société conservatrice «vu que nous avons raté l'ère industrielle moderne»; l'autre dit qu'il nous faudra vivre une demi-ère industrielle avant de parler d'ère post-industrielle: par conséquent, nous serons cinquante ans en retard (c'est bien notre lot) sur les nouvelles sociétés conservatrices.

Mais les cordes de la racine terrienne plus écologiques pourraient se mettre à vibrer plus fort que celles de la racine américaine.

15
Le goût bizarre

La culture Kitch a élu domicile au Québec. N'allez pas croire qu'elle nous est exclusive : nous la partageons avec le « ten gallon hat » de l'Alberta et les Cadillac roses de Miami.

Le style « flamingo-rose-en-plâtre-à-côté-du-vieux-pneu-peint-en-blanc-dans-le-parterre-de-ma-tante-Rosée » se retrouve partout en Amérique. Dans le cas des Québécois, ce n'est pas la racine minoritaire qui va arranger les choses...

Les minoritaires, on l'a vu, souffrent de la démangeaison d'être « remarqués ». Les Noirs, les Juifs et les Québécois ont des tics « nationaux » remarquables : les voitures super-chromées à sapin odoriférant, les accoutrements vestimentaires tape-à-l'oeil et les chaînettes à signe astral en sont des exemples. La Juive d'Outremont qui magasine chez Holt Renfrew dans l'après-midi porte toujours trop de bijoux ; la femme du médecin de Saint-Machin, elle, assiste aux parties des Canadiens avec son étole de vison ; le Noir porte des couleurs criardes, et comme le coq, plus que sa compagne.

Le goût bizarre n'est pas en Amérique une question de revenu disponible : vous remarquerez des objets en plâtre, de faux candélabres florentins et des encadrements à dorure dans le « home sweet home » de nos richards et de nos professionnels : ils paient juste un peu plus cher pour étaler leur « kitch ».

Nos vraies couleurs nationales sont des couleurs primaires, le rouge et le vert en particulier. Ajoutez à cela les pastels délavés des marchés Steinberg et vous avez là notre palette nationale au grand complet.

Le cynique, **Serge Grenier,** dans « Le Québec, mur à mur », publie quelque deux cents photos de notre « Mondo Cane » de l'affichage. Vous apprendrez « que *Le P'tit gars du Muffler* se « bourre la bédaine chez Ben pendant que *Paul Electrics* mange un pogo chez *Balette,* que *Zézette* se coiffe « *Paris style* » que le Roi de la Robe boit sa bière à l'Arque-O-Bar en offrant une traite à *Monsieur Crankshaft,* que *Laurette Fourrures* s'habille chez *l'As du Vêtement* et n'a d'yeux que pour le *Roi de l'Habit* alors que *Georgette Tapis* n'est pas insensible au charme radial du *Géant du Pneu...* et du silencieux *Monsieur Muffler!* »

Le Frère Untel donnera le coup de grâce... : « c'est toute notre civilisation qui est « jouale ».

Les décors « rue Panet » de nos télé-romans, les robes, on ne peut plus « couventine » de certaines commentatrices de la télévision et les paillettes de nos chanteuses semblent faire partie du patrimoine.

La publicité peut-elle corriger ce que la petite école n'enseigne pas?

Le publicitaire qui aurait l'âme d'un éducateur risquerait gros en se refusant à véhiculer au moins un peu de cette imagerie populaire, il risquerait de ne rien véhiculer du tout.

Le kitch revient à la mode à peu près tous les trente ans... et, chaque fois, remet l'Amérique au goût du jour.

JE SUIS
DANS LE
30%

16
La solidarité continentale

Paradoxe: autant la masse québécoise est consciente d'avoir des problèmes avec le milieu nord-américain, autant elle est fière d'y appartenir.

Tous ces « étranges » qui nous entourent sont une présence réconfortante: Jos dira « on » en parlant du continent:

> «*En Amérique, explique-t-il, « on » a jamais connu la guerre, « on » est trop puissant. Ça se bat partout dans le monde... les Juifs, les Arabes, les Cypriotes, les Irlandais, mais pas au Québec. « On » est plus puissant que les Russes et les Chinois et ils le savent...*
>
> *Pour l'économie, c'est la même chose, « on » est des pays riches. Les Russes sont allés les premiers dans l'espace, ça c'est vrai, mais y font la queue au magasin pour s'acheter des souliers* ».

Le Québécois assume son américanéité et préfère nettement « l'American way of life » à la façon européenne. Ses comportements quotidiens le prouvent sans conteste.

L'importante diaspora québécoise en territoire anglo-saxon, a contribué à cette américanéité: le million de Canadiens fran-

132 çais disséminés dans une dizaine de communautés des autres provinces canadiennes, l'autre million et plus, celui de la Nouvelle-Angleterre, sont des « proche-parents » avec qui nous sommes en mémoire collective.

Qui n'a pas au moins un cousin de la fesse gauche en Ontario ou aux « États », là où des maires, des sénateurs et même des gouverneurs sont des Francos, des « canucks » comme on le dit péjorativement?

Selon un quotidien de Boston, l'ex-président **John F. Kennedy**, en 1958, s'attarde à rassurer les Franco-américains: « Les institutions françaises de l'État seront maintenues si tel est le désir de nos « fellow Americans » de parler français; il ne faut voir en cela rien d'anti-constitutionnel vu que ces anciens Canadiens sont considérés par plusieurs comme les meilleurs soldats des États-Unis ». **Kennedy**, Irlandais catholique de la Nouvelle-Angleterre, avait fait vibrer les cordes sensibles des « Canucks ».

Une autre incidence politique franco-américaine est rapportée par **Harry Bruce** du « Saturday Night », (nov. 1976): « La fausse circulaire politique (dirty politics handbill) qui prétendait que le Sénateur **Edmund Muskie** du Maine traitait les Franco-américains de « Canucks » lui a fait énormément de tort au point qu'il n'a pris aucun vote dans les communautés franco-américaines et cela a contribué à amorcer sa chute ».

La diaspora canadienne-française traîne ses cordes sensibles avec elle... et « se souvient ! »

Mais au-delà de ces querelles de clocher, il se trouvera toujours des éléments progressistes au Québec, comme en 1850, et plus près de nous, au sein de l'Union Nationale de **Gabriel Loubier,** pour prêcher l'annexion aux États-Unis, une solution plus souhaitable que l'autre.

Après tout, l'Amérique a déjà été française: près de 5,000 localités américaines portent des noms français, *une bonne cinquantaine des plus importantes villes américaines* et 23 États ont été explorés, colonisés ou fondés par des Français ou des Canadiens français.

Un Montréalais, qui visite la Nouvelle-Orléans, ne va pas manquer de s'émouvoir devant la statue de **Jean-Baptiste de Bienville**, explorateur, né à Montréal... un p'tit gars du quartier... Si vous pincez vos cordes 31 et 35, vous allez affirmer que les U.S.A. font autant partie du patrimoine québécois que ses coureurs de bois, voyageurs, missionnaires, colons ou déportés qui y sont allés, venus de par chez nous. Le livre de **Jacques Casanova**, « Une Amérique Française » exalte cette présence québécoise aux États-Unis à vous en faire péter les bretelles...

Nos cousins Acadiens du « grand dérangement » de 1755 se sont aussi emparés de leur morceau des États-Unis: en Louisiane, au coeur du creuset, le français est la seconde langue officielle de l'État et son enseignement dans les classes primaires est assuré à tous ceux qui le demandent... comme ça pourrait être un jour le cas dans toutes provinces canadiennes... Ce sont des Québécois, en grande partie, qui enseignent le français aux petits Louisianais dans le cadre des ententes Québec-Louisiane.

Robert-Guy Scully, dans un article (Le Devoir, 9-3-74) intitulé « Cajun », écrit avec perspicacité : « Je ne sais pas pourquoi: mais à date les plus belles manifestations de la culture française en Amérique du Nord, les plus fécondes en mythes et les plus fortes sur le plan artistique semblent s'être produites à l'extérieur du Québec dans la Franco-Amérique des Canucks et des Cajuns, là où cette culture rencontre l'américaine, s'oppose à elle dans un combat perdu d'avance, puis persiste dans la veille de ses enfants-créateurs, dans les odeurs familières de la cuisine tribale. N'est-ce pas **Kérouac** qui a écrit en joual du Massachusetts, puis en anglais, les pages les plus belles et les plus émouvantes sur le destin manqué de la Nouvelle-France? »

Nos excès américains en font hurler plusieurs. Dans « L'isle verte », **Jacques Godbout** se plaint que « Les Québécois ne sont plus sensibles qu'aux couleurs voyantes, aux imitations originales de tout ce qui ne devrait pas être reproduit, du papier imprimé de pierres, ou papier-brique, aux bigoudis colorés, aux extravagances fromagées... Pourquoi je suis amer?, se demande **Godbout**,... Parce que nos petits enfants parleront vraisemblablement américain et penseront comme leurs petits cousins de Nouvelle-Angleterre ».

Dans « Les Canadiens français et leurs voisins du Sud », **Gustave Lanctôt** fait observer que l'américanisation se révélerait plutôt dans l'existence matérielle que dans la vie morale mais que « le Québécois matériellement américanisé n'aurait guère de réadaptation à faire pour s'américaniser de maintes façons socialement et moralement ».

« Nous sommes entrés, bon gré mal gré, écrit **Jacques Grand' Maison**, dans les circuits de vie nord-américains, les ouvriers de la General Motors à Sainte-Thérèse, font la grève avec leurs confrères d'Oshawa et de Détroit. Même le militant syndical de gauche adopte le style du banlieusard consommateur entouré des gadgets prestigieux du continent ». Les Québécois participent au credo américain de la société sans classe.

Les Québécois ne sont pas toujours l'exception. Cette racine est paradoxale pour tous les peuples qui sont venus ici. « L'Amérique est une erreur, une gigantesque erreur », disait **Einstein**.

Sans le Québec, le marché canadien ne serait, en termes de marketing des plurinationales américaines, qu'un autre État: le Québec étant singulier, les marketers l'ont baptisé précisément « the problem market ».

Racine américaine donc racine de la consommation. *L'américanéité du Québécois se traduit par « le confort des fesses » et son standard de vie; il tient à tout cela comme quelqu'un qui aurait longtemps connu la misère et qui ne veut pas y revenir.*

Un trend américain, objet de consommation, met un mois à toucher le Québec, comme les maisons mobiles et les radios à ondes courtes des « Cébistes »: un trend « culturel », comme la mode des voitures cabossées et rouillées, un groupe musical, ou une chanson prendra de deux à trois mois selon la distance géographique de l'État où il a pris naissance.

Notre intelligentia, et non la moins authentique, oscille, « souvent se déchire » entre l'européanéité et l'américanéité, d'où les « pro-Français » et les « pro-Américains ». Le professeur, **Léon Dupré** écrit... « quant à nous, nous avons opté sans réserve, d'étudier à l'américaine. Selon nous, le groupe « francophile » est le plus déraciné des deux et perpétue, comme aux premiers temps de la Nouvelle-France, le rôle historique des « hivernants », des envoyés de la Métropole auprès des « habitants ».

Presque tous les professeurs recommandent, à juste titre, la traduction de manuels anglais pour la satisfaction des besoins des étudiants francophones mais déplorent la qualité de certaines terminologies (européennes)... « lorsque les ouvrages américains sont traduits en Europe, ils sont adaptés au contexte du pays où les traductions sont effectuées et les Québécois y perdent encore au change ».

À l'encontre des Européens, les Québécois ne sont ni envieux, ni émerveillés par les Américains et pour cause: le produit national brut canadien, per capita, qui se situe aux alentours de $8,500, rivalise avec celui du voisin, nos réserves en ressources naturelles dépassent largement les besoins de la population; la qualité de vie, au Québec, est souvent supérieure à ce que l'on peut généralement trouver ailleurs, nos villes sont moins polluées, moins dangereuses que les villes américaines, les programmes de santé et de bien-être dépassent ceux qui sont disponibles aux U.S.A., dans bien des cas, les « corps de métier » québécois gagnent plus cher à l'heure que leurs homologues américains. On bat New York et Boston au hockey presque à volonté...

Jos Tremblay, avec sa malice coutumière, reproche à son beau-frère Jean-Paul de tenir les Anglos pour seuls responsables de ses malheurs:

« J'ai dit à Jean-Paul... « Nous autres on est entou-
rés d'Anglais et d'Américains. Que ce soit une
bande d'enfants de chienne ou non, c'est pas ça
que je veux discuter mais ce sont les gens les plus
travaillants du monde. Plus y travaillent, plus on
en profite au Québec... Quand leur standard de
vie monte, le nôtre monte automatiquement, l'eau
monte dans tout le lac en même temps... beau
dommage ! Achale pas les Anglais avec tes idées
compliquées, laisse-les travailler... Y aiment ça
eux-autres s'affairer... » Jean-Paul s'est fâché
raide... »

On peut concevoir qu'une campagne de publicité, pour promouvoir la sécurité routière dise : « On s'attache au Québec ! » mais
on comprend mal qu'une autre campagne essaie de nous « *déta-*
cher » de nos États à nous !

On se souvient du jingle « Cet été nous n'irons pas à Old Orchard, nous n'attendrons pas aux douanes de Plattsburgh... » Il va
déclencher la guerre des promoteurs touristiques.

La Presse du 25-7-77 reproduit une dépêche AP émanant
d'Old Orchard, qui essaie de nous faire comprendre qu'il faudra
plus d'une campagne de publicité pour éloigner les Québécois des
plages du Maine. « Même si le gouvernement du Québec tente d'en-
diguer l'émigration massive des vacanciers vers ces stations balnéai-
res, les Québécois semblent les affectionner de plus en plus ».

Commentant le quiproquo de cette campagne de publicité,
M. Jérôme Plante, Franco-américain et gérant de la ville d'Old
Orchard, rétorque « que cette publicité radiophonique a, au con-
traire, fait penser à bien des gens de venir passer leurs vacances à
Old Orchard... Plusieurs Québécois se disent ennuyés de se voir
suggérer par le gouvernement où passer leurs vacances ».

La directrice de la Chambre de Commerce de la ville, **Mary**
Tousignant, autre « Canuck », ajoute « que les autorités du Maine
pourraient bien lancer une campagne qui dirait, par exemple, « N'allez pas au Carnaval de Québec, cette année, vous allez geler et vous
faire voler dans des restaurants aux menus hors de prix ».

Deux ans avant cet incident international, Jos avait passé ce
commentaire :

« On a pas de plages au Québec. Si on en avait
de plus belles qu'à Plattsburgh, on resterait chez
nous. Même que les Américains viendraient se sau-
cer au Québec... »

Le Maine, (où bien des Québécois ont des proches parents,
à Saco ou à Biddeford), est dans notre rayon ethnocentrique qui,
comme on le sait, s'étend jusqu'à Miami.

Chaque année, Air Canada transporte, sur son seul vol vers Miami, plus de 150,000 Québécois (sans mentionner les passagers des lignes concurrentes) soit plus de passagers vers cette ville seulement que vers toutes les destinations européennes réunies. Le pays qui fascine tous les pays du monde, nous fascine.

« Au Québec, comme le dit un article de Perspectives, la frontière Canada-USA est un chemin d'ivrogne... bien mal délimité. Il y a des Québécois, pour le moins « mêlés » qui ont leur cuisine aux États et leur salon au Québec... Des autos, par pure fantaisie d'arpenteurs, peuvent se frapper au Vermont et au Québec en même temps. La bibliothèque de Rock Island est traversée de part en part par ce fameux 45ième parallèle de 4,000 milles aux tendances elliptiques. Il y a une épicerie, moitié américaine, moitié québécoise, qui a deux systèmes nationaux de téléphone. Qui plus est, ne connaît-on pas, dans une de ces villes hybrides deux frères qui s'appellent l'un Armand Boisvert et l'autre, Larry Greenwood ».

Les liens entre la Nouvelle-Angleterre et le Québec ont toujours été très étroits plus particulièrement au 19e siècle, avant que les centres industriels des deux régions passent respectivement aux États de l'Est et en Ontario.

« Ils sont pas fous les Américains mais on est pas plus fous qu'eux », dit Jos Tremblay.

Et nous allons entreprendre « la politique du dédoublement » du système anglo-saxon ; le syndicalisme canadien-français-et-catholique va dédoubler le syndicalisme neutre américain, la « patente » de l'ordre Jacques-Cartier, répondra à la Franc-Maçonnerie et à l'ordre d'Orange, le Publicité-Club à l'Advertising & Sales Club, les Chevaliers de Colomb aux clubs non confessionnels, le Club St-Denis au St-James Club ; rien ne sera oublié dans ce difficile compromis d'être des Nord-Américains francophones.

Il n'est pas facile pour nous de coexister avec l'Amérique du Nord anglophone, de ne pas être un peu pour, un peu contre, de ne pas considérer le continent aussi hostile qu'amical.

Nous serons de plain-pied en Amérique... sans l'être tout à fait, au gré du « nationalisme » de l'heure.

17
Le sens de la publicité

Comme Dieu, la publicité est partout au Québec.

La masse québécoise, tout feedback, devient *son propre véhicule* de publicité.

Le succès instantané de la campagne « *Qu'est-ce qui fait donc chanter le p'tit Simard?* » va inciter l'agence à diminuer la pression des média pour éviter la saturation publicitaire toujours néfaste. Pourtant « des auditrices téléphonent aux stations de télévision pour demander de passer la chanson des p'tits poudings et on réclame le jingle à **René Simard** dès qu'il se produit en concert »... selon « Nouvelles Illustrées ».

La publicité québécoise, art naïf ou art populaire? On parle du dernier commercial de **Pierre Lalonde** comme de son dernier long-jeu; on compare le bikini de **Dominique Michel**, celui de l'annonce des « 14 soleils », à l'autre qu'elle porte dans un film...

Voulant tester ma modestie qui est proverbiale, le journaliste **Luc Perreault** écrit dans La Presse, (9-11-74): « C'est à force de tâtonnements, d'essais et d'erreurs, qu'un publicitaire de BCP pouvait dégager l'existence des 36 cordes sensibles qui font vibrer les Québécois à la publicité. Il faut à cet égard suivre la publicité de la bière « 50 » qui dans une certaine mesure a ouvert le chemin d'un certain cinéma commercial (populaire) qu'allaient ensuite suivre allégrement des cinéastes, **Denis Héroux** en tête ».

La publicité des publicitaires est-elle toujours instinctive? Des observateurs d'ici ne le croient pas. Jouons un jeu... et attribuons, juste un instant... la paternité de « On est six millions, faut s'parler » aux sociologues **Fernand Dumont** et **Guy Rocher**. Empruntons-leur un texte, dans « La société canadienne-française » (page 189), et voyons voir si nous pouvons « coller » notre slogan « biéreux » à leur démarche sociologique :

1° « La situation présente de notre société serait alors marquée par nos difficultés à nous réinventer un visage collectif ». (Les auteurs veulent dire : « *On est six millions* »)

2° « Nous souffrons profondément d'avoir perdu la faculté de dire aux autres et à nous-mêmes ce que nous sommes ». (Ils veulent ajouter : « *Faut s'parler* »).

Le Québec est un laboratoire de communication de masse, (n'en doutons pas), et dont les expériences n'ont pas fini de faire parler.

Rares sont les marchés de consommateurs qui se comparent au nôtre (je joue de la corde 31) par l'homogénéité culturelle des composants, l'importance du revenu disponible et l'impact des moyens de communication. Je n'ai retrouvé nulle part ailleurs ces trois caractéristiques avec la même intensité et la même qualité *simultanément*.

Dans ce laboratoire, on va se permettre toutes les expériences, tant intuitives que scientifiques, autant sur le contenu que sur le contenant. On pourra y accumuler des résultats cliniques qui défient n'importe quelle théorie savante.

La masse québécoise est une grande dévoreuse de messages: elle est à l'écoute vingt-quatre heures par jour, son feedback est instantané, elle répond du tac-au-tac. C'est une « masse-pendule » qui oscille dans ses extrêmes, pour ou contre, et qui l'exprime.

Extrême: le premier choix des lotomanes québécois va à la Mini-loto, le billet le moins cher; le deuxième choix à Loto-Canada, le billet le plus cher. Extrême: selon une enquête du journal « Le Jour » (au temps d'**Yves Michaud**) « le deuxième quotidien préféré de nos lecteurs serait « The Gazette »... Quand on pense, on veut savoir ce que « les autres » pensent.

C'est un fait assez rare dans le monde publicitaire nord-américain mais au Québec on peut savoir à coup sûr si une campagne de publicité réussit ou non *moins d'un mois après son lancement*.

Si bien que dans cette enclave de consommateurs « issus des mêmes 10,000 ancêtres », une campagne de publicité, amorcée comme une conversation ou un jeu de société et qui se veut participative, c'est-à-dire, capable de mettre en branle la « communication tribale » du bouche-à-oreille, atteint nécessairement et rapidement, un « faire-savoir » et un « faire-agir » très forts. (L'expression « communication tribale » pourra choquer certaines oreilles, mais je n'hésite pas à l'utiliser en parlant du marché québécois).

La cloche de l'église a longtemps été le seul médium de masse du « village », son seul « prêt-à-penser » : selon ses élans (il s'agit bien d'un code) elle « annonçait » messe, vêpres, naissance, décès, incendie, inondation ou révolte, comme en 1837.

Nous étions « du village » aussi loin que la cloche portait, nous unissait sonorement ; grâce à elle, nous participions à un événement « global », collectif et instantané.

Les clochers ont été remplacés par les antennes émettrices des stations de télévision. (Radio-Évangile, la station de 20,000 watts de l'Église luthérienne, en Éthiopie, a un rayonnement qui lui permet de toucher un trillion d'auditeurs (un million de millions) en Afrique, au Moyen-Orient et en Asie).

Comme le contour de rayonnement d'une station de télévision délimite le territoire du « village », si l'on fait un réseau de toutes les stations de télévision ou de radio du Québec, on rejoint la notion du village global : presque tous les Québécois peuvent prendre connaissance, en même temps, disons, d'une déclaration du Premier ministre vu que 96.9% des foyers québécois ont au moins un appareil de télévision et que l'écoute est en moyenne de 14 heures par jour. Ainsi le tam-tam tribal couvre adéquatement l'ensemble du territoire de consommation des Québécois et dans le temps et dans l'espace.

Marcel Rioux commente avec justesse ce phénomène des « média parlés » : « Ce sont les moyens électroniques, écrit le sociologue, qui rendent aujourd'hui possible un retour à la tradition orale... les Québécois se sentent tout à fait à l'aise dans une société qui revient à un mode de communication immédiate, rapide et instantanément diffusable... le relais que représente l'écriture est supprimé. Les actions et les réactions deviennent plus vives et plus spontanées. Si l'on compare l'oral à l'écrit, on se rend compte que dans l'oral, en plus du message transmis, les gestes, la voix, les regards entrent en ligne de compte : *on se livre soi-même autant que l'on émet un message.* C'est un acte plus total et plus global. Il faut tout de suite réagir, communiquer et s'engager dans ce processus d'échange. Il faut participer, s'impliquer et donner davantage cours à sa spontanéité ».

Rapporté dans l'Express, en août 1977, le professeur **Laurence Wylic**, de Harvard, établit, à partir de recherches contrôlées, que seulement 7% du contenu de la communication est donné par le sens des mots, 38% par la façon de les prononcer et 55% par l'expression du visage. On connaît l'importance des jeux-charades sur le petit écran.

Les Québécois aiment la symbolique, les figures de rhétorique, la poésie et l'imaginaire, donc, la publicité. Ils sont tous des publicitaires-nés, et ont toujours quelque chose à vendre, ne serait-ce que le Québec...

Le Québécois joue du slogan aussi facilement qu'un professionnel chevronné, les parodie ou les ridiculise avec esprit : il aime les jeux-concours, les promotions, dans lesquelles il peut sloganiser « en vingt mots ou moins ». La publicité « imite » parodie, récupère jusqu'aux travers de nos politiciens, en un mot, c'est du « show business ». La publicité est un « running gag » au Québec.

Plus la publicité originale québécoise gagne du terrain sur la publicité anglo-saxonne traduite, plus les talents du « Québécois consommateur-publicitaire » s'accentuent.

Dans un livre de trois cents pages, « La publicité québécoise » et sous le thème : « La publicité se met à table avec le consommateur », BCP fait longuement la démonstration pratique de cette corde 17 en collaboration avec dix de ses clients. (Je serais un bien mauvais publicitaire de ne pas vous en recommander la lecture).

Plusieurs cordes s'entrelacent pour faire du Québécois ce superpublicitaire, les cordes 12, 16, 25 et 35 entre autres. C'est bien plus un câble de bateau qu'une corde sensible.

En 1976, **Dominique Michel** et **Pierre Nadeau** vont *réutiliser* la publicité comme moyen de pression en refusant de renouveler leur contrat avec la Société Air Canada qui se trouve coincée dans l'épique bataille des Gens de l'Air. Ainsi la boucle était bouclée, la *publicité* servait la *propagande*. Des cas semblables peuvent-ils exister ailleurs qu'au Québec ?

Jos Tremblay confond publicité et propagande :

> « *Une grève, c'est devenu une question de publicité : plus les journaux en parlent, plus elle dure longtemps. J'ai remarqué ça... Et c'est à qui, des chefs de syndicats en auraient le plus.* »

Fernande à son tour, parle des « annonces » :

> « *J'aime ça les annonces mais y en a trop... sept, huit d'affilée dans les films. Quand l'émission est ennuyante, passe encore... J'aime les annonces avec des enfants ou les imitateurs... Quand Dominique chante sur les plages, ça c'est beau. Quand on avait* **Olivier Guimond**, *ah! ben là! lui y pouvait en faire des tonnes, c'était toujours drôle à mourir... D'autres annonces, quand t'es a vues une fois,*

t'en a assez. Lesquelles? *Le savon, ça y en a trop, pis les K-Tel, les ventes d'habits, les sacs à déchets... les « p'tits microbes »... un autre où y a un enfant qui mange mal à table, sa mère a l'air d'une belle sans-dessein...* Si ça me renseigne? *j'dirais oui, pour les journaux. À la télévision, j'sais pas. Moins en tout cas...* Si ça me fait acheter? *Des petites choses, peut-être; moi je me renseigne auprès de mes amies, j'en parle aux autres...* Les annonces de bière? *J'en bois pas. Demandez-ça à Jos... »*

Dernière-Heure, (17.7.77) qui commente une enquête conjointe de TV-Hebdo et de l'Office des Communications sociales va nous donner l'occasion de tester les affirmations de Madame Tremblay. « Même si l'on n'aime pas le message commandité Tide (la femme qui sort d'un supermarché), il se révèle fort efficace. Plus de 35% des répondants souhaitent voir disparaître ces annonces de Tide: d'autre part quand on étudie l'efficacité de ces messages, on note qu'ils atteignent le plus haut rendement, soit 14,5%; viennent ensuite les petits pots « carreautés » et... les cartes de crédit. Un petit nombre de répondants souhaitent voir disparaître les annonces de bière (13.2%) et de Vigoro (13%) les annonces de jouets et de K-Tel (10%). C'est Labatt, avec « On est six millions » qui atteint la plus forte identification d'un slogan à un produit, soit 94%.

La publicité et la masse québécoise, laquelle est l'épiphénomène de l'autre?

On peut avancer, sans contradiction possible, que les Québécois sont *réceptifs et motivables.*

« En regardant bien, dit **Rioux**, on se rend vite compte que le Québécois est peut-être moins fait pour la production que pour la communication ».

L'Amérique, mère de la publicité, a mis au monde un monstre publicitaire, le Québécois.

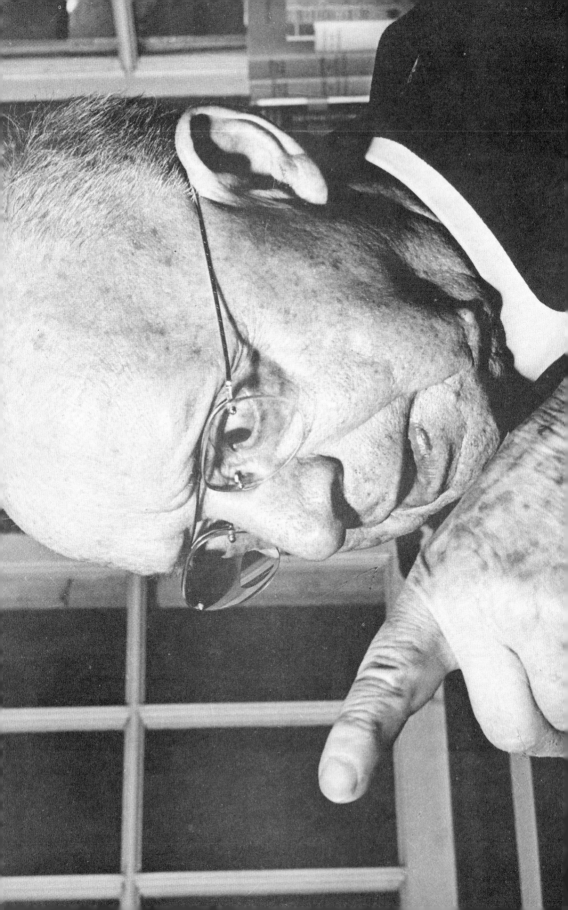

18
Les « nationalismes »

Les cinq dernières cordes réussiraient à américaniser à peu près n'importe qui ! Mais pas des Québécois « nationalistes ».

Nous allons nous singulariser par nos nationalismes.

Déjà, aux premières heures de la Nouvelle-France, la population se scinde en deux camps, les Canadiens et les Français. **Bougainville** écrira, en 1756 : « Il semble que nous soyons des nations différentes, ennemies même ».

Écoutons des nationalistes.

« Je me dis quelquefois, écrit **Edmond de Nevers**, en 1896, que si nous redevenions pour une seule année, « colonie française », nous serions bientôt à couteaux tirés avec nos cousins de France que nous aimons fort cependant... »

Laurier déclare en 1889 : « Si j'avais le choix de revenir à l'allégeance française, je n'y consentirais pas... »

Le nationalisme n'est pas un phénomène particulier au Québec, nous en convenons, mais il existe ici des « nationalismes » particuliers. Notoires à travers toute notre histoire, ils se nourrissent le plus souvent de luttes politiques pour la reconnaissance de nos droits ou l'évolution de notre culture et sont des réflexes d'auto-défense plus que des outils de libération, des véhicules plutôt nés en communication interne et externe; des nationalismes plutôt nés en « réactions contre » que des prises de conscience; nationalismes messianiques comme celui de l'ancien 24 juin, fortement promus par le clergé et nos sociétés d'assurance-vie qui font la jonction entre le pratico-pratique et le mystique.

J'ai noté, sans effort, au moins une trentaine de définitions différentes du nationalisme québécois puisées autant chez les essayistes, les romanciers que chez les politiciens. En voici une à titre d'exemple, celle de **Jean-Luc Migué**: « Le nationalisme, *c'est la recherche du renforcement des institutions d'une collectivité* ». Elle en vaut bien d'autres.

Maurice Rabotin, dans son « Vocabulaire politique et socio-ethnique des anciens Québécois » fait la démonstration de l'élasticité des connotations que nous savons donner aux mots dans ce domaine abstrait: « Un *compatriote* c'est toujours un Canadien français, un *concitoyen* c'est forcément un Anglais... Toutes les ressources de la parole sont utilisées pour exprimer les différences de race, de langue et de religion, de traditions culturelles entre les « deux origines ».

Aujourd'hui, nous parlons de « socialisme d'ici », socialisme patriotique qui comme notre ancien catholicisme finira bien par n'avoir de synonyme nulle part ailleurs...

On peut relever plus d'une centaine d'ouvrages sur « le » et « les » nationalismes dans le travail bibliographique de **Monière** et **Vachet**, « Les idéologies au Québec »; (le « syndicalisme » a 60 titres, le « socialisme » 50, « l'ultramontanisme » 20, le « voltairianisme » 3).

Quand on étudie des Québécois, on étudie des contrastes.

Dans une lettre reproduite en première page du Montreal Star en 1911, **Kipling** met les Canadiens en garde contre le « danger de vendre leur âme aux États-Unis ». Mais comme le disait **Kipling** « ceci est un sujet sur lequel nous reviendrons ».

« Un autre nationalisme « québécois » existe m'explique un publicitaire anglophone de l'agence McLaren et que personne ne soupçonnait, c'est celui des Québécois anglophones, et *c'est un sentiment d'appartenance* (malgré des centaines d'années de silence dont nous sommes tous coupables) que nous pouvons difficilement expliquer aux francophones du Québec ou aux anglophones des autres provinces ». En conclusion, il ajoute: « Vous dites en français (est-ce de Voltaire?) que « les peuples heureux n'ont pas d'histoire ». C'est bien le malheur des Anglophones du Québec ».

Bardés d'une longue Histoire, les Québécois ont tout un carquois de nationalismes dont ceux qu'ils n'utilisent que rarement comme « l'achat chez nous ».

Les Québécois, on le sait, pratiquent l'économie *continentale*: campagne après campagne, « l'achat chez nous » n'aboutira que rarement à des résultats positifs. Il semblerait qu'un produit venant de Toronto ou de Chicago soit perçu comme un produit « de chez nous »... Le nationalisme économique des consommateurs est capricieux.

On parle depuis longtemps de cet « achat chez nous »: il en est fait mention dès 1801 et peut-être même avant. Mais paradoxalement, alors que le gouvernement investissait plus d'un million de dollars dans l'aberrante campagne de propagande, « *Québec sait faire*», seule l'Hydro-Québec poursuivait une politique d'achat « nationaliste » cependant que le pouvoir d'achat annuel de \$2 milliards de nos institutions publiques et paragouvernementales donnaient lieu à la sarabande des petites affaires coutumières et confirmait le triomphe de la corde 36.

L'exemple venant de haut, les Québécois ne vont pas faire de la « Ligue de l'Achat Chez Nous » un sentiment mais « une affaire de piastres et de cents ».

Les efforts prolongés du Colonel **Sarto Marchand** pour convertir les Québécois aux produits Melchers, « une distillerie de chez nous », sont légendaires: ce nationaliste à tous crins a joué la carte à fond avec les élans d'un « pur » et souvent au risque de s'aliéner l'important marché des autres provinces. *Melchers a fait faillite en 1976.*

Le professeur **Jean-M. Lefebvre** de l'Université Laval dans une thèse écrite pour une audience non-universitaire a fouillé sérieusement la paradoxale réaction à l'achat chez nous: « En se basant sur divers types de réactions psychologiques des Canadiens français (CF) à leur statut minoritaire, on peut prédire qu'ils ne réagiront pas de la même manière aux symboles ethniques canadiens-français et canadiens-anglais contenus dans de nombreux programmes de marketing au Québec. La typologie peut se schématiser en quatre types: le *pluraliste*, l'*assimilationiste*, le *nationaliste* et l'*aliéné*. L'assimilationiste préférerait les symboles canadiens anglais (CA) aux CF et inversement pour le nationaliste. Le pluraliste et l'aliéné n'auraient aucune préférence, le premier acceptant également les symboles CA et CF, le dernier les rejetant tous les deux. Les implications de ces hypothèses pour la segmentation du marché CF sont évidentes ».

« Les quatre types hypothétiques de CF existent-ils en réalité? Il semble que oui selon un échantillon de 198 étudiants adultes de l'Université Laval. L'assimilationiste et le nationaliste y sont particulièrement contrastés. On y retrouve aussi le pluraliste et le dernier type qui est plus « indifférent » qu'aliéné, terme très fort ».

« Les préférences de chaque type pour quatre genres de produits (8 tuques portant différents symboles ethniques: fleur de lys, feuille d'érable, etc.; 8 marques de cigarettes: Player's, la Québécoise etc.; 8 marques d'analgésiques, dont une fictive: « Presto ») ne sont que rarement confirmées. Pour les tuques, les préférences de l'assimilationiste et du nationaliste sont conformes aux hypothèses. Pour les cigarettes, aucun résultat significatif n'apparaît. Les réactions de chaque type à des publicités radio fictives pour Calmine et Presto, alternativement présentés comme fabriqués par une entreprise CA ou CF et avec un accent de l'annonceur CF populaire ou « français » international (l'accent anglais, n'étant pas perçu comme tel a été abandonné) ne fournissent qu'une ombre de confirmation aux préférences du nationaliste. *En somme, la typologie de réactions psychologiques minoritaires des CF semble raisonnablement confirmée sans qu'elle puisse être avancée comme base de segmentation du marché québécois* ».

Malgré tout, l'achat chez nous a ses défenseurs. J'ai déjà démontré que les contradictions en marketing n'étaient pas rares au Québec; dans une enquête menée auprès des 400 clients des Cooprix, en 1977, 93% disent qu'en principe, ils achèteraient volontiers des produits québécois à qualité et prix identiques aux produits concurrents... et 64% seraient, en pratique, « *prêts à payer plus cher pour un produit fabriqué au Québec* ».

Parce que les Cooprix, comme les autres détaillants en alimentation, méritent une place au soleil, il est à souhaiter qu'ils oublient vite cette enquête, pour le moins mystique, et se fient plutôt à deux cents ans de jurisprudence commerciale.

On a toujours reproché à nos « pauvres » congrégations religieuses de placer leurs millions dans les prestigieuses banques anglophones; aucune des banques « canadiennes-françaises » d'autre part ne pratiquait encore en 1973, selon la réponse d'un président à une assemblée annuelle, une politique ferme d'achat québécois, même que deux d'entre elles avaient confié leur budget de publicité à des agences anglophones.

Jos Tremblay savoure un nationalisme bien à lui:

> « *C'est assez évident que les Canadiens français ne sont pas comme les autres... On a nos défauts mais on a aussi des qualités... On a tout au Québec, et en plus, on est ce qu'on est... Pourquoi qu'on changerait. C'est bien plus drôle d'être Français, d'être différents... Ça manque pas d'Américains pour venir nous regarder. T'as vu Expo '67? Attends les Olympiques. On est différents, on a au moins ça... On aura toujours au moins ça...* »

Ce genre de discours jette nos « universalistes » sur le dos.

Yvon Deschamps va allumer leur lanterne: « Un vrai Québécois, c'est un communiste de coeur, un socialiste d'esprit et un capitaliste de poche. Un vrai Québécois, ça veut un Québec indépendant... dans un Canada fort ».

Allez expliquer ça aux Anglais de Toronto...

Au début de la colonie, les « habitants » font valoir leur *américanéité*, et montrent déjà des dents nationalistes aux « hivernants » français ; après la conquête, ils font vite valoir leur *francité* aux conquérants anglais et s'en font un rempart nationaliste. *Comme des magiciens, les Québécois ont des nationalismes plein leurs manches.*

Mais ne lâchons pas Jos qui est en verve. Essayons de le décoder :

> « *On forme une race, y a pas de doute là-dessus... (18) On a moins eu de chances que d'autres (cordes 7 et 22), mais tant qu'on peut manger trois fois par jour, à notre faim (34)... même pendant la guerre. Beau dommage qu'on est allé se battre nous autres aussi même si c'était à reculons... une fois rendu, on a foncé dans le tas (35). J'dis pas qu'on pourrait pas s'aider plus (33) mais je le disais tout à l'heure, comme Canadiens français on est un peuple différent (18). Nos ancêtres ont découvert ce pays-'citte (4). C'était tous, comme on dirait, des missionnaires (20). Pis comme on n'aimait pas s'instruire, (36) y a plus de millionnaires à Toronto qu'à Québec, c'est entendu (1). Mais Québec, c'est la plus belle ville du monde (31-35)... On est heureux (25). Quand j'ai manqué d'ouvrage, j'manquais pas de bière. On a toujours de quoi manger (34)... se chauffer (15). Dans les pays pauvres, y en arrachent... Au Québec, c'est pas possible, on est trop avancé (16)* ».

Jos s'accroche dans plusieurs de ses cordes au passage : son nationalisme n'est pas autant édulcoré que tout terrain.

C'est un fait que l'« homo quebecensis politicus » est bien différent de l'« homo quebecensis socialus » et qu'il est en cela assez singulier. Politiquement, et c'est son droit, il tient mordicus à son autonomie qu'il associe historiquement à sa survivance : socialement, sans craindre de s'effacer de la surface du globe, il s'intègre à l'Amérique du Nord.

À moins d'être d'ici, ce dédoublement de personnalité n'est pas facile à comprendre.

« Notre immobilité apparente, dit **F.X. Garneau** dans son « Histoire du Canada », tient de *nos habitudes monarchiques* et à notre situation *comme race distincte dans l'Amérique du Nord* ayant des intérêts particuliers qui redoutent le contact d'une nationalité

150 étrangère. Ce sont ces deux puissants mobiles qui ont fait revenir les Québécois sur leurs pas en 1776 après avoir, pour la plupart, embrassé un instant la cause américaine, qui les font courir aux armes en 1812 et les retiennent en 1837 ».

André D'Allemagne parle de nos « nationalismes » à volte-face : « C'est ainsi que le nationalisme québécois traditionnel a généralement été réactionnaire et asocial ce qui est contraire d'ailleurs du « néo-nationalisme » actuel. »

Duplessis va se faire élire avec « **Duplessis** donne à sa province, les libéraux aux étrangers » : « **Lesage**, vingt ans plus tard, gagne ses élections avec « Maître chez nous ». Les premiers ministres passent, les nationalismes restent : l'enrobage varie selon les époques et selon l'exploitation qu'en font les hommes politiques et maintenant la publicité commerciale.

Le journaliste **Jean Paré** faisait remarquer en 1953 « qu'aucun parti nationaliste n'avait jamais réussi à survivre chez les Canadiens français », ce qui n'empêchera pas les partis de se faire élire par des effets de nationalismes assez diversifiés : nationalismes de la corde 7, celui des « Québécois violents », de la corde 20, clérical, de la corde 31, local, des cordes 4, 16, 24 et tout l'orchestre à cordes...

Dans « Nationalismes et politique au Québec », **Léon Dion** va nous éclairer : « C'est ainsi, écrit-il, qu'il n'y a pas un seul mais plusieurs nationalismes *canadiens-français*. Ces nationalismes correspondent à différentes conceptions du « nous » national. D'où il n'y a pas pour les contemporains qu'une seule, mais plusieurs façons de rejoindre leur passé collectif... Pas plus que nous, les fils, les pères ne furent unanimes malgré leur profond désir d'une commune solidarité ».

Dion distingue quatre modes d'expression du nationalisme québécois : « *Un nationalisme conservatisme* qui, dans la plupart de ses formes se définit par l'acceptation mitigée de la communauté politique canadienne et par référence à un type pré-industriel de société procurant une forte teinte de corporatisme au régime politique souhaité ; *un nationalisme libéral* qui, lui aussi adhère, de façon mitigée à la communauté politique canadienne et qui, par contre, s'engage à fond dans le « Welfare State » et endosse sans réserve le projet de la société moderne, urbaine et industrielle ; *un nationalisme social-démocrate* qui, par son idéologie nationale, prône l'indépendantisme et, par conséquent, le rejet de la communauté politique canadienne, et par son idéologie sociale, vise à la promotion socio-économique de l'ensemble de la collectivité québécoise ; *un nationalisme socialiste*, enfin, qui, dans l'ensemble, poursuit le même projet national que le nationalisme social-démocrate, notamment sous sa forme marxiste-léniniste, et qui vise à une révolution radicale. »

Les Québécois seraient bien malheureux s'ils n'avaient pas

des Anglais et des Américains à qui se comparer. (« Le *nous* et *l'au-*
tre » sont toujours clairement identifiés, sinon, opposés). Les Québécois sont extrêmement conscients *d'être intéressants parce qu'ils sont*
différents et ne rateront jamais une occasion de manifester, souvent
bruyamment, cette *présence nationale*, principalement à l'étranger,
dans un avion, un restaurant ou sur une plage...

> «*On était quatre familles du Québec sur une*
> *plage du Maine, raconte Jos, on prenait un coup*
> *tranquillement... des grosses Carling et des IPA,*
> *qu'on avait emportées de Montréal. Là, y arrive*
> *trois grands jacks d'Américains qui se mettent à*
> *rire de nous autres parce qu'on buvait de la bière*
> *québécoise. « Real piss... farmer's beer ». Ben on*
> *leur a montré qu'on buvait pas de la bière de femme*
> *comme eux autres... Ça bûchait dans le tas... La*
> *police est venue... ça nous a coûté $35 d'amende*
> *chaque... »*

Les Québécois ne sont pas anti-Américains (rappelez-vous la
corde 16) surtout pas dans le sens politique du mot, mais il ne faut
pas que les Yankees insultent leur bière, leur femme, leur langue,
leur pays! Ces insultes se lavent dans le sang par la corde 7.

> « *Moi, j'sais pas, dit Jos Tremblay, si jamais le*
> *Parti québécois sera élu au Québec mais une chose*
> *est certaine, le P.Q. et Lévesque ont donné toute*
> *une fierté nationale aux Anglais. Jusqu'à mainte-*
> *nant, ils n'en avaient pas eu besoin, on dirait. Mais*
> *là, ils sont devenus nationalistes nos amis les An-*
> *glais et j'leur donne pas 10 ans qu'ils vont déclarer*
> *la guerre aux Américains. Qui aurait dit ça? »*

Les Québécois se moquent facilement du nationalisme fai-
blard des autres Canadiens.

Il ne fait pas de doute que le Canada n'aurait pas marqué dernièrement son 110e anniversaire avec autant d'éclat si le Québec,
quelques jours auparavant, n'avait célébré sa Semaine du Patrimoine avec passablement de bruit.

Dans un article fort courageux, paru dans The Gazette (21-
10-77), sous le titre : « English Canada lacks national myth to match
Quebec's » le professeur torontois, **Desmond Morton** reproche aux
historiens anglophones, et particulièrement à **Donald Creighton**
(ce Lord **Durham** ressuscité) », de ne pas avoir su retrouver le filon
d'une histoire du Canada qui est plate, incohérente et sans héros ».

Angèle Dagenais, (Le Devoir 11-7-77), commente la frustra-
tion des artistes créateurs du Canada anglais: « Il est assez ironique
que la conférence « Arts et média » ait demandé à un Britannique de

152 venir tirer les conclusions de ses assises... On a même l'impression, d'ailleurs, que les Canadiens anglais ont tendance à surestimer le degré de santé de la culture québécoise. Ils constatent que les Québécois sont en meilleure santé culturelle qu'eux... « La grande tragédie de ce pays, disent-ils, c'est qu'on a pas d'orgueil, on ne sait pas reconnaître ses succès ». Un réalisateur américain qui était dans l'assistance a déclaré, ébahi, qu'il n'avait jamais vu de gens se déprécier à ce point ».

Mais revenons à notre Québécois qui, lui, a le nationalisme parfois circonstanciel, parfois dogmatique, ou encore ethnocentrique à la **Henri Bourassa**. Selon le lieu ou l'événement, il est nationaliste à l'américaine, à la canadienne ou à la québécoise. En 1969, j'ai entendu, à Paris, un haut fonctionnaire québécois parler de « *nous, en Amérique* » : un rédacteur sportif écrit dans Montréal-Matin : « *Nous, au Canada*, avec nos meilleurs joueurs, on pourrait écraser les Russes » ; un chroniqueur de « La Terre de Chez Nous » écrit : « *Nous savons que notre sirop d'érable québécois* est reconnu comme étant le meilleur au monde, celui du Vermont n'a pas le même goût ». Ainsi nous pratiquons un nationalisme à trois vitesses... tout dépend de la pente à grimper.

Marcel Fournier dans la Revue « Possibles » d'avril 1977, raconte d'autres nationalismes québécois : « Il ne semble faire aucun doute que le nationalisme ait été depuis plusieurs décennies une composante constante de l'idéologie de la petite bourgeoisie et de certaines couches de la bourgeoisie québécoise francophone. »

« Tout en demeurant ambivalents à l'égard de l'idée de l'indépendance, les membres des professions libérales (médecins, avocats, notaires, dentistes, prêtres, etc.) qui parmi les occupations dites de grand prestige et de hauts revenus sont celles où le pourcentage de francophones est le plus élevé, ont en effet toujours depuis les années 1920 manifesté publiquement leurs sentiments nationalistes... »

« À divers moments, des commerçants, des artisans et des petits entrepreneurs québécois ont aussi appuyé le mouvement nationaliste en tentant de faire adopter des politiques d'achat chez nous et d'appui du gouvernement provincial aux petites et moyennes entreprises ».

« Quant aux intellectuels québécois, ils sont apparus, comme d'ailleurs les intellectuels de toute collectivité nationale minoritaire ou opprimée, rapidement nationalistes et ont participé activement à la constitution d'une identité nationale en rappelant constamment à l'ordre ceux de leurs compatriotes dont les sentiments nationalistes fléchissaient. (Allusion à la revue « L'Action française » de **Lionel Groulx**, qui dès les années 20 dénonce la noblesse de l'élite canadienne-française, les stériles bavardages des politiciens — les mariages mixtes qui mènent à l'assimilation, etc.)

liés au mouvement indépendantiste... »

« De même que les professeurs des niveaux élémentaire, secondaire, collégial et universitaire et les chercheurs, en particulier, les spécialistes en sciences humaines et sociales... »

« Plus que tout autre groupe ou classe sociale, continue **Fournier**, la bourgeoisie québécoise de langue française, en particulier, sa couche intellectuelle a nettement intérêt à maintenir et à consolider l'identité nationale puisque son *principal capital est culturel* (maîtrise de la langue, connaissance de l'histoire politique, sociale et littéraire) et que celui-ci ne peut être facilement mis en valeur que sur le marché national. Pour l'intellectuel québécois, la défense d'une langue et d'une culture est indissociable de la défense d'un métier et d'un marché. Et dans une certaine mesure, il en est de même pour tous ceux qui veulent conserver une clientèle « ethnique » et qui craignent que la dissolution du marché national n'entraîne la perte d'un (certain) monopole ».

Être nationaliste, c'est payant pour les Québécois.

Nationalismes de tous azimuts que l'on qualifierait d'outils pratiques, les Québécois les utilisent à bon escient, instinctivement, beaucoup plus pour ponctuer leurs différences (ils veulent ressembler à personne) que pour glorifier des sentiments nationaux. Nationalisme anti-métropole dès les premiers jours de la Colonie, anti-français plus tard, par peur des libre-penseurs des vieux pays, anti-Toronto chez nos hommes d'affaires, par rivalité, anti-Ottawa chez nos hommes politiques, pour « se situer »... la variété des nationalismes « anti » est infinie.

Malgré tout ce que l'on a pu en dire depuis 1608, le nationalisme québécois, plus qu'une glorification, reste une recherche instinctive de « notre propre espèce » et dans la meilleure tradition de la corde 30.

Le communicateur qui veut pincer cette corde doit prendre garde de ne pas se mettre le doigt entre l'arbre et l'écorce. Jos nous sert cette mise en garde :

> *« Comment? Je vis en Américain? Je vis en «canayen»! Mais on est en Amérique, au Canada. Veux-tu que je vive comme un Polonais..? Tu penses qu'on ne mange pas de hot-dogs en Europe... Ben j'en ai mangé moi-même et pas des bons... Y a pas des Howard Johnson dans cent pays du monde?... Pourquoi que tu demandes pas au Gouvernement de défendre de manger des hot-dogs et des hamburgers au Québec... Ça se passe, des lois... Ben*

*voyons! Arrive en ville!... Fais-en pas une ma-
ladie!* »

La corde 18, née en terre américaine, différencie les Québécois des autres nord-Américains.

19
L'antimercantilisme

Première corde de la racine catholique.

À partir de la conquête, les activités économiques vont se limiter à l'exploitation agricole de subsistance et de petits commerces: l'historien français, **Edmond de Nevers,** résumera succintement nos efforts économiques de 1763 à 1863... « *il n'y en eut pas* ».

« Bienheureux les pauvres, car ils verront Dieu ».

Nous allons apprendre notre leçon par coeur et entretenir un certain mythe de la pauvreté au Québec; « Les Anglais, vendeurs du temple, riches protestants vont tous aller en enfer, nous au ciel ».

En 1894, une lettre pastorale de Nos Seigneurs les Archevêques et Évêques des provinces ecclésiastiques de Québec, Montréal et Ottawa, va ramener quelques brebis égarées au bercail: « Encouragez plutôt les parents chrétiens à donner leurs enfants à l'agriculture, à la colonisation, leur rappelant qu'en agissant ainsi c'est les donner à la patrie, à la religion, à Dieu même ».

Ainsi-soit-il !

« Ce n'est pas le clergé qui est retardataire mais c'est le Canadien français en tel ou tel religieux »... ainsi on va confier tout le secteur des études commerciales à des Frères, souvent assez peu instruits en ces matières *et ayant fait voeu de pauvreté.* (Contrairement aux prêtres qui venaient de différents milieux de la société québécoise, « 79% des Frères, à l'âge d'or du catholicisme canadien-français, en 1935, venaient de milieux ruraux.)

En dépit de l'interprétation lyrique souvent proposée, la vocation de la Nouvelle-France, et cela jusqu'à la conquête, n'est pas autant agricole qu'elle est commerciale. Les coureurs de bois sont des « commis-voyageurs » et grâce à leur entrepreneurship les entreprises vont se multiplier. Mais déjà, l'Église ne voit pas d'un bon oeil ces « coureurs de bois », par trop entreprenants »... qui fument dans une longue pipe indienne des tabacs du pays, portent jambières et mocassins et pagaient à l'indienne dans des canots d'écorce ». Après la conquête, l'Église qui a tout son nouveau pouvoir à inventer, favorise le mode de vie de l'habitant et sanctifie la terre. Faire des affaires? Autant vendre son âme au diable !

Mgr Paquet, le 23 juin 1902, dans un sermon célèbre intitulé « Bréviaire du patriote canadien-français » revient à la charge: « Notre mission est moins de manier des capitaux que de remuer des idées; elle consiste moins à allumer le feu des usines qu'à entretenir et à faire rayonner au loin le foyer lumineux de la religion et de la pensée... Laissons à d'autres nations, moins éprises d'idéal, ce mercantilisme fiévreux et ce grossier naturalisme qui les rivent à la matière. Pendant que nos rivaux revendiquent, sans doute dans des luttes convoitisées, l'hégémonie de l'industrie et de la finance, nous ambitionnerons avant tout l'honneur de la doctrine et les palmes de l'apostolat ».

(Le philosophe **Sénèque** qui, lui aussi prêchait la pauvreté, était un homme aussi riche qu'avare.)

Les hommes d'affaires québécois vont donc demeurer suspects. Qui a vendu son âme aux Anglais? Qui est un combinard politique? Qui s'est enrichi sur le dos des ouvriers? Au Québec, « l'argent du diable vire en son » et il n'est pas possible d'être riche et vertueux en même temps. « Ainsi soit-il » pour les entrepreneurs québécois...

Cette détestable corde 19 vibre en complète harmonie avec la code 22, celle du « né pour un p'tit pain ».

Scientifiquement ou pas, tout le monde s'acharne à trouver des puces à l'entrepreneur, à le corriger. Personne ne lui trouve rien de bon. Voyez...

Michel Nadeau rapporte les résultats de deux études sur les comportements des cadres (Le Devoir 8.4.74). Selon le professeur **R.N. Canungo**, de McGill: « Les managers francophones trouvent beaucoup plus le sens de leur travail dans la satisfaction d'objectifs personnels et sociaux que dans la rentabilité économique. Pendant que leurs confrères anglophones réclament des responsabilités et des tâches intéressantes, les cadres de langue française désirent un milieu de travail agréable, des marques de considération et des bénéfices marginaux substantiels... Le professeur **Gérald D'Ambroise** de Laval saisit la balle au bond : « Pour accorder une promotion, un dirigeant anglophone privilégie le leadership manifesté par un employé alors que l'homme d'affaires canadien-français, souvent un « self-made man » met l'accent sur l'habileté technique du candidat. Le chef d'entreprise francophone ne perçoit pas l'argent comme générateur de profits mais comme un indice de réussite sociale et professionnelle ».

Nos hommes d'affaires souffrent du « complexe de César » constate à son tour le professeur **Georges-Maurice Hénault.** « Ce complexe se manifeste par un style de leadership charismatique au sein d'une entreprise dont les structures sont pyramidales, les décisions prises au sommet... Le paternalisme, l'importance qu'attache l'homme d'affaires francophone au personnel dans ses relations avec ses employés ou ses clients permet sans doute d'expliquer, pour une part, le fait que l'entreprise canadienne-française est en général de faible dimension... Le management anglais est plus ouvert, alors que le nôtre est plus centré sur l'idée du chef; les employés canadiens-français éprouvant plus de déférence vis-à-vis de leurs supérieurs ».

Le journaliste **Henry Chamberlin** dans « Le Canada vu par un Américain », publié au début des années quarante, écrit : « L'exemplaire d'humanité qui a tendance à fabriquer le collège classique, c'est le gentleman canadien-français solidement convaincu de sa foi religieuse, cultivé, d'une façon peut-être un peu démodée, affable, spirituel et logique selon les données de l'enseignement reçu ; c'est la formation préalable par excellence pour le prêtre, l'avocat, le médecin, le journaliste et le chef politique mais elle n'est pas en mesure, règle générale, de préparer des hommes particulièrement qualifiés pour les occupations mercantiles de l'ère industrielle ».

Alphonse Riverin, professeur invité à la Faculté des Sciences de l'Administration, de Laval, nous donne à son tour ample matière à réflexion sur le behaviorisme de nos entrepreneurs : « L'autoritarisme à l'égard du subordonné, la volonté de maintenir un contrôle personnel sur l'entreprise (manifestation de son individualisme et de son attitude à l'égard de la croissance), la volonté de maintenir des relations personnelles dans la conduite des affaires, le manque de coopération entre les organisations, les hommes d'affaires entre eux, avec les gouvernements et les universités, l'émergence d'une idéologie peu favorable à l'entreprise privée, dans les syndicats et une partie de l'opinion (l'attitude négative du patron paternaliste devant les syndicats), la perception à l'égard de la prise de risques (prudence ou modérée), la perception à l'égard de la méthode scientifique (marketing faible), la perception à l'égard du changement (objectifs de croissances, de restructurations faibles, égotisme commercial) ».

On connaît cet autre scénario classique un peu à l'eau de rose : un entrepreneur québécois, à force de poignet, bâtit une entreprise et là il se retrouve devant trois jeux possibles : comme il n'a pas de successeurs (ayant fait de ses fils des religieux ou des médecins pour « remonter » son image dans le milieu), ou 1) il devra céder quelques actions à des collaborateurs amenés de l'extérieur, ou 2) carrément vendre à plus gros, plus saxon que lui, ou 3) s'il avait des successeurs, le fils qui gère aura toutes sortes de problèmes avec ses frères et soeurs et vendra dès que le fondateur aura décédé...

L'industrialisation au Québec a été tardive et pour cause. Au sortir de notre hivernage, les postes d'employeur et de patron étaient occupés. En 1961, le professeur **John Porter** classe 51 Canadiens français parmi l'élite économique, la « power elite » du pays, soit 6% du total.

On ne peut pas toujours blâmer les Anglais... Par exemple, des 10,304 bacheliers-es-arts, sortis de nos collèges classiques entre 1940 et 1950, *37% (soit près de 3,500) se firent prêtres :* 35% choisirent les professions médicales, 15% l'ingénierie, 7% les affaires et 6% les sciences appliquées.

Mgr Briand affirmera que ce sont les Anglais qui nous empêchent d'avoir des relations culturelles et commerciales avec la France ; **Laurier** mettra sa main au feu que le clergé « voit avec une certaine crainte la diffusion des idées libérales qui ont cours en Europe ».

Plusieurs visiteurs de pays étrangers ont écrit sur nous, à une époque ou une autre, et font remarquer « que le travail intellectuel n'est pas la tendance dominante des Canadiens français ». Nous étions sous-instruits, l'avons-nous assez entendu dire : l'éducation qui était déjà un privilège en Nouvelle-France, va le demeurer jusque vers 1960, alors qu'un nouveau slogan gouvernemental éclate : « Qui s'instruit, s'enrichit ».

Joseph Quesnel, en 1804, essaiera de nous corriger :

« Parcours l'univers, de l'Inde en Laponie »,
« Tu verras que partout on fête le génie. »
« Hormis en ce pays : car l'ingrat Canadien »
« Aux talents des siens n'accorde jamais rien. »

Il faut bien avouer que les média, exception faite des périodiques spécialisés comme « Commerce » et « Les affaires » n'ont pas eu tendance à courir après les businessmen ; la qualité des pages d'affaires de nos grands quotidiens est un phénomène encore récent.

On accuse ouvertement les businessmen du Québec de se cacher, de ne pas être présents dans les débats.

Les quelque trois cents millionnaires québécois (identifiés en (1960) préfèrent se taire; les hommes d'affaires québécois ne veulent pas aller sur la place publique parce que presque toujours, dans les panels et les interviews, ils sont « les méchants du film ». « On sort le soir, comme dit l'un d'eux, et en milieu fermé. »

En 1976, l'agence est allée en laboratoire, avec une émission à Télé-Métropole, « La Bosse des Affaires ». On y a interviewé une quinzaine de nos hommes d'affaires, présidents de sociétés nationales et internationales, p.d.g. de grosses entreprises québécoises; les uns après les autres, ils ont tous fait mentir les dictons paralysants que nous entretenons depuis 1763. Par exemple, ces chefs d'industrie, « produits du Québec », n'ont pas eu à s'expatrier du Québec pour arriver aux postes de commande. Ils ont fait mentir l'idée préconçue qu'il ne peut y avoir de réussite à moins d'être un « gestionnaire itinérant » en admettant que « le gestionnaire québécois est plus naturellement provincial, l'anglo-canadien plus national, et l'américain plus international ».

Alors que d'anciennes sornettes de curé sanctifiaient notre infériorité économique, que le peuple fataliste répète encore « Qu'il faut de l'argent pour faire de l'argent », les « Québécois de l'ère du référendum » contrôlent de 15% à 20% de l'économie de leur coin de terre.

Dans cette province où les mêmes porte-voix prêchaient tantôt la parabole des vendeurs du temple, tantôt l'achat chez nous, ne soyez pas surpris que tous nos hommes d'affaires, mis en croix par les effets de la racine catholique, se retrouvent au Ciel... si Dieu a pardonné à **Édouard Montpetit** d'avoir dit : « Posons le problème économique; *posons-le comme un blasphème* mais posons-le tout de même. »

Nous reviendrons à la corde 19 en conclusion de ce livre.

20
Le mysticisme

Au Québec, Dieu n'est pas mort. Si jamais les Portugais, les Espagnols ou les Panaméens L'abandonnent, Il trouvera gîte et réconfort sur les bords du Saint-Laurent. Tout autant que l'antéchrist...

« *J'ai pour mon dire que la religion est une affaire personnelle, confesse Jos Tremblay. J'ai dit aux enfants: nous autres, on avait pas le choix... chapelet, scapulaire, poche de camphre au cou... Vous autres, faites ce que vous voulez... Blâmez-moi pas si on se retrouve tous chez le Diable... Là, ma foi du Chrisse, on saura que c'était vrai...*

Ma mère allait souvent parler au curé. Elle donnait trente sous aux quêtes, deux piastres à la visite paroissiale... à la « guignolée », à la Sainte-Enfance, aux « quêteux », à donnait tout le temps... Ma mère a jamais accepté d'aller communier à jeun parce qu'elle disait qu'on ne pouvait pas bien prier le ventre creux... Ben, je doute pas qu'il y a un Bon Dieu... Les curés en ont trop mis... J'ai été marguillier en 47...

Je mange pas du curé... mais j'ai vu ça venir la

débâcle dans la paroisse... les jeunes ont lâché la messe, ensuite ceux de mon âge, (on y allait pour pas scandaliser les jeunes...) Il n'est plus resté qu'une douzaine de p'tits vieux pour entendre la messe en yéyé...

Fernande dit encore ses prières... Moi, je pense parfois à la religion, mais j'en fais pas une jaunisse... j'essaye de pas être trop en dehors des Commandements. Je suis bien certain que Dieu existe...

Jos est mystique. Nous le sommes tous.

Mystiques au point que les Québécois pendant des années seront les plus grands exportateurs de missionnaires de la chrétienté, suivis de l'Irlande du Nord et des Catholiques Irlandais des États-Unis.

Le grand casique, chez les Indiens Cunas des Îles de San Blas, devant Panama, nous a raconté (j'étais avec le producteur **Jean Lebel**) que « des missionnaires blancs parlant français et connaissant les Amérindiens du Canada, étaient venus dans les Îles au début du siècle... et qu'ils avaient été éconduits (comme tous les autres missionnaires blancs depuis 1630) sous menace de mort ».

Il n'est pas un coin du monde où les nôtres n'aient essayé de convertir à Rome, peaux rouges, jaunes ou noires: il n'est pas un écolier des années 40 qui n'ait « acheté » son petit frère Chinois par le truchement de la Sainte-Enfance.

La religion enseignée par le « Catéchisme en images » et le symbolisme des images pieuses, (pratique missionnaire toujours courante en Amérique du Sud et en Afrique) s'avérait nécessaire au Québec de 1900 où la proportion des illettrés était de 69%, (l'analphabétisme était passé à 23%, au début des années 60).

Le missionnariat de la corde 20 des Québécois a trouvé un nouveau débouché dans la coopération internationale. Grâce à l'ACDI, nous revoilà partout: Afrique, Europe, Moyen-Orient, Amérique latine, Asie même. Et nous faisons de tout: experts-conseils, coopérants scientifiques, gestionnaires, fonctionnaires, enseignants. (**Antoine Désilets** enseigne la photographie en Afrique depuis 1976). « Ils sont une nouvelle ressource naturelle du Québec tellement on les demande dans tous les pays », dit un rapport officiel.

Pendant que nous évangélisons à l'autre bout du monde, les Américains, toujours aussi forts en marketing, ont réalisé qu'il y avait un vacuum à combler au Québec, que Dieu n'est pas mort, que des milliers de Québécois s'ennuient de Lui. « Ne manquez pas « l'Heure de Décision » avec **Billy Graham** à 15h30, au canal 10 », nous rappelle une annonce dans les quotidiens. (Haïti subit le même blitz...)

Les évangélistes américains n'hésitent pas à bloquer hebdoma-dairement 60 minutes de réseau-télé à travers le Québec, convaincus que ça rapporte. **Rex Humbard** annonce la bonne parole aux Tri-fluviens le dimanche à CKTM : la voix de l'évangélisateur est dou-blée en français par un de nos comédiens.

L'église baptiste du Texas retenait en 1976 les services d'une agence de publicité, Bloom Inc., de Dallas, pour mener une campa-gne de publicité de $1.5 millions. Si ça a marché? Elle songerait maintenant à décupler ce budget et à étendre son thème « Living Proof » à une quinzaine d'autres états... » dont le Canada et le Mexi-que ». It pays to advertise...

Herman Khan prédisait, en 1967, « que les Américains et les Canadiens (plus spécialement ceux du Québec) feraient, dès 1980 un retour aux valeurs traditionnelles, à la religion et au patrio-tisme ».

On ne peut qualifier de prophète à la Khan le rigoureux socio-logue **Robert Sévigny**; il n'en prédira pas moins, en 1967, dans « L'expérience religieuse chez les jeunes », que « la tendance générale sera probablement d'adopter une attitude plus *autonome* alors qu'on peut prévoir que *plusieurs types* d'expériences religieuses existeront toujours parallèlement : ceci est presque inévitablement lié à cette tendance vers l'autonomie d'une part, et d'autre part, à la diversité des situations dans lesquelles se feront ces expériences... Les jeunes désirent que les agents de socialisation (clergé, parents) leur lais-sent la possibilité de choisir. En définitive, *ils demandent le droit de se convertir* ».

Les manchettes vont donner raison et au futurologue et au sociologue.

« Les Pentecôtistes, selon diverses sources, auraient manifesté des dons, comme celui des langues tel que décrit par Saint-Paul. (Telemedia, 11, 9, 75)

Disant qu'elles ont été « violentées » par la police le 4 juillet, les soeurs de l'Amour infini exigent la tenue d'une enquête. (La Presse, 30-7-77).

« Le Tiers-Ordre compte 35,000 membres au Québec ». (La Presse 10-09-75).

« Son honneur le Maire **Jean Drapeau** et **Philippe de Gaspé-Beaubien**, présidents conjoints, ont le plaisir de vous inviter au Dé-jeuner de la Prière pour les Chefs de file de Montréal, le vendredi, 16 juillet 1976, Salle de Bal, le Château Champlain. (Carton d'invi-tation personnelle). »

« Occultisme et ésotérisme: **Jacques Languirand** s'explique ». (« Madame », août 1976).

166   La folle entreprise de **Paul Bouchard**: lancer un journal avec la seule aide de Dieu. (La Presse, 12-9-77).

« Investitures des Chevaliers de l'Ordre Équestre du Saint-Sépulcre de Jérusalem : MM. **Hervé Belzile** C.A. et **Gaston Bertrand** ». (« L'Équipe », mensuel de la Banque Provinciale, 1976).

« L'Église de scientologie : des « cours » à $53. l'heure. Des gérants de caisse pop auraient reçu des demandes de prêts de $3,000. et même de $4,000. pour ces cours ». (« Le Jour », 22 juin 1976).

« Les Bérets blancs en pèlerinage à Bayside, New York pour assister aux apparitions de la Vierge à la voyante Véronica ». (La Presse, 22 février 1975).

« La mystérieuse et naturelle plante qui prie ». (Perspectives, 13-11-76).

Procédures légales : une vieille dame avait « donné » tous ses biens aux Apôtres de l'Amour infini... (La Presse, 7 janvier 1977).

5,500 Témoins de Jéhovah réunis en congrès au Parc Richelieu. (Le Devoir, 29-7-77).

Le pasteur **Claude A. Gagnon** de Temple du Réveil à Ste-Agathe : un grand festin de la parole de Dieu en chansons style western et « en multiplication »... (La Presse, 12 juillet 1976).

Premier symposium mondial de la parapsychologie à Montréal : intérêt accru pour les sciences occultes et l'expérience psychique. (La Presse, 10 mars 1977).

« Renouveau charismatique : 12 miraculés dans le « Stade » en prière ». (Frontispice, Le Journal de Montréal, 13 juin 1977).

Monique Peries, radiesthésiste, guérit grâce à son oeil vert qui émet un rayon invisible. (La Presse, 5-09-77).

« Cessez de frissonner : la franc-maçonnerie n'est pas des croque-mitaines mais un club privé pour papas conservateurs ». (Perspectives, 8 mai 1976).

Nicole Couture, de Saint-Jean d'Iberville devient « moniale boudhiste » à Kopan, au Népal ». (Perspectives, 26 juin 1966).

« Tandis que les églises se vident ailleurs, la basilique de Sainte-Anne attire un million de visiteurs par an et la majorité d'entre eux sont Québécois ». (Frontispice, La Presse, 25 juillet 1977).

Enfin, j'en passe...

« Nous pouvons affirmer, écrit **Pierre des Ruisseaux**, dans « Croyances et pratiques populaires au Canada français », que (les phénomènes mystiques traditionnels) s'ils tombent de plus en plus en désuétude vont être remplacés par d'autres, mieux adaptés aux réalités contemporaines, mais traduisant essentiellement *une même*

structure de pensée... expérience qui dans ses grandes lignes demeure **167**
inchangée dans le temps». «Historiquement, précise l'auteur, les
autorités tant civiles que religieuses au Canada français d'alors vont
se montrer opposées, voire hostiles à l'expression d'une «magie dia-
bolique». Mais ni le code criminel ni les mandements répétés des
évêques vont empêcher les mystiques québécois de croire que: «Si
le Canadien compte le premier but, la partie est gagnée». «Quand
on manque son coup une fois, on le manque trois fois...» «Si la
femme est plus âgée que le mari, le pain ne manquera jamais...»
«Si le nouveau-né pleure pour la première fois à l'heure du Sanctus,
il deviendra prêtre...» «Une tache de naissance ressemblant à la
fleur de lys porte bonheur...»

«Superstitions aberrantes pour certains, restes d'un savoir
oublié pour d'autres, quoi qu'on en pense, les croyances et les pratiques populaires font partie de notre réalité quotidienne».

Les Québécois sont mystiques et ésotériques.

Monseigneur **Édouard Jetté**, dans son livre «Au Seuil du
subconscient», décrit plusieurs phénomènes de transmission d'influences, visions, miracles et dons qu'il a observés personnellement
ici et que nous avons pu constater nous-même dans notre propre
famille ou dans le voisinage.

«Chasse-galeries», feu-follets, loups-garous, «Bonhomme
Sept-Heures» et «jeteux de sort» hantent nos rêves; essais de sciences occultes, supra-terrestre, ésotérisme et astrologie voisinent sur
les rayons de nos bibliothèques; le Frère André, les iniatiques Chevaliers de Colomb, le mystérieux Ordre Jacques Cartier, la «patente», les Bérets blancs, le *Grand Robert*, hypnotiseur, le *Frère Jean du
Saint-Esprit,* la légendaire extinction de voix de *M. René Lévesque,*
guérie miraculeusement, en 1966, alors qu'il faisait une tournée électorale dans les environs de Ste-Anne de Beaupré... tout cela donne
chair et os à la corde 20.

L'ethnologue **Robert-Lionel Séguin** nous amène au-delà de
la vision traditionnelle «d'un Québec pieusement conformiste»;
«Diables et lutins, écrit-il, sont les thèmes favoris de nos bardes du
terroir. La longueur de l'hiver et l'immensité du pays créent une
atmosphère de mystère qui inspirent chansonniers et conteurs...
jongleurs et sorciers ont mission de favoriser le triomphe des armes,
de prévenir la maladie et d'assurer l'abondance de la chasse... le
charlatan des bois est guérisseur et devin de par sa vocation».

Le Québécois consulte les guérisseurs de la tribu (Dragon à
Saint-Denis, Desfossés et Maltais à Sherbrooke, Boily à Montréal), ses remmancheurs et rebouteux, ceux qui ont le «don du sep-
tième». Quand c'est plus moral que physique, on consulte les tireu-
ses de cartes et les astrologues. «Si la femme se sent pas bien dans sa
peau, dit l'astrologue **Lise Moreau**, elle nous consulte: autrefois,

c'était le curé, aujourd'hui c'est nous. La responsabilité des astrologues est grave et lourde ».

Le Québec et le Canada sont tous deux nés sous le signe du « cancer » ; vous pouvez en déduire ce qu'il vous plaira. Ou consulter le professeur **Henri Gazon**...

Nous sommes mystiques, n'en doutons pas et Jésus Le Thaumaturge pourrait bien se manifester au Québec de façon fulgurante. Vous n'avez qu'à y croire.

Au cours de la campagne électorale fédérale de 1972, les électeurs faisaient remarquer que le super-thème musical du Parti libéral leur « rappelait quelque chose » : il s'agissait d'une version accélérée du cantique « Adeste Fideles »...

Le Québec est Magique... et les Québécois, sorciers.

21
L'esprit moutonnier

La corde 21 a été élevée au rang de défaut national.

C'est notre travers le plus populaire, celui que les caricaturistes « moutonnement » exploitent le plus, celui que l'on fustige ouvertement dans les conversations, des plus banales aux plus officielles.

« La peur diffuse dans laquelle nous vivons, écrivait le **Frère Untel**, stérilise toutes nos démarches... nous avons peur de l'autorité... Nous choisissons le plus sûr : ne rien dire, ne rien penser, maintenir. On devrait élever une basilique à Notre-Dame-de-la-Trouille et organiser des pèlerinages.

Corde du catholicisme ? « Avant 1960, la foi des Québécois était moutonnière et sociologique ».

Il ne manquera jamais de pasteurs qui, comme **Jeanne d'Arc** et **Amin Dada** entendent des « voix » et tiennent de Haut, les directives qui vont « sauver la race ». **Franco, Salazar, Mussolini, Duplessis** gardaient des « moutons catholiques ».

Le « cheuf » est toujours important : « Là où passe le bélier, les moutons suivent », disait **Henri Bourassa**.

Le Québécois est moins individualiste que le Français en politique : le parti l'encadre et lui impose sa discipline et, n'est pas « virecapot » qui veut dans cette atmosphère de politique traditionnaliste à l'anglaise. **Edmond de Nevers** dira du Parlement canadien que « c'est une réunion d'hommes d'affaires fort bien stylés ».

Le mouton du dernier char allégorique du défilé de la Saint-Jean (quoi de plus éculé) serait encore debout.

On ira à droite, puis subitement à gauche, en avant, en arrière, on suit toujours un « bon pasteur dont on entend la voix dans la tempête ».

Solange Chaput-Rolland, doutant que nous ayions tué et mangé notre mouton en ragoût, fait le procès des pasteurs qui ont guidé les Canadiens français: « En 1848, **Mgr Bourget** écrivait à **Lord Elgin** « Votre Excellence peut compter sur la loyauté du peuple tant qu'il s'acquittera de ses devoirs avec Dieu ».

Lors de la dernière guerre mondiale, **Adrien Arcand** et ses disciples, convaincus de la défaite des Alliés, implorent les Québécois de les suivre dans la voie du facisme et distribuent à qui en veut des images de **Mussolini.** Dans la tempête, celui qui crie fort est toujours écouté.

Léon Guérin commente les causes de nos bêlements: « Cette énergie organisatrice, directrice de la vie collective et publique dont « l'habitant » n'a pu trouver les éléments à l'intérieur de son groupement familial et de son voisin rural, c'est la corporation religieuse et la corporation politique, toutes deux rigides, qui vont la lui fournir ».

Des observateurs socio-politiques pensent que cette corde a tendance à s'atténuer depuis la Révolution tranquille. Personne ne s'en plaindra. **Maurice Pinard** commente la nouvelle fluidité de l'opinion publique au Québec: « En moins de six mois, un grand nombre d'électeurs ont appuyé, par acrobatie, le Parti Québécois au provincial, le parti de **M. Trudeau**, lors de partielles, et les candidats des structures confessionnelles lors d'élections scolaires ». Toutes ces victoires avaient déjoué les prédictions de plus d'un politicologue.

Si la corde 21 a pu influencer les destinées politiques de la masse québécoise, et pour son plus grand dam, elle ne se mue pas pour autant, et c'est paradoxal, en super-stimulus à la consommation. Plus politique que commerciale, la corde 21, loin de renforcer la 13, souvent l'atténue et la 33 finit par fausser le jeu complètement.

La corde 21 est une corde de recours collectif alors que la corde 33 exprime un besoin « de singularisation individuelle ». Les deux ne sont pas pour autant « ennemies ». On veut bien vivre en famille mais sans pour cela ressembler à ses frères et soeurs.

La mode, le maquillage, tout ce qui touche le corps, passe d'abord par la corde 33; les gadgets, comme les appareils «cébistes» et les planches à roulettes, les destinations-voyages, les sacres ou cette nouvelle démangeaison intellectuelle de ponctuer la conversation de «lâ... lâ... t'sé!» sont plus attribuables à la corde 21.

Les destinations voyages? Allons voir!

«La Floride aux Québécois», titre **Yves Taschereau** dans l'Actualité (12-76), «Ils sont plus de 1,000,000 chaque hiver à fuir la neige, le rhume, et les autos qui ne veulent plus démarrer ou qui dérapent. Ils arrivent en grappes sur les plages ensoleillées, ceux que les Américains appellent les «snowbirds» ou les «aspirines» à cause de leur peau blanchâtre. Pour une semaine ou deux, pour un mois, pour tout l'hiver et même, de plus en plus, pour toute la vie. Ils envahissent Miami Beach entre les 70e et 90e rues... On voit partout des drapeaux canadiens et québécois, on peut y acheter à peu près partout La Presse et le Journal de Montréal tant et si bien que l'on peut s'attendre à une annexion bientôt. Entre **Michel Louvain**, Allô-Police, le hockey à la télévision, les palmiers et l'eau bleue de Miami, *c'est tout l'exotisme rassurant d'un gros village bien de chez nous*». Comme par hasard, instinctivement, les Québécois se retrouvent aux mêmes hôtels à New York, à Paris, à Acapulco.

Les indigènes de Merida, au Mexique, vous diront que l'Île de Cozumel a été nommée d'après les oiseaux migrateurs canadiens; «Cozumel», c'est-à-dire «ceux qui reviennent et qui repartent», les touristes quoi. Nos canards sont un peu moutons.

Les comportements du camping n'échappent pas à la corde 21 alors que tentes et roulottes s'entassent sur la superficie d'un mouchoir de poche: si l'on aime la nature (corde 2), on ne déteste pas non plus un brin de jasette, (corde 12).

Les spécialistes de la recherche d'Air Canada savent que nous sommes *égocentriques*, (contraires des *allocentriques*), c'est-à-dire que nous allons rechercher des destinations touristiques «où nous pouvons retrouver la présence sécuritaire des nôtres», perdant ainsi le sens de l'aventure, du dépaysement.

L'appel direct à l'émulation, si peu québécois, tellement américain, comme dans «Le voisin a une Cadillac, pourquoi pas vous?» ou «Tout le monde en a, pourquoi pas toi» est un argument négatif chez nous: il est quand même beaucoup utilisé en publicité traduite.

Léon Guérin fait remarquer: «Ce n'est pas l'habitant qui a fondé l'institution paroissiale: il l'a trouvée toute formée, y est entré, y a subi l'empreinte. Il ne domine pas la paroisse, il est dominé par elle. Il est moins un citoyen actif et entreprenant qu'un paroissien soumis et fidèle.»

Défaut catholique? L'Église au Québec n'était ni au-dessus ni en dessous du peuple, elle était *dedans*, prête à intervenir à la moindre incartade, *prompte à excommunier le mouton noir*. L'époque n'est pas loin où tout était bénit, l'eau, les ponts, les édifices publiques: en tant que relationniste, j'ai organisé, vers 1955, la bénédiction du premier marché Steinberg de Chicoutimi. Si ce n'était pas de l'oécuménisme...

Jos dit de son grand-père Simard:

> *« Y voulait rien savoir... Y se bâdrait pas de personne... Y avait tout le monde à dos: le maire, le curé... pas d'exception pour personne. J'ai jamais compris que tout le village était à son enterrement... et suivait le corbillard comme un troupeau de moutons sauf que mon grand-père était lui aussi de toutes les processions d'enterrement ».*

L'habitant qui sait si bien se suffire à lui-même va se faire péter les bretelles et mettre des clôtures à ses champs, une belle qualité individuelle va devenir un défaut collectif et son indépendance se muer en passivité.

22
Le fatalisme

Les Québécois disent « bof ! ».

Et ajoutent : «Advienne que pourra » ou « Soignez un rhume, il dure trente jours, ne le soignez pas il dure un mois », ou « Laissez péter le renard » ou « Dieu frappe d'une main et récompense de l'autre ».

« La langue de l'Église, onctueuse et résignée s'élevait pour dire que les choses importantes seraient réglées après la mort ».

« Chacun est comme Dieu l'a fait… », **Cervantes** ajoute… « et bien souvent, pire ».

Il y a tant de choses « que le Bon Dieu a voulues » au Québec que l'on pourrait croire qu'Il n'a eu de pensées que pour nous.

« Quatre-vingt pour cent du Québec est construit sur les mêmes glaises instables d'argile et de limon que celles de St-Jean Vianney ; « On garde secrets des documents qui révèlent la nécessité de déplacer des populations entières », nous glisse un quotidien.

Bof !

« Ce n'est pas aux Canadiens français à changer les voies de la Divine Providence… quand les libéraux d'Ottawa peuvent le faire » disait **Duplessis**, pinçant deux cordes sensibles à la fois.

Mussolini, né catholique, veut remplacer Dieu le Père : « Désormais, Il Duce agira rapidement là où la Divine Providence semble tergiverser depuis longtemps ».

« Ça devait arriver » serait une bien meilleure devise que « Je me souviens » et, en tout cas, plus signifiante sur nos plaques de voitures vu que nous sommes les recordmen des accidents de la circulation routière en Amérique... et qu'un automobiliste sur trois dédaigne toute assurance-accident !

On demande à un Québécois, « Comment ça va ? » : « Pas pire... répond-il en faisant une moue... ou « Ça pourrait aller mieux mais ça coûterait plus cher... Comme ci comme ça... Assez bien, merci... Ça s'endure... On s'tire d'affaires... On mange trois fois par jour... »

En politique le fatalisme sert toutes les causes et à toutes les sauces : à maintenir le statu quo, excuser une piètre performance administrative, justifier une défaite ou sublimiser une victoire électorale. « Cuire dans un four pré-réchauffé à 350°... » Fatalement, Jos Tremblay découvrira Westmount :

> *« C'était en '50... '51, l'année qu'on a déménagé à Montréal... Mon cousin Aimé livrait pour Eaton, sur un « panel ». Y m'appelle un vendredi pour me dire qu'il avait mal au dos et me demande de l'aider... Y avait je sais pas quel trouble avec son « dispatcheur », un gros Irlandais du Griffin Town... On part pour Westmount, la boîte remplie de tapis de Turquie. Viarge... ! j'avais jamais été fouiner par là, j'avais jamais imaginé que c'était si beau, que c'était dans le Québec... des vrais châteaux ! On est allé dérouler un tapis dans un salon... la « fille engagée » était une p'tite canadienne. Juste le salon, y'était quatre fois plus grand que mon logement. Les Anglaises nous faisaient essuyer les pieds... mais « tipaient » pas fort... Quand tu vois des châteaux comme ça... tu peux pas souhaiter en avoir un. Tu penses plutôt... que c'est pas fait pour toué ».*

L'Amérique latine catholique est un autre lieu de prédilection de ce fatalisme qui justifie tout. Dans « Colombie », **Jacques Aprile-Guiset** écrit : « Chacun de ces mythes (le travail, le châtiment de Dieu, le machisme etc.) renferme une part d'antiques croyances indiennes... saupoudrées de vieille morale chrétienne, le tout solidement lié par les dogmes de la religion romaine ».

La corde du « petit pain » que les Québécois se lèguent de génération en génération, comme la robe de baptême jaunissante sortie de la boule à mites, mènerait fatalement à la résignation, à une certaine passivité et, selon plusieurs, à la mise en cause du terri-

ble, « *Tu gagneras ta vie à la sueur de ton front* » par les jeux de hasard...

Les Québécois qui ont misé plus de $220 millions à leurs cinq pistes de courses en 1977 et près de $325 millions aux loteries provinciales et nationale ne méritent pas, malgré cette montagne de dollars, leur réputation de «joueurs invétérés». Per capita, le Québécois a misé $45.00 dans les loteries l'an dernier, le Japonais, $200.00.

Le bingo? En 1976, «cette passion de femmes vivant de leurs rentes» aurait rapporté $8 millions à 22 églises... leur permettant de subsister ».

Joueurs invétérés? Non, mais gros joueurs.

Les pistes de Blue Bonnets et de Richelieu attirent à elles seules plus de 2 millions de spectateurs chaque année: les «Canadiens», les «Expos» et les «Alouettes» réunis attirent la moitié moins de monde.

« Le cheval standard (celui des courses sous-harnais) est plus près de nous, de notre ancien côté maquignon que le pur-sang anglais », dit le champion conducteur du monde **Hervé Filion**, un Québécois qui poursuit sa carrière aux États-Unis. (corde 16).

Les concours du genre, «Vous n'avez rien à perdre, tout à gagner ont du succès auprès des Québécoises.

Par contre, en communication politique, cette corde donne des accords cacophoniques: « À pincer avec précaution ».

23
Le conservatisme

Les Québécois ne sont pas des conservateurs nés, ils le sont devenus par la force des choses et le régime anglais.

Les premiers colons français cherchent à déborder du territoire et ne convoitent pas moins que toute l'Amérique; ils «inventent» la structure des rangs, qui dure toujours, lancent des forges, une brasserie, des comptoirs de traites, «ils sont habiles en commerce de toute nature».

Après la conquête anglaise, notre état d'esprit n'est plus le même, le challenge est en veilleuse. L'entrepreneur québécois se met en conserve.

«Au temps de son autonomie de moyens, dit **Horace Miner** dans «La Société canadienne-française», l'habitant avait maîtrisé tous les facteurs économiques qui influençaient son existence». Tant qu'il y avait du vent pour le moulin et une bonne «timme» de chevaux, tout allait pour le mieux dans le meilleur des mondes. «À vrai dire, continue **Miner**, son conservatisme, son retard à assimiler les méthodes nouvelles fut souvent si long *qu'il pouvait sauter une des étapes du progrès*».

Ce pseudo-conservatisme fera de l'habitant le hippie de son époque en Amérique du Nord; il sera en contre-culture à contre-temps.

182   Les Québécois semblent évoluer rapidement de l'extérieur ; ils s'agitent, participent à tous les grands courants mondiaux : phénomènes hippies, drogue, contestation, violence et contre-culture. Leurs valeurs intérieures, elles, bougent à pas de tortue.

« Plus ça change, plus c'est la même chose », disent les chauffeurs de taxi.

Si notre conservatisme en consommation est bien connu, notre conservatisme politique est moins évident.

Dans « Nationalismes et politique au Québec », **Léon Dion**, écrit les pages les plus ramassées qu'il nous sera donné de lire sur les idéologies conservatrices : « De la sorte convaincus, écrit **Dion**, du caractère suicidaire de toute tentative concertée par les Canadiens français d'accéder à la modernité, *les tenants du nationalisme conservatiste* ont voulu river ces derniers aux cadres de la société traditionnelle, agricole et artisanale : ils ont préconisé comme solutions aux graves problèmes qui confrontaient les Canadiens français « Le retour à la terre », la « colonisation » dans les paroisses aux terres de roches des « concessions » et « l'achat chez nous »... les mots d'ordre et les anathèmes du nationalisme conservatiste trahissent de plus en plus des tendances schizophréniques à mesure que l'implacable évolution vers la modernité se dessinait au Québec... l'espoir de la race »... « notre maître le passé »... C'est ainsi qu'abandonnées à elles-mêmes, les masses (un terme que les élites n'utilisent jamais : on parle de « fidèles », de « peuple », d'« habitants ») accédèrent à la vie industrielle et urbaine par la petite porte : en tant que « porteurs d'eau » et de « scieurs de bois »... elles ne trouvèrent plus devant elles que le vide ».

Dion continue, (avec une touche d'émotivité inhabituelle à sa structure de phrase germanique) : « La grande fonction politique du nationalisme conservatisme aura donc été à partir d'une certaine lecture de la situation qui visait à la plus grande économie de moyens possibles, d'être un ferme garant du **statu quo**. On comprendrait mieux de la sorte les *raisons qui poussaient un si grand nombre d'anglophones à vanter les mérites de ce nationalisme.* Cela assurait à peu de frais la perpétuation de leur domination. Idéologie dénuée de toute sophistication, il était facile pour quiconque de l'exploiter à son avantage. C'est précisément ce qu'auraient fait, avec ou sans malice, Américains et Canadiens ».

Par ailleurs, une thèse, aussi angéliste qu'ethnocentriste hante certains de nos penseurs ; « les Québécois auraient totalement échappé au dur matérialisme des derniers 100 ans », à l'abri des microbes américains, comme protégés sous une cloche de verre, conçus sans péché et formant grâce à cette anomalie du Temps, la race « aryenne », c'est le mot... issue de 10,000 Français, pure et sans tache d'hybridité si l'on excepte une poignée d'Ecossais et d'Irlandais... Notre nombril serait encore plus beau que celui des autres.

Les chroniqueurs et voyageurs de la Nouvelle-France et du Bas-Canada vont nous voir tout autrement... et avec tous nos microbes. On peut, après un exercice fastidieux, repiquer chez les anciens échotiers les mentions d'une vingtaine de nos cordes sensibles modernes, (les chiffres, entre parenthèses, renvoient à ces dernières): esprit de mesure (1), amour de la terre (2), simplicité de vie et de moeurs (3), finesse et roublardise (5), dextérité (6), esprit d'économie (8), envie (9), amour de la parole et esprit satirique (12), présence continentale (16), le nationalisme (18), peu de tendances au commerce et à l'industrie (19), religieux et superstitieux (20), le conservatisme (23), gaieté, optimisme et sociabilité (25), vaniteux (27), plus littéraire que scientifique (28), esprit de clan (31), goût de la logique, des idées abstraites ou générales (32), la gourmandise (34), la gasconnade (35).

Les cordes des racines terriennes et françaises y sont presque au grand complet.

D'autres caractéristiques collectives ou « cordes mobiles » dont font mention ces auteurs semblent être disparues; l'esprit pratique, la politesse, le goût des voyages et des aventures (qui revient), le respect de l'autorité (à la baisse par les temps qui courent), la tendance à la paresse (des habitants).

Est-il possible qu'en l'an 2000, et ce n'est pas si loin, nous ayions conservé les mêmes trente-six cordes alors que seule leur importance relative ait changé? Les influences nouvelles n'auraient-elles fait qu'augmenter ou diminuer certaines tendances héréditaires sans les faire disparaître tout à fait? La réponse appartient aux Québécois. Il n'est pas exclu, qu'un soi-disant défaut collectif, devienne une qualité selon l'événement, ou le temps. Nous avons déjà remarqué qu'une qualité individuelle peut devenir un défaut collectif. Les cordes sont mobiles, ne l'oublions pas.

En laboratoire, le consommateur québécois démontrera une exceptionnelle fidélité à ses marques de produits: une marque qui ne tiendra « qu'un cycle vital » de cinq à dix ans dans les autres provinces, résistera deux ou trois fois plus longtemps au Québec.

À force de durer, certaines catégories de produits sont devenues presque exclusivement québécoises, la mélasse et le « gros gin » de Genièvre en sont deux exemples. Les Québécois continuent de bouder les bières de type « lager », la télévision en couleurs et comme nous l'avons vu, les produits congelés (il y a deux fois plus de congélateurs en Ontario qu'au Québec).

La synthèse des 54 études de marché de **Mallen** à laquelle je faisais allusion est une démonstration quasi irréfutable de cette corde même s'il s'agit d'une longue énumération des clichés les plus connus des marketers canadiens; « la Québécoise dépasse sa consoeur anglophone dans tous les cas de conservatisme suivants:

pour la cuisson « à la maison » des fèves au lard, macaronis (aux tomates), soupes, crêpes, gâteaux et glaçages ; par contre, elle tire de la patte pour l'utilisation des produits congelés et viandes précuites tranchées ; elle préfère l'argument « rapide à cuire » à celui de « facile à préparer » ; sa fidélité à certains ustensiles culinaires, à certaines institutions, stations-services, banques et hôtels de tourisme, dépasse l'entendement.

Les marchés d'alimentation indépendants du Québec continuaient, en 1976, à damer le pion aux grosses chaînes, à 57% contre 43% du volume des ventes alors que ces dernières contrôlent 74% du marché dans les autres provinces.

Une exception au conservatisme des Québécois en consommation est, comme nous l'avons vu, la mode vestimentaire, expression de la corde 27, soeur de la puissante corde 7.

« Le conservatisme m'écrit une correspondante (dont la calligraphie extrêmement soignée me rappelle celle d'une de mes tantes religieuses) ne vient-il pas plutôt des racines « terre » et « minorité » plutôt que « religion ». « Pourquoi en voulez-vous tant au clergé ?

Moi en vouloir au clergé ? Je serais plutôt porté à l'excès contraire de par ma propre éducation. (Dans la tribu des Bouchard de Saint-Hyacinthe, les hommes étaient anti-cléricaux ; pour contrebalancer, les femmes étaient mystiquement religieuses). Aucun parti politique, même pas celui de Duplessis, n'a réussi le tour de force des curés. Cette position inégalée exigeait de nos religieux un entrepreneurship, un conservatisme de structures et une cohérence dont nos milieux laïcs les mieux-pensants semblent bien incapables. Nos curés et nos bonnes soeurs étaient des forts en thèmes.

Mis sur la sellette, au cours d'un « 60 » d'**André Payette** (12-4-77), les « trésoriers » de nos plus importantes communautés religieuses, bonnes soeurs et petits frères, vont défendre le conservatisme du clergé québécois. L'intervieweur, pressant, rapide et qui travaille à la torche acétylène ne parviendra pas, après trente minutes d'efforts, à ébranler les piliers du temple.

« Les 146 congrégations religieuses du Québec sont-elles riches ? demande l'intervieweur, (celles de Montréal ne possèdent-elles pas à elles seules 4 milles carrés de terrains de choix au centre-ville ?) Usant de la corde 5 et de la finesse qui sied à des « v.p.-financiers », les religieux ne le diront pas mais « la prospérité et l'avenir du clergé québécois sont largement assurés ». « Et vos fameuses actions dans la Canada Steamship ? » La supérieure des Soeurs grises répond : « Vous vous êtes laissé monter un bateau ».

Le conservatisme a joué et a gagné.

S'il y a eu des « mergers », aucune communauté n'est disparue : le missionnariat est actif (dernier investissement : $5 millions), le recrutement se maintient chez les contemplatifs et il ne manque pas de malheureux à aider que les gouvernements négligent. « Nous repartons dans d'autres oeuvres comme il y a cent ans… deux cents ans », dira une religieuse, « l'aide aux « clochards », aux analphabètes, aux déplacés, aux ex-détenus, la Ligue des Droits de l'homme, les logements à prix modiques ».

Pris de court par la Révolution tranquille, le rapport Parent et Vatican II, passant en quelques années de 75 000 à 35 000 religieux (dont 50% sont vieux et inactifs), le tapis tiré sous les pieds en éducation et en soins hospitaliers, les communautés religieuses québécoises ne font qu'un purgatoire plus ou moins long… le conservatisme permet de durer. Et durer est une forme de génie.

Rien n'est jamais nouveau longtemps. « Le pouvoir est toujours disponible, a dit **Disraéli**, il s'agit de le prendre ».

Les milieux étudiants à qui j'ai exposé les cordes n'ont pas tous voulu accepter mon « hypothèse » que le conservatisme se porte très bien sur les rives du Saint-Laurent même après les « bébés d'après-guerre », la révolution tranquille, le F.L.Q. et le « 15 novembre ». Billevesée? Allons aux tests!

De connivence avec des clients, j'ai « ressuscité » en 1974 deux campagnes de publicité des années '40. Il s'agissait de vérifier si des jeunes hommes de 20-25 ans allaient réagir de la même façon que leurs pères à des « scies publicitaires » qui, une trentaine d'années plus tôt avaient fait le succès de deux marques de bière.

« *T'as pas? Quand t'as pas de t'as pas, t'as pas de Colts!* », copie conforme d'une campagne de 1940, (sauf pour le nom de la marque) tripla en un an les ventes du cigarillo Colts, et cela après la Révolution tranquille et celle de l'université de Berkeley.

Fort de cette première réussite, j'allais, quelques mois plus tard, ressusciter une autre « québécoiserie » publicitaire dans notre laboratoire. La campagne « Où est Gaston? », pour Bovril, copie xéroxée de « Où est Jos? » pour la bière Dow, dans les années '40, fit grimper les ventes de 19% en moins d'un an selon les propres chiffres du p.d.g. **Maurice Brizard**.

Jean Lesage déclarait, avec une pointe d'amertume: « Il ne faut jamais aller plus vite que le peuple ». Le peuple disait déjà: « Il ne faut pas aller plus vite que le violon ».

24
La xénophobie

Il s'agit bien de la corde québécoise la plus discutée mais comme diraient les orateurs politiques, la moins *discutable.*

Jos Tremblay en discute :

> « *La plus jeune nous arrive un soir avec un Polonais... peut-être un Juif... Ça a l'air du grand amour... C'était un beau garçon, poli... Tu te souviens Fernande, y se levait comme une barre chaque fois que tu passais à côté... Mais pas un maudit mot de français. J'dis à la petite : « Si c'est pour les bouteilles de parfum ou pour apprendre l'anglais, c'est correct, mais pour le reste... Penses-y un peu, pense à ta mère qui « baragouine » l'anglais, à ta grandmère... Tu sais bien qu'elle a peur des étrangers... ».*

Cette corde s'alimente à la racine du « Aimez-vous les uns les autres », elle est donc plus collable à un certain papisme ou à un ancien catholicisme canadien-français qu'au catholicisme tout court.

De l'anglophobie, passe encore, mais de la francophobie encore ponctuée de l'anathème « Maudit Françâs », cela étonne ! Notre xénophobie n'épargne personne. Il faut beaucoup de finesse et de diplomatie à un Français pour réussir dans nos milieux intellectuels et artistiques, plus hermétiques et, on dirait, plus méfiants que les autres. Si la réussite de ce « M.F. » est trop rapide, il risque d'être ligoté par les cordes 7, 9, 19, 18 et 31 puis pendu haut et court à la corde 24 ; il lui faudra l'habileté du magicien Houdini pour se déligoter en espérant que notre corde 28 l'aidera un peu.

« Le Français est un mauvais immigrant », allons-nous répéter. Son bagou facile, son arrogance (souvent de surface) et sa répartie à tout prix vont à contre-poil de la mentalité des Québécois plus lourdauds dans ces tournois oratoires.

Mais que les Français « ces libres penseurs abusés par Jean-Jacques Rousseau » se consolent : les « catholiques étrangers » vont aussi passer dans le hachoir de la corde 24. Par exemple, tout n'a pas toujours marché sur des roulettes entre catholiques irlandais et Canadiens français : on les accusera d'être des « Anglais » avant d'être des catholiques et « de se servir de la religion pour gagner les nôtres à la langue anglaise ». Le pasteur d'une église hughenote de Montréal disait en 1958 : « Être « Français » au Québec passe encore... mais être Français protestant... »

Les Italiens pourtant latins, catholiques et terriens ne seront pas épargnés. Dès le début des hostilités de la deuxième guerre mondiale, un conflit éclate entre le curé de ma paroisse et celui d'une petite église italienne de la rue Saint-André, (pourtant francophonisée) pour la bonne raison que le « padre » affichait la photo de **Mussolini** entre Saint-Antoine de Padoue et Sainte-Bernadette Soubirous... Simple problème d'iconographie, me direz-vous.

Les Québécois de l'après-révolution tranquille ne réussissent plus à assimiler ces immigrants italiens, pourtant les plus « naturels » des Néos et rares sont les autres latins, Espagnols et Portugais, qui manifesteront quelque intérêt à s'assimiler à nous.

Au début du régime anglais, l'orgueil fouetté à vif, nos mères, comme des mantes religieuses, assimilèrent un assez grand nombre de miliciens écossais et irlandais, des O'Neill, Ryan, Johnson, McKay et Burns et de purs Anglais, des Talbot et Harvey dont les descendants n'ont plus l'ombre d'une allégeance à la Reine d'Angleterre, au contraire, et dont les ancêtres ont subi la corde 11 sans jamais se plaindre. Ce phénomène a joué à l'inverse : des Canadiens français cette fois vont épouser des anglophones : on risquait l'excommunication mais comme disait mon grand-père Émile, « C'est aussi facile de devenir amoureux d'une femme riche que d'une femme pauvre ».

Sous le régime français, les édits de Louis XIV sont précis et l'entrée au pays est fermée « aux Juifs, aux Huguenots et à tous ceux qui ne pratiquent pas la religion catholique romaine ». C'est le coup d'envoi de notre xénophobie et de notre sectarisme. Le régime anglais ouvre les portes « aux étrangers ». En 1760, un juif sur lequel on écrira beaucoup, **Aaron Hart**, vient s'établir à Trois-Rivières.

Avec lui, va commencer ce que nous pourrions appeler « la connivence des deux minorités ». Tout en se moquant durement et assez ouvertement l'un de l'autre « Youpins et Pepsi » vont chercher à ne pas trop se nuire. Depuis **Ezekiel Hart** premier député Juif québécois élu à Trois-Rivières au siècle dernier, il y aura presque toujours « un de ces curieux de bilingues » à Québec ou à Ottawa. Le gouvernement Lévesque aura bien failli avoir l'avocat **Unterberg.**

Les Juifs québécois, fortement natalistes et aidés par une migration constante jusqu'à la fin de la deuxième guerre mondiale, ont préféré la xénophobe Québec à la raciste Ontario. Leur progression démographique n'a pas échappé à nos « vigilantes ». Dans un « cahier des Dix », de 1939, **Gérard Malchelosse**, commentant « la migration juive », nous sert un avertissement bien de chez nous : « Gardons-nous toujours de l'intolérance, soit, mais n'oublions pas pour autant la prudence envers eux ».

Un guide de pêche, indien Cri du Lac Mistassini, m'avoue qu'il est encore « pris pour un étranger » à Chibougamau, où il va aux provisions deux fois par semaine depuis trente ans.

Les Haïtiens, « nos frères par les racines terrienne, francophone et catholique », et qui sont ici près de 25,000 n'ont pas seulement notre xénophobie (et je ne dis pas racisme) à surmonter. Leurs relations avec les Noirs anglophones, venus de Jamaïque et d'ailleurs ne sont pas plus cordiales : on a parlé des deux « solitudes noires » de Montréal comme une autre des exécrables manifestations des racines « minoritaire » et « religieuse ».

Les Vietnamiens de notre plus récent arrivage francophone, les quelque 3,000 immigrants libanais de Beyrouth, dont on peut admirer les qualités et le bloc des 1,500 Chiliens d'**Allende** me paraissaient plus près de mes racines, donc plus acceptables, que les 8,000 Ougandais d'origine indienne qui sont au Québec depuis cinq ans. Mais la tolérance tient à peu de chose comme au hasard d'un voyage. Je me trouvais à Entebbe, le jour même de l'ordre de déportation des Indiens donné par **Amin Dada**... je les ai vus, affolés, courir à l'aéroport pendant que les soldats pillaient leurs boutiques.
Ne me demandez pas si je trouve les Ougandais du Québec sympathiques ? Mais Jos n'était pas à Entebbe...

> « *En arrivant au terminus de Montréal, on prend un taxi pour aller voir mon neveu à Sainte-Justine. Le chauffeur nous comprenait pas, y savait pas où c'était... Un petit noir, mais pas un nègre, qui avait pas l'air de parler ni l'anglais ni le français. Ça nous a coûté dix piastres pour faire le tour de la ville. Y a toujours un maudit boutte... Tu vas pas me dire que Bourassa va nous faire avoir 100,000 jobs avec ce monde-là ?* »

Le brillant journaliste **Camille L'Heureux** écrivait dans Le Droit, *il y a plus de 25 ans*: « Triste à dire, mais il faut voir dans certaines attitudes des Canadiens français beaucoup plus que de l'indifférence à l'égard de l'étranger, c'est de l'hostilité qu'il faut dire... nous avons dû écrire une *centaine* d'articles à ce sujet... Il y a nécessité de créer une société indépendante au Québec qui en collaboration avec les autorités de Québec et d'Ottawa verrait à attirer annuellement au Québec le nombre d'immigrants qu'il peut absorber *économiquement* et *spirituellement* ».

« Économiquement et spirituellement » sont soulignés.

L'Heureux, mettait en doute les critères de sélection de nos immigrants « qui seront blancs, catholiques-pratiquants, mariés, de milieu rural et ne nécessitant pas d'assistance sociale ». Des oiseaux rares.

Commentant les résultats d'une récente conférence sur le multiculturalisme canadien qui avait eu tôt fait de conclure « que les francophones du Québec n'accueillent pas l'immigrant à bras ouverts », le journaliste **Guy Cormier** se gratte la tête: « Si la prolifération des média d'information, la fréquence des échanges de toutes sortes, un mouvement touristique extrêmement développé, une Exposition universelle et des Jeux olympiques n'ont pu nettoyer de ses scories ce qu'on appelle savamment *l'ethnocentrisme* (pour ne pas prononcer le nom « patriotisme » tenu pour désuet et ridicule) et, vulgairement, *le chauvinisme des nôtres*, où sont donc les remèdes à « une introspection excessive », termes savants qui signifient « se prendre pour le nombril du monde? » L'isolement est cultivé pour lui-même comme moyen de défense contre une concurrence perçue comme intolérable. *Ce sont les élites du Canada qui érigent des barrières contre les influences étrangères*; le nouveau réflexe des intellectuels de Toronto qui expriment leur méfiance vis-à-vis de Time et de tous les objets culturels produits aux U.S.A. rejoint le système de défense érigé par les groupes de pression du Québec soucieux de préserver leur marché contre la concurrence des immigrants ».

Le Québécois, inquiet devant des étrangers plus instruits que lui, plus « travaillants » que lui, a, comme pour ses nationalismes, une gamme de xénophobies à la carte et nuancées selon que « l'autre » est de Westmount, de Toronto ou de Vancouver, qu'il est Juif, Noir ou Européen, qu'il est perçu comme plus ou moins menaçant.

Les démographes sont d'accord pour dire que le facteur responsable de l'affaissement démographique, prévu au Québec, d'ici l'an 2,000 sera le mouvement migratoire, plus que la perte de nos propres Québécois et plus que l'autre phénomène inquiétant, la dénatalité.

Invité à donner son opinion sur les politiques d'immigration, un auditeur de ligne ouverte à CKVL entonne : « Écoutez-moi chanter la p'tite Butler... une vraie Québécoise ! On devrait faire rentrer au Québec tous les Acadiens du Nouveau-Brunswick, les Franco-ontariens, les Franco-américains... Ça nous donnerait trois millions d'habitants d'un coup sec ! »

Il n'y a pas de solution facile. Il y a la xénophobie.

Une enquête, menée par la Régie de la Langue française, a démontré, chiffres à l'appui, que les Québécois perçoivent la différence entre les annonces télévisées traduites « de l'étranger » et celles créées par les publicitaires québécois. « Un étranger », par le truchement de notre télé vient nous déranger dans notre propre salon... peut s'en tirer sans notre vengeance ? Le phénomène québécois du statut « de l'autre » va jouer... et la publicité « traduite » va continuer à perdre du rendement.

Le communicateur québécois doit apprendre l'importance symbolique du mot « étranger » au Québec, mot venimeux, aussi puissant aujourd'hui que dans les années « 40 » alors que le slogan du « chef », (qu'il avait créé lui-même) tonnait : « **Duplessis** donne à sa province, les libéraux donnent aux *étrangers* ».

Cette corde, dit-on, met en doute la propre survivance des Québécois. Nous ne refermerons pas ce volume sans y revenir.

25
La joie de vivre

Seul, le Québécois fait plutôt réservé, timide et « porte la rigueur de ses hivers » ; en groupe, il se débourre, se fait « remarquer », il a ses quelques mois d'été au coeur.

Jos Tremblay raconte les péripéties d'un voyage au Mexique :

> *« À Montréal, une chorale est montée dans l'avion.. C'était un « charter » organisé... On était déjà « gorlot » mais là avec les chanteurs, le fou nous a pris pour de bon. Après une heure de vol y restait plus rien à boire dans l'avion, juste du ginger ale. On chantait en choeur... on riait, on faisait étriver les hôtesses... J'aime ça quand tout le monde s'amuse... Te souviens-tu Fernande, on est rentré plus fatigués qu'avant notre départ?*

Mais on ne peut pas toujours « s'envoyer en l'air », il faut bien se calmer de temps en temps : « Les Québécois, dit le haut fonctionnaire de la santé **Martin Laberge**, sont les plus importants « consommateurs » de tranquillisants de toute l'Amérique du Nord ». Forcément.

Kalm, dans ses « Voyages en Amérique », à la fin du siècle dernier, s'étonne de la gaieté de nos femmes, en particulier : « J'entendais souvent chanter les femmes et souvent les jeunes filles lorsqu'elles travaillent en dedans de leur maison : elles fredonnent toujours quelques chansons dans lesquelles les mots d'amour et de coeur reviennent souvent ».

Benjamin Sulte dira des moeurs des anciens Canadiens : « ... Les réjouissances ne manquaient pas. On célébrait le nouvel an, après avoir, la veille, chanté la guignolée aux portes des maisons. On plantait un sapin le premier mai, on allumait les feux à la Saint-Jean, on fêtait la grosse gerbe à la fin de l'été. Tout était un prétexte pour s'amuser, le fait de tuer un porc, l'achèvement d'une maison ou d'une grange, un baptême, la signature d'un contrat... la fabrication du sucre d'érable... Presque toutes les maisons possédaient un violon : on chantait, les hommes et les femmes alternant, et on dansait avec entrain... »

Aiguillonnées par le succès du Carnaval de Québec, plusieurs de nos villes et municipalités ont voulu avoir leur manifestation annuelle et célèbrent « le tabac », « le pain », « la pomme » et « un lac » : « La compétition de nage n'est plus qu'un prétexte à la bruyante huitaine de la traversée du Lac Saint-Jean », dit **Jean-Claude Saint-Pierre** de la station locale CHRL, « il faut d'ailleurs rappeler aux quelque 50,000 visiteurs, que le dimanche, c'est le marathon qui couronnera la semaine ».

Tout est toujours prétexte à la fête.

Le Québécois a le rire facile, il est moqueur, joueur de tours, étrivant il aime les jeux de mots et les calembours. Son arsenal d'anecdotes ou d'histoires drôles est souvent inépuisable.

La corde 17 lui prêtant l'imagination des publicitaires, le Québécois joue habilement du slogan déformé. La publicité qui reflète son exubérance réussit des percées rapides et durables et de cela, la publicité québécoise originale va faire sa règle d'or.

Jos parle « des annonces » :

> « *Les commerciaux drôles, ça me dérange moins... Quand l'annonce est sérieuse, c'est qu'elle te cache quelque chose... J'aime les commerciaux de bière, ça chante, c'est gai, ou ceux avec des enfants (corde 26). OU le chat qui danse le cha-cha... la vache qui se promène dans un grand marché (corde 2)... et un autre pas mal bon avec un imitateur pour... (corde 28). Mais parle-moi pas du gars qui a mal à la tête, l'autre au ventre... ou qui a mauvaise haleine... les petits produits personnels des femmes... ça je les regarde pas... Ma femme peut-être... C'est comme les télé-romans quand c'est drôle, ça nous distrait mieux* ».

La publicité du Ministère du Tourisme à l'étranger ne manque jamais de faire allusion à notre «famous joie de vivre» que les Anglophones vont confondre avec «moeurs faciles»...

Quand il y a fête, on aime tout le monde, on est poli avec les touristes: On tient à la formule: «Messieurs les Anglais, tirez les premiers!». Aux Fêtes de la francophonie, par exemple, on a oublié de se méfier des autres. Si l'étranger daigne venir voir qui nous sommes, et «se rendre compte que nous sommes particuliers», nous lui ferons faire un tour du propriétaire qu'il n'oubliera pas de sitôt. Il pourra même en conclure que nous sommes «polis, galants, hospitaliers».

De Funès et **Gilles Latulippe** n'auront jamais fini de nous défouler: **De Funès** tire plus dans les cinémas de la province, toutes proportions gardées, que dans son propre pays...

Interrogé au canal 10, en septembre 1977, **Raymond Devos** dit: «Des messages, mais si, j'en ai... (on m'accuse de ne pas en avoir), mais mon premier message, c'est avant tout de faire rire».

«*Mieux vaut en rire*», comme le «Ça devait arriver», de la corde 22, pourrait être une devise tout aussi signifiante que «Je me souviens».

En communication, «le rire est un instant divin».

LOGEMENT
A LOUER
PAS D'ENFANTS
FLAT
TO LET

26
L'amour des enfants

Le mythe de l'enfant-dieu est latin et québécois.

Nous aimons les enfants parce qu'ils nous ressemblent.

Nous sommes restés enfants par nos instincts super-normaux comme l'envie de toujours manger, de toujours s'amuser.

Autre record, autre paradoxe, le Québec enregistre un des plus bas taux de natalité au monde: nous sommes loin des records de procréation des débuts du siècle, de celui, (par exemple), d'un **Pierre Lepage**, cultivateur de Saint-Colomban, qui, « marié par trois fois, eut 42 enfants debouts ».

Les sociologues s'interrogent, les politiciens s'inquiètent. « Pour interpréter le « non » d'une femme, disait un mysogine, il faut en avoir connu plusieurs ».

Dès 1970, la « pilule » avait deux fois plus de preneurs au Québec qu'en Ontario. À la même époque, les enfants-vedettes faisaient leur entrée massive en publicité québécoise, envahissement qui allait culminer au phénomène **René Simard**, « l'enfant prodige que toutes les mères du Québec auraient aimé bercer ».

Dans « La Publicité québécoise », je commente le phénomène « des enfants de la publicité » et je pose naïvement une question: « Les Québécoises libérées de l'Année internationale de la Femme remplissent-elles mentalement les berceaux vides du Québec avec les enfants-vedettes de la publicité... et les produits qu'ils annoncent? »

« Sauvez le Québec, faites un enfant! », était le titre d'une conférence que j'ai prononcée devant les membres de la Chambre de Commerce de la Rive-Sud en 1976. Vous avez compris que j'allais encore une fois recevoir du feedback...

Cette expérience de labo devait me révéler un coin caché de l'âme québécoise sur la dénatalité en même temps que m'exposer aux problèmes inhérents à notre démographie, problèmes dont j'étais loin de soupçonner l'importance. Parce qu'il y a bien une, ou des raisons, pour lesquelles, en l'espace de dix printemps, nous allons passer d'un taux de natalité record à celui que nous connaissons présentement.

Le mouvement du pendule « frustration-défrustration », qui nous projette d'un excès à l'autre pourrait bientôt nous forcer à redescendre les berceaux des greniers.

Nous reviendrons aux résultats pratiques de cette conférence à la fin du volume, dans le commentaire des « Six projets collectifs des Québécois ».

Inaugurant la campagne « Lait-École », le ministre de l'Agriculture, **Jean Garon**, fait remarquer: « Le paradoxe d'une mauvaise alimentation n'est pas rare chez nos enfants ». Le petit déjeuner de nos bouts d'chou va coûter $2 millions par année.

Autre paradoxe: « Chaque année 3,000 enfants sont maltraités au Québec, selon le Comité pour la protection de la jeunesse, alors qu'environ 5% de ces enfants meurent des suites de mauvais traitements et que près de 40% vont porter toute leur vie les séquelles physiques (et psychologiques) de ces abus: près de 60% des enfants battus ont moins de 10 ans. »

Il y a peu de propagande faite autour du travail de ce comité comme si l'on avait honte de nos comportements. L'enfant-dieu a bien d'autres problèmes que ceux que la publicité pourrait lui créer.

La publicité a fait la preuve par quatre que la masse québécoise se mirait dans la superconsommation « avec les yeux d'un enfant ». La publicité, toujours à la recherche de communs dénominateurs, utilise souvent des enfants comme « médiateurs » et à plus forte raison si le produit est difficile à vendre et c'était bien le cas de « C'est quoi ton code postal? » Le message passe mieux par l'imagination et la bouche d'un enfant.

Dans la famille, les enfants sont de puissants véhicules d'information; ils connaissent les voisins et le quartier et ont souvent, par l'école et les terrains de jeux, plus de contacts extérieurs que les parents.

En publicité, les enfants sont des postes de relais qui prolongent l'émission du message.

La publicité est un «jeu d'enfants».

27
Le besoin de paraître

Faute d'être... paraître?

Le besoin de s'extérioriser, le vêtement porteur de message, la deuxième peau, la vitrine...

C'est la corde 7 endimanchée.

« En cette colonie française du Saint-Laurent, écrit **R.L. Seguin**, dans « L'apport européen à la civilisation traditionnelle du Québec », paysans et artisans consacrent des sommes rondelettes à leur garde-robe. On y trouve des pièces vestimentaires qui ne sont réservées, en Europe, qu'aux bourgeois et aux petits-gentilshommes. Tels, par exemple, le rhingrave, le canon et la bourse à cheveux. Sauf exception, les tissus sont importés de France... le port d'habits d'origine étrangère est aussi courant en la Nouvelle qu'en l'Ancienne France ». L'achat chez nous se portait déjà mal...

Kalm reproche aux jeunes filles de Montréal « d'avoir trop bonne opinion d'elles-mêmes... Ce pourquoi on les a principalement blâmées, c'est leur coquetterie, leur amour de la toilette, leur désir de plaire ».

Un observateur étranger écrit au début du siècle: « Les Canadiennes sont vaniteuses ».

La Hontan a dit qu'elles étaient « portées au luxe au plus haut point ». « À Québec, on constate que c'est encore pire », écrit **Franquet**, « Les femmes sont tous les jours en grande toilette et parées autant que pour une réception à la Cour... elles ornent et poudrent leurs cheveux chaque jour et se papillottent chaque nuit ». Le carnaval de Québec était commencé...

Les belles filles du royaume du *Saguenay*, à l'époque de « Hair », portaient les mini-jupes les plus courtes en Amérique. Cette tendance à l'« écourtage » fit l'objet d'une lettre pastorale, une des dernières, mais elle venait trop tard, le ressort des Enfants-de-Marie était en pleine détente.

Les Québécois sont recordmen canadiens pour les *parures tribales* de toutes sortes: perruques et toupets, souliers masculins demi-talon, manteaux de fourrure et de cuir, colorants à cheveux, parfums importés, cosmétiques, prêt-à-porter, bijoux (bracelets-montres exceptés), vêtements de base exotiques et bas-culottes (inventés au Québec, comme chacun le sait).

Les Québécois inquiètent les fabricants de mousse à barbe: trois fois plus d'entre eux portent des barbes, colliers et « impériales » que les autres Canadiens et deux fois plus de Québécois que de Montréalais « donnent » dans cette « antique recherche d'un machisme périmé » selon l'expression de la sociologue **Pauline Rickman**.

Au rayon des costumes masculins classiques, la ville de Québec prenait la tête trois années consécutives (selon les chiffres de l'A.M.V.C.) tant par le nombre de costumes achetés annuellement par chaque individu que par la qualité et le prix des vêtements.

Paraître... une étude prétend que 90% de nos fumeurs de pipe ne fumeraient que « pour donner de l'allure à son homme » comme le veut un slogan.

La lingerie « intime » féminine est un des cas classiques du dédoublement en marketing canadien; ici, les anglo-saxonnes recherchent avant tout le confort et à « diminuer leurs charmes »; les Québécoises cherchent à « se serrer » et à « faire ressortir leurs attraits ». Le marché des soutiens-gorge conventionnels était tombé de 67% au Québec en 1966 comparativement à 28% à Toronto: les Québécoises se seraient donc « libérées » trois fois plus vite que les Torontoises.

Les jeans, le contre-vêtement qui devait tuer la mode, sont en montée au Québec depuis 1968 et chaque année apporte de nouveaux records de ventes canadiens. La Québécoise achète les « bleus » denim les plus coûteux du Canada qu'elle porte le plus serré possible, par devant et par derrière: elle n'en fait pas tant un vêtement de détente qu'un moyen de paraître...

En 1974, la Québécoise dépensait 21% de plus que la Torontoise pour s'habiller et se maquiller.

Montréal était déjà en 1973 et cela, grâce à une poussée notoire du M.I.C. le centre du prêt-à-porter en Amérique du Nord, masculin et féminin et cette industrie alimentait deux revues spécialisées, preuve de sa vitalité. Le «laboratoire» sert donc de banc d'essai à tout le continent. Les «parades de mode», commentées par des vedettes souvent trop pomponnées sont un phénomène aussi québécois que le sirop d'érable.

Le vocabulaire du «besoin de paraître» est riche et coloré comme nos vêtements: la vêture, les habits du dimanche, «étrenner», être sur son 36 (ou son 31), être «souelle», tiré à quatre épingles...

Jos Tremblay laisse parler Fernande:

> « *Moi, j'aime les hommes à moustache, quand y sont jeunes et avec la barbe quand ils dépassent la cinquantaine... j'sais pas pourquoi y font plus le concours de Lise... C'était populaire... là on voyait de beaux hommes... Chez les politiciens? Je trouve que Monsieur* **Caouette** *est bien mis.* **Robert Bourassa**, *lui, a toujours l'air d'étrenner un habit neuf, Monsieur* **Lévesque** *est pas un orgueilleux...* **Pierre Trudeau**, *c'est un «sport», il est pas mal... y s'habille aussi jeune que sa femme... Jos? Lui aussi, y suit la mode... Mais c'est moi qui l'amène s'habiller...* »

Nos grands-mères parlaient de la «belle tignasse frisée» de **Laurier** et du «coq» de **Papineau**.

Au Québec, le vêtement est une autre peau, l'habit fait le moine, la beauté n'a pas de prix, le consommateur est un panneau-réclame, l'homme est un message ambulant. Que ce soit sur la Via Veneto, à Rome ou sur la rue Saint-Jean à Québec, les «latins» se pavanent... font la roue, paraissent... regardent et se font regarder.

«Ils aiment à paraître mais en bonne place» remarque **Franquet**. **Charlevoix** dit: «Ils ont assez bonne opinion d'eux-mêmes..» et **Montcalm**: «Ils se croient, sur tous les points, la première nation du monde».

«On devait déterminer avec soin, écrit **Vattier**, le rang auquel les personnes marcheraient dans les processions et la préséance des places à l'église; il y eut même de nombreux procès pour des querelles de ce genre».

«Nous accélérons quand un autre automobiliste veut nous doubler sur la route», écrit **Guy Joron**. C'est connu, nos chevaux-vapeur vont relever n'importe quel défi (et les conducteurs de petites voitures ont les plus gros complexes...). Écoutons **Franquet** dans ses « Voyages et Mémoires sur le Canada ». « Cet orgueil se manifestait encore à propos des chevaux. Les Canadiens, en effet, ont toujours été passionnés pour eux et ils rivalisaient à qui aurait *les plus beaux et les plus rapides*. Quand deux voitures se rencontraient sur la route, allant dans le même sens, les propriétaires se livraient à des courses folles pour savoir celui qui réussirait à dépasser l'autre sans considérer les accidents qui pourraient en résulter ».

« La défaite personnelle en des jeux de société leur est insupportable », écrit encore **Franquet**. Nous avons toujours la réputation d'être de mauvais perdants; nous allons appuyer en masse une équipe de hockey gagnante mais si par malheur elle perd deux ou trois parties, notre enthousiasme tombe et nous n'allons pas facilement subir les affres de la défaite ni lui pardonner ces accrocs à notre amour propre.

> « *On est pas des poules mouillées, dit Jos Tremblay, on a souvent l'orgueil à la mauvaise place mais au moins on en a !* »

E. *Racine latine*

28
Le talent artistique

Le Québécois, doué de talents, sait également apprécier celui des autres.

Une enquête réalisée en 1975, par le secrétariat d'État révèle que « si les Québécois passent peu de temps à la lecture, livres, journaux et revues (en moyenne, 26 minutes par jour contre 49 en Colombie Britannique), ils passent plus d'heures à regarder la télévision et ont un taux beaucoup plus élevé de participation à des spectacles populaires et à des manifestations artistiques que l'ensemble du pays ».

La musique profane a toujours un certain goût de péché et d'évasion. « Ces hommes, écrivait un évêque de Sherbrooke, parlant « des violoneux », sont occasions de faiblesse et amis de Satan. »

Malgré les foudres ecclésiastiques, les violoneux « qui ont leur manière personnelle de jouer et souvent un répertoire exclusif » sont toujours là et plus présents encore « à l'ère du patrimoine ».

Dans le domaine de la consommation de la chose artistique, les Québécois per capita font éclater presque tous les records canadiens et bien souvent des records mondiaux : record de la francophonie mondiale pour la production-heure d'émissions de télévision, record américain de *tous les temps* pour la durée d'un roman-fleuve, « Un homme et son péché », record mondial, per capita, de la vente de guitares (environ 28,000 par année), record des voix d'opéra (que nous exportons à Londres et à Milan), de certaines cotes d'écoute à la télévision ou à la radio, record de l'importance numérique de la colonie artistique, de la vente de disques, des entrées de certains films américains, français et québécois. Bravo! Encore! Encore!

Les Québécois chantent (et juste), ils ont de l'oreille, jouent souvent d'un instrument, depuis l'orgue maskoutain des frères Casavant, jusqu'à la musique à bouche et la « bombarde »: « ils claquent de la cuillère ou des « os » et tapent du pied ». Et si par hasard, ils n'ont pas de talent particulier, ils « donneront toujours une bonne main d'applaudissements » aux autres.

Le Québécois, tout de rythme et d'expression, voue à sa colonie artistique un amour quasi-insensé. Jos Tremblay a « des amis » dans ce monde-là:

> *« J'en ai connu plusieurs (artistes) quand j'étais sur la route: j'ai pris un coup avec* **Berval** *et* **Desmarteaux** *un soir à Val D'Or... toute une brosse. Je les tutoyais comme si je les avais toujours connus... On était six ou sept, ça monté à près de 100 piastres, ben, y ont jamais voulu qu'on paye notre part, des vrais gentlemen... Ben sur, y font la palette... J'ai connu personnellement* **Louvain** *et* **Olivier**... *Ça c'étaient des artistes... aussi bons que les Américains ou les Français qu'on avait à l'époque...*

Dans « La publicité québécoise », je parle de cet Olympe québécois, la colonie artistique; « Il n'existe pas d'autre exemple au monde du phénomène d'imbrication que l'on observe ici entre les artistes et le public: les artistes, au Québec, sont des dieux olympiens que la publicité invoque, que les consommateurs vénèrent... ».

La publicité québécoise s'est donc muée en art populaire; elle est, sans conteste, la vache à lait de l'Union des Artistes. Selon des sources non-officielles, les annonceurs et leurs agences auraient versé en 1975 près de $2.5 millions de cachets à environ 1,000 artistes, dépassant encore une fois la télévision de Radio-Canada, le deuxième plus gros client.

BCP, pour sa part, a payé, en 1974, la somme de $30,000 à **René Simard** pour enregistrer son commercial des *petits poudings Laura Secord*. En tout, quatre heures de travail pour la jeune vedette...

Dans les années de « vaches grasses », plusieurs artistes québécois vont chercher plus de $100,000 de cachets annuels et pour certains cela se répète « sept années de suite ».

Par osmose, la publicité créée au Québec est toujours plus musicale et plus « olympienne » que l'autre. Les ritournelles publicitaires jouent sur deux résonnances québécoises très fortes, la musique simple du cantique et les « rimettes ». Rappelez-vous le jingle « des petits poudings » auquel je viens de faire allusion.

La publicité québécoise, art populaire, ne manque pas « de publicitaires du dimanche » :

> « *Y paraît, s'étonne Jos Tremblay, qu'on peut devenir millionnaire à écrire des rimettes comme les tiennes... Ma foi du Bon Dieu... Des « slogannes »... Faut pas avoir la tête à Papineau pour écrire ça. A qui j'dois envoyer les miens?... Ou écrire des discours comme* **Réal Caouette**... *J'serais capable... C'est donc de valeur qu'on ait plus d'assemblées contradictoires... C'étaient des orateurs ces gars-là... La même chose pour les prédicateurs du Carême... C'étaient des artistes... Moi, j'aimerais écrire ce que je pense ou écrire des annonces... T'as entendu Charbonneau avec son Vigoro?* »

Le merveilleux, le poétique, l'imaginaire pourront toujours captiver un auditoire déjà attentif au Québec.

Les derniers rhétoriciens vivants sont dans les agences de publicité.

Avant d'être des superconsommateurs, les Québécois sont de superpublicitaires.

29
La sentimentalité

Le Québec est l'état cardiaque du Canada.

Les masses sont *toujours* plus ou moins émotives. **Gustave Lebon** dans « Psychologie des foules » avait décrété, dès 1895, que : « *La masse est femme* ».

La masse québécoise est capricieuse, soupe-au-lait, bavarde, dépensière, sensuelle, mégère, conservatrice et bonne, elle est femme.

Le Québécois a trop souvent marché sur son coeur pour ne pas souffrir d'hypersensibilité.

Abandonnée par sa mère, sur le perron d'une église de curé de campagne, adoptée à l'âge ingrat par une voisine anglaise « qui lui faisait manger des beurrées de savon », prêtée à une voisine américaine qui la gavait de sucreries, cette Aurore-l'enfant-martyre, devait avoir, et c'est normal, des problèmes d'adaptation, parvenue à l'âge adulte.

Nous serons enclins à accepter l'émotivité comme le seul environnement valable en communication québécoise.

Or si « la masse est femme », **Jacques Languirand** dans « De MacLuhan à Pythagore », ajoute que la société québécoise est ésotériquement femelle: « Il y a deux sortes de sociétés, écrit-il: une appollienne qui serait, entre autres, plus sédentaire ou du type agricole au sens large et repliée sur elle-même, une société qui mettrait l'accent sur des *valeurs féminines*, religion, arts, langue…; la seconde, *dionysienne* qui mettrait l'accent sur des *valeurs masculines*, la politique, le commerce… ».

Languirand cite, à l'appui, **Ruth Benedict**: « Il y a donc des sociétés *pacifiques* et d'autres *agressives* ».

Le sociologue **Marcel Rioux** n'est pas d'accord avec Languirand et préfère supposer que « des circonstances historiques ont amené les Québécois à refouler les traits dionysiaques naturels de leur caractère. »

L'analyse de la corde 29 va éclairer le débat.

Nous sommes tous d'accord qu'il s'agit de la corde maîtresse de l'instrument émotif des Québécois. La sentimentalité, est, tour à tour, la cause ou l'effet de notre émotivité de masse et, en tout temps, son exutoire.

Ris donc, Paillasse!

Au Québec, on a des peines d'amour, des vraies et qui tournent en drame passionnel. Ou on aimerait en avoir…

« Jeune veuve dans la trentaine, aimant la danse et le cinéma, souhaite rencontrer célibataire ou divorcé du même âge, cultivé et aimant les enfants, pour raisons sérieuses. Photo promise si réciproque ». La chronique de **Laure Hurteau**, celle de **Madame Bertrand**, Radio-Sexe… tout cela est lu et écouté.

Le beau Gérard confie au juge: « C'est pour *elle* que j'ai attaqué la banque » (La Presse 6.7.77). « Il se commet en moyenne deux vols de banque par jour au Québec », écrit le journaliste **Maurice Gannard**. C'est un rythme six fois supérieur à celui de l'Ontario où l'on compte pourtant 1,200 succursales bancaires de plus. Ces chiffres pour le Québec ne tiennent même pas compte des vols dans les 1,300 caisses pop de la province.

Entre autres records, les Québécois détiennent celui des crimes passionnels au Canada, ce qui paraît assez naturel; celui des chicanes de ménage « nécessitant l'intervention de la police », celui des suicides (qui comme ailleurs a pris des proportions alarmantes chez les moins de 16 ans, depuis 1970).

« Les petites annonces de Montréal-Matin ne coûtent pas cher… » *et le message devient salon de massage.* Ce genre d'établissement ne plaît pas à Jos:

> « *Quant t'as connu le « 312 Ontario » et les « troisième étages » de la rue de Bullion, les salons de*

massage, tu veux pas rentrer là-dedans. C'est pas des bordels ces affaires-là, j'me demande qui va là? Dans mon temps, on rencontrait des avocats et des juges dans ces maisons-là, pas des gars de la construction entre deux « shifts ». Y paraît que pendant la grève de la construction au stade olympique les affaires des salons de massage ont tombé de moitié. »

Par la corde 29, nous rejoignons certaines des passions de nos cousins latins d'ailleurs; les ménages à trois, typiquement français, les films mexicains qui finissent mal, les romans-photos italiens, le masochisme espagnol et les « pleureuses » portugaises.

Les publicitaires Canadiens anglais et Américains qui sont, en secret, de sérieux consommateurs de pornographie s'étonnent de voir si peu de nus en plublicité québécoise. Ne sommes-nous pas les « French lovers » du continent?

La sentimentalité et le sexe sont deux choses bien différentes au Québec, « because » la corde 10. Les anglo-saxons seraient surpris d'apprendre que la moitié des Québécois ont été conçus à la noirceur, sous les couvertures. Nous n'en sommes pas à un paradoxe près.

À Miami, un marchand de journaux s'étonne de voir les Québécois feuilleter des revues pornographiques en compagnie de leur épouse. « Les Américains n'oseraient jamais », affirme-t-il. « Et je ne comprends pas qu'ils se mettent à rire chaque page qu'ils tournent ».

Le sexe fait rire au Québec ou bien il choque: nos films « dits de fesses » n'ont jamais remplacé « Love Story » qui heureusement finit mal.

Le Québécois qui a le rire facile a toujours la larme près du « kleenex ». Cinq ou six générations de Donalda, épouses légitimes de l'exécrable Séraphin, se sont relayées pour émouvoir autant de générations de Québécois pas encore remis du choc traumatisant « d'Aurore, l'Enfant-martyre » et de « Coeur de Maman ».

Daniel Pinard, dans le Maclean de février 1974, s'explique mal la popularité des séries télévisées: « Au commencement était **Grignon**... » Depuis, les Québécois ne sont pas sortis de ce petit monde: cuisine des Plouffe, cuisine des Tremblay, quartier des Jarry, village des Joyal! Trois millions de spectateurs, soit la moitié du « pays », regardent chaque semaine les Berger ou Rue des Pignons. On se demande s'il faut douter des relevés de cotes d'écoute ou de notre santé mentale. Et plus loin: « À l'instar des Grecs qui découvriront leur identité dans l'Odyssée, à quelle image les Québécois s'identifient-ils... À Radio-Canada, on rit ou on pleure mais on ne milite pas ».

Ce jugement, un peu sciant, met en cause toutes les autres formes de spectacles télévisés qui intéressent les Québécois, le sport, le music-hall... On ne peut évidemment pas montrer que des émissions sur Teilhard de Chardin à la télévision.

Le psychologue **André H. Caron**, de l'U. de M. s'intéresse aussi aux téléromans. Ses conclusions par rapport à ce phénomène de consommation de masse pourraient, à peu de choses près, s'appliquer à la publicité québécoise. Tous deux véhiculent les mêmes valeurs, l'absence de grands thèmes idéologiques et de violence, des situations « cuisine et salon », la représentation exagérée de l'amitié, la fuite de la solitude... « Le bonheur dans les téléromans, dit **Caron**, c'est la famille, les amis et parvenir au confort par le travail honnête (l'argent ne semble pas faire le bonheur); les valeurs représentées sont celles de la classe moyenne. Le succès des téléromans vient du fait qu'ils présentent des personnages vraisemblables dans des situations de la vie quotidienne et non dans des aventures extraordinaires ».

Il y aura des Québécois, tant qu'il y aura des Jean-qui-rient et des Jean-qui-pleurent...

Dans cette vallée de larmes qu'est le Québec, ce refuge des romans-savon qui constituent l'arsenal de guerre des deux grandes chaînes de télévision, chez ces lecteurs de romans de **Magali**, ces fanatiques de la **Piaf** et de **Tino Rossi**, on peut supposer que toute communication légèrement aspergée d'eau de rose atteindra vite son objectif.

Le comportement « sentimental » des Québécoises à l'étranger a souvent fait pas mal de bruit; en France, par exemple, on est surpris de constater que ces « Américaines françaises » ne soient pas aussi puritaines que les autres... Les Québécoises auraient, pour employer une vieille expression de **Brantome**, « quelques fortillements au paillasson » dès la première bouteille de Pommery brut 1947.

Le Ministère du Tourisme québécois va donner raison au **Baron De La Hontan** qui, lui, parlait de « ces descendantes de Filles du Roy dont la vertu n'aurait l'approbation d'aucun confesseur...

On se souviendra de cette fameuse brochure, « Québec, Yes Sir! », publiée vers 1970 qui, avec une teinte d'humour « fourniérien », invitait les Américains à découvrir certains aspects d'un Québec « qui a une forme géographique triangulaire ». Je traduis la rubrique « Love »: « Latins, les Québécois se prennent tous pour des Casanova. Mais au rayon des affaires sentimentales, ce sont les Québécoises qui l'emportent: même en France où leur réputation les précède, elles n'ont de leçons à recevoir de personne. Il y a deux façons « d'aborder » les petites Québécoises selon qu'elles sont nées avant ou après la guerre; celles qui sont nées avant 1939, roman-tiques, veulent encore être courtisées pendant quelques heures avant de «passer aux choses plus sérieuses»; les Québécoises d'après-guerre, plus directes, se passent facilement des fleurs et des poèmes écrits sur la nappe du restaurant. Mas là attention! Elles donnent naissance à 2,500 paires de jumeaux tous les ans. Ne lâchez pas... Cette petite brunette, qui ne divorcera pas facilement pour vous, a des mensurations de 34½-25-35 : elle est disproportionnée d'une façon très agréable ».

Si ce texte n'a pas contribué à rétablir notre balance tou-ristique avec les États-Unis, je ne comprends plus rien à la promo-tion. Je conserve précieusement, un exemplaire de « Québec, Yes Sir ! » tiré à 200,000 exemplaires; on y retrouve, en page 47, une ex-cellente recette de tarte au sucre...

Les voyages de nos vedettes de la télévision et de nos infir-mières ont toujours été très commentés, souvent «pleurés», sur les plages du Mexique et des Antilles françaises: la sentimentalité à fleur de peau de nos filles, pourtant sages dans leur propre patelin, ferait l'objet d'une véritable révolution de moeurs en Guadeloupe; elles seraient en grande partie responsables du fait nouveau que les Noirs accostent, dans la rue, femmes et filles de Béquets (blancs d'origine française, nés dans l'île). Selon la bonne tradition co-lonialiste, cette désinvolture serait fort peu prisée des Blancs... Un sociologue humoriste explique ce comportement libéral et xénophile des Québécoises par le «complexe de Jane», d'après la fidèle compagne de Tarzan qui se faisait enlever par les méchants Noirs de la brousse pour être infailliblement délivrée par le beau héros, alerté par un gros éléphant.

Sentimentales, sensuelles et romantiques, les Québécoises résistent mal à l'exotisme d'un palmier, à l'accent de **Tino Rossi**, et de **Luis Mariano**. Il faut voir à la télé, **Ricardo Montalban**, ven-dre du café Maxwell House à une **Janette Bertrand** toute en pâmoi-son, pour mieux saisir les effets de la corde 29.

Hector Grenon, dans « Histoire d'Amour de l'Histoire du Québec », est, sur ce sujet glissant, autrement révélateur que mon ancien « Résumé d'Histoire du Canada » des Frères Maristes. Je ne voudrais pas abuser de la corde 12, mais **Grenon** en nous révélant les problèmes conjugaux de **Pierre D'Iberville** et la jalousie morbide de **Roberval** ne nous étonne pas; quand il nous démontre par a plus b que **Radisson** courait les bois et les jolies petites Huronnes «nues comme des sauvages », ça on s'en doutait un peu, mais que **Cham-plain**, notre « saint-fondateur », le faisait lui aussi... voilà qui nous étonne! Ce serait pour se faire pardonner qu'il aurait donné toute une île à sa femme Hélène...

Enfin, loin de moi l'idée de vouloir prêcher l'anaesthesia

sexualis feminarum »… car l'homme québécois est tout aussi romantique… Mais il le cache. C'est un ours sentimental à la **Félix Leclerc**.

Pourtant, Jos a des goûts bien arrêtés en la matière :

> *« Nous autres on a des belles femmes au Québec… des petites « noironnes » un peu rondelettes, les yeux actifs… Moi je les aime mieux plus grasses que maigres… J'ai pour mon dire qu'une femme est jamais plus généreuse que la rondeur de sa poitrine. Quand une femme a pas de seins, là, je me méfie de son caractère. Ma mère faisait dans les 200 livres et riait toujours ; sa soeur, l'infirmière, était maigre comme un manche à balai et riait jamais… »*

Heureux Québécois puisqu'ils peuvent encore s'émouvoir pour des choses simples qui semblent avoir perdu leur raison d'être à peu près partout en Amérique.

Jos Tremblay n'aime pas sa cousine « féministe » « qui prend tout au sérieux comme si c'était la fin du monde ».

> *« La libération de la femme au Québec, c'est un problème de femmes, constate-t-il, je crois pas qu'on peut être pour ou contre, c'est l'évolution… y a que les extrémistes qui ont d'autres choses à vendre qui sont pour ou contre… »*

Après les événements d'octobre 1970, le Québec fortement secoué, avait perdu le goût de rire. On s'en souviendra que trop. Il n'y avait plus rien de drôle sauf le mouvement féministe américain et le radicalisme quasi-clownesque de la chose. À l'abri d'une cabane téléphonique, dans la 5ième avenue, à New York, j'avais vu défiler des centaines de femmes déchaînées et le mot est faible, dont les plus énormes brandissaient d'immenses soutiens-gorge et des pancartes qui décriaient les hommes, ces « chauvins », ces « cochons », d'où venait tout le mal !

Né d'une société matriarcale, je me suis d'abord étonné du zèle furibond de ces néo-suffragettes qui, selon mes propres critères étaient toutes passablement laides. On ne pouvait pas ne pas s'étonner du ridicule de leur chanson de geste.

J'ai imaginé ce défilé déambulant rues Peel et Ste-Catherine et là, pris du même messianisme qui nous anime souvent au Québec, je me suis écrié : « Elles ne passeront pas ».

Le Mouvement anti-féministe québécois, appelé le M.A.Q., était fondé au début de décembre 1970 : il se voulait un mouvement humoriste, fidèle au proverbe latin, « Castigat ridendo mores ».

J'espérais, par maïeutique, « par l'absurde à l'Américaine », prévenir les Québécoises que certains mouvements féministes radicaux se couvraient de ridicule et que, protégées par la corde 11, elles n'avaient nul besoin de les imiter ou d'épouser leur cause en épousant leur style.

Le mouvement récolta vite quelque 2,000 membres (en l'espace de quatre mois), dont à ma grande surprise, 250 femmes.

Pris à parti par « la furibonderie sexiste de troupes de femmes frustrées », pour reprendre l'expression d'un journaliste, de mouvement humoristique qu'il était, le Mouvement anti-féministe québécois devint vite un mouvement sérieux. Nous eûmes tôt fait de constater qu'à part quelques militantes, les Québécoises ne se sentaient pas menacées par le M.A.Q., bien au contraire. Le fou-rire devint général.

Mais des problèmes inquiétants commencèrent à surgir au sein même de notre mouvement : plus de deux cents membres avaient besoin de conseillers juridiques pour divorcer ou régler un divorce, une autre douzaine avait besoin de soins psychiatriques... Ces cas référés aux autorités gouvernementales ne furent pas reçus, because la tuyauterie officielle, et la nature humoristique du mouvement. Là, c'était moins drôle. Le M.A.Q. débanda sans bruit, à moins d'un an de son lancement, non sans avoir reçu un feedback de la corde 29 que je résumerai en style télégraphique, à partir du rapport semi-officiel de clôture :

1) *Divorces* : Celui des deux conjoints *qui ne veut pas le divorce* a presque toujours le mauvais bout du bâton. De nombreux règlements de divorce, contrairement à la pensée populaire, sont injustes envers l'homme et restent sans recours. Les cas de cruauté mentale envers l'homme étaient nombreux et n'étaient pas recevables en justice.

2) *La publicité et les stéréotypes* : Les Québécois ne sont pas des hermaphrodites : la publicité véhicule une fausse image de l'homme québécois. La « pub » véhicule à peu de détails près, des stéréotypes féminins de téléromans — qui eux ne subissent pas les foudres de nos Walkyries. Les enfants, selon leur sexe, sont déjà stéréotypés à 4 ans, avant l'école et avant les effets de la publicité : C'est un problème d'éducation familiale.

3) *La femme au travail* : Les membres du M.A.Q., des deux sexes, jugeaient que dans les tâches dites cérébrales, management, etc., les femmes étaient égales aux hommes ; que les métiers, plomberie, menuiserie étaient des fiefs masculins... et « pouvaient » le rester. Nos membres féminins ont souvent fait remarquer que les postes clefs dans les centrales syndicales, les moyens de communication et les banques étaient réservés aux hommes, par pur sexisme.

218 4) *L'homosexualité*: La lutte pour la libération de la Québécoise, en 1970, était grandement édulcorée par les contestations encore voilées des quelque 400,000 homosexuels, hommes et femmes, du Québec. Le mouvement des lesbiennes québécoises (en particulier dans la communication) était confondu avec le Women's Lib québécois et faussait le jeu. Pris à son jeu, le M.A.Q., par définition « sexiste », fut harcelé puis menacé de poursuites judiciaires de la part des représentants du troisième sexe des deux sexes.

5) *Les « demi-québécois »*: « Nous avons noté des cas de misogynie attribués à « l'éducation matriarcale »; d'individus asexués reliés à une forme ou une autre de mysticisme (souvent catholique) ou à des causes physiologiques; enfin, nous avons noté des cas de narcissisme.

6) *Les féministes*: La Québécoise moyenne ne s'identifiait pas aux leaders féministes québécois d'alors « qui se disaient les stéréotypes nouveaux » et dont les objectifs étaient souvent mal définis », mêlant l'orgasme à la libération politique du Québec, etc.

7) Les membres féminins du M.A.Q. se refusaient à l'idée de « devenir masculines » et souhaitaient que les Québécois soient plus masculins et les Québécoises plus féminines: « il leur importait peu de faire l'amour « en-dessus ou en-dessous », l'important était de faire l'amour ».

Le M.A.Q. avait atteint ses objectifs: écouter le feedback, s'élever contre les extrémistes, faire rire et rendre les Québécoises plus conscientes de l'égalité des deux sexes.

Cinq ans plus tard ce sera l'Année de la Femme: les esprits sont calmés, le discours est redevenu cohérent. **Thérèse Sévigny**, sociologue et publicitaire, s'adressant au meeting de clôture de l'Année de la Femme, en octobre 1975, à Ottawa, dira avec beaucoup d'à-propos: « Il est essentiel de nous rappeler que la condition de la femme ne changera pas sans que ne change en même temps la condition de l'homme. Hommes et femmes participeront ensemble à cette redéfinition d'eux-mêmes, à cet apprentissage de nouveaux rôles et au choix qu'ils feront de leur place à tous deux dans une société développée ».

Madame **Sévigny** n'a pas précisé si une société développée devait faire abstraction de la corde 29.

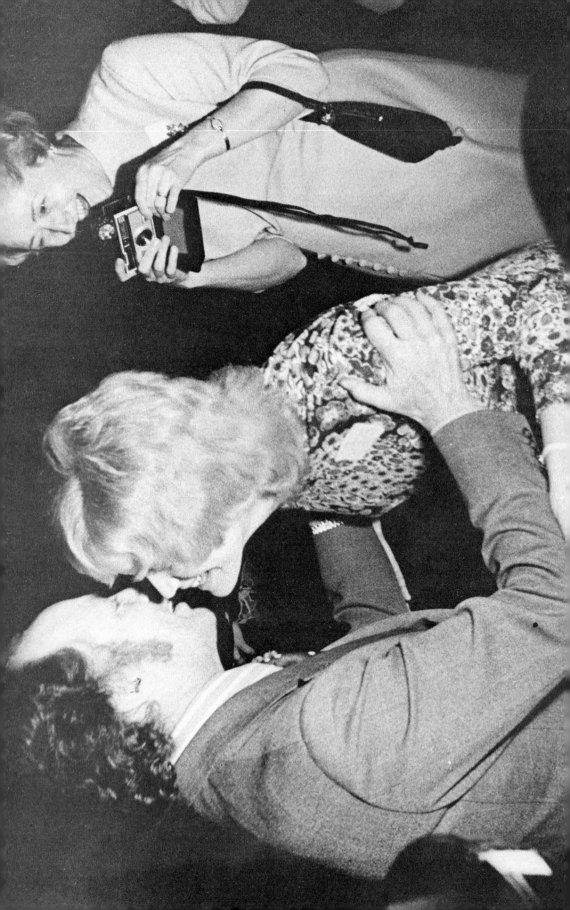

30
L'instinctivité

Depuis trois cent cinquante ans, plusieurs peuples ont été « rayés de la carte », pour employer une expression hitlérienne ; des empires, dont l'Angleterre, se sont affaissés mais le Québec a survécu.

Il a survécu par la corde du sixième sens, l'instinct.

On parle facilement de l'instinct des masses mais on sait encore peu des manifestations de ce phénomène collectif : des zoo-psychologues comme **Lorenz** et **Godall** sont parmi les premiers chercheurs scientifiques à apporter des éclaircissements dans cette jungle.

En laboratoire, l'instinctivité des Québécois rejoint vite l'intuitivité, « cette connaissance de la vérité qui se passe de raisonnement ».

Bergson fait de l'instinct « une sympathie divinatrice qui n'a rien à voir avec l'intelligence »... Il ajoute : « L'instinct est une expérience interne (collective), sans analyse, un sentiment immédiat et irraisonné des choses... »

Allons-nous pouvoir expliquer le phénomène des courants politiques où le charisme de certains meneurs d'hommes ?

Des *axiomes* connus veulent que la masse québécoise « vote

avec son coeur », rarement avec sa tête », ou qu'elle ne vote jamais « *pour un parti* » mais « *contre un parti* ».

« Tout sentiment est instinct » dit **Voltaire**; les nationalismes des Québécois seront souvent instinctuels.

Publicistes, publicitaires et propagandistes politiques vont aller puiser dans les immenses réservoirs de nationalismes de la corde 18 pour « mousser » les campagnes électorales.

Un phénomène aussi stable que les nationalismes québécois peut-il être le fruit de nos caprices? « Devons-nous les considérer comme des réponses (instinctives) que les Québécois donnent à leur situation en Amérique du Nord et au Canada ».

Dans un livre (cf: p. 150) que tous ceux qui ont droit de vote se devraient de lire, **Léon Dion** décrit la constante nationaliste des derniers grands slogans politiques: La symbolique du slogan: « **Duplessis** donne à sa province, les libéraux donnent aux étrangers »... rejoint le nombre de thèmes propres au nationalisme conservatiste, au culte du chef, ethnocentrisme, autonomisme... il existe une continuité certaine entre le slogan d'**Alexandre Taschereau**: « **Qu'Ottawa nous redonne notre butin** » et celui de **Maurice Duplessis** (déjà cité); entre celui du Parti Libéral de **Jean Lesage**: « **Maîtres chez nous** » et celui du Parti Québécois de **René Lévesque**: « **Quand nous serons vraiment maîtres chez nous** ».

« Les slogans partisans sont plus que de simples mots destinés à faciliter la mobilisation d'une clientèle électorale. Ils révèlent la tonalité d'une culture politique, ils représentent des ponts jetés entre le définisseur de la situation nationale et les hommes d'action à qui incombe la tâche de trouver les symboles et les termes propres à maintenir la communication entre la population et eux-mêmes. Durant, et en dehors des campagnes électorales, afin d'assurer leur emprise sur la population et de faire endosser leurs projets, les partis politiques avec plus ou moins de bonheur, vont puiser, dans les stocks de représentations nationalistes les justifications, preuves et enseignements qui leur conviennent ».

Les communicateurs politiques savent que ce qui fait la force de l'appel aux sentiments de la race « *paraît dépendre beaucoup plus de satisfactions symboliques qu'elle procure que des besoins réels qu'elle permet de satisfaire* ». Quand les intellectuels formulent, les communicateurs et les politiciens exploitent, semble-t-il. C'est en tant que « consommateur » d'idées et particulièrement dans la recherche de ses leaders politiques que le Québécois fait la démonstration la plus probante de cette corde.

Konrad Lorenz compare le leader politique au chef d'une tribu animale: « celui qui a le plus d'instincts (qui sait où sont les rivières) et la mâchoire la plus puissante (qui peut mener sa troupe à la rivière en repoussant les attaques de l'extérieur). Les chefs politiques, projetés au sommet par le charisme, sont par définition des hommes seuls, seuls avec leur instinct.

Le behavioriste **Ernest Ditcher** prétend que l'on associe le style des politiciens à ceux des animaux : selon les résultats d'un test auprès d'étudiants d'une grande université américaine, **Ford** à l'image d'un Saint-Bernard, **Carter**, celle d'un lapin, **Nixon** d'un renard et **Humphrey**, d'un caniche. J'ai repris ce test, qui fait un peu penser aux fables de **Lafontaine**, en 1973, auprès d'un groupe d'étudiants en communication, à l'aide d'une liste qui énumérait 25 animaux, au choix, et 100 qualificatifs, négatifs et positifs. On comparait MM **Trudeau** à un singe (intelligence et mobilité), **Drapeau** à un raton laveur (ordre et propreté), **Lévesque** à un lapin (rapidité et douceur), **Bourassa** à un hibou (vigilance et patience), **Lesage**, à un cheval (noble et travailleur) et finalement **Caouette**, à un berger écossais (fidèle et bon). (Je ne sais pas ce que cette observation vaut mais jamais je n'avais vu un test susciter autant d'enthousiasme et de plaisir visible (et bruyant), auprès d'une classe de 60 étudiants).

Les Québécois semblent toujours avoir reconnu trois chefs : un à Ottawa (même quand il dirige l'opposition), un à Québec, un à Montréal. Cette trinité ésotérique rejoint le système de chefferie de la tribu des Cunas, des îles San Blas, à Panama.

J'ai toujours été surpris de retrouver tant de codes ésotériques en politique. Pourquoi une masse ne pourrait-elle pas fonctionner par perception extra-sensorielle, faire appel collectivement à la télépathie, à la clairvoyance, à la prémonition ? La corde 20 peut-elle nous aider à trouver des réponses là où est impuissante la corde 32 ?

On peut se demander si le charisme dont on a tant parlé dans le cas de **M. Trudeau,** ou de **Fidel Castro,** ne venait pas plutôt de la masse que des sujets eux-mêmes ? Le charisme appartient-il au monde de la parapsychologie, celui des miracles, des saints et des élus ?

Le journaliste **Mario Lafontaine,** dans La Presse (16-7-77) titrant, « La Trudeaumanie fait encore bien des ravages » cherche une autre raison (corde 32) que l'instinctivité des Québécois pour justifier un sondage Gallup qui donne un indice de popularité de 51% au parti de M. **Trudeau** alors que le Québec, quelques mois plus tôt, portait le parti de M. **Lévesque** au pouvoir avec 41.3% des suffrages exprimés.

Guy Cormier, de La Presse, cherche aussi des raisons raisonnables à la Trudeaumanie, « ce qui semble paradoxal à un moment où tout va mal... le chômage, le coût de la vie... »

La masse mystifie ses leaders, en fait des saints. En revanche, elle exige d'eux qu'ils sachent deviner et mordre, autrement dit, qu'ils reçoivent des communications et les fassent passer miraculeusement.

La dernière décennie politique au Québec a nourri les chats de plusieurs langues d'observateurs politiques et de politicologues. Elle a été celle des majorités écrasantes et de victoires de leaders, le triple cas de **Pierre Elliott Trudeau**, puis celui de **Jean Drapeau**, de **Robert Bourassa** et de **René Lévesque**, le « 15 ».

L'instinct électoral des Québécois va empêcher que l'on puisse fabriquer un leader de toutes pièces, que des politistes et des relationnistes, forçent sa vente comme s'il s'agissait d'une boîte de soupe.

L'hypothèse du best-seller « The Selling of the President », de **Joe McGinnis**, repris, à la sauce d'ici, par **Jacques Benjamin**, dans « Comment on fabrique un premier ministre québécois », était généralement acceptée au Québec, en tout cas, avant le 15 novembre. Cette hypothèse serait-elle valable dans une société plus éparpillée, moins « proche-parent » que le Québec?

Si, à la rigueur, on pouvait créer un premier ministre par simples actions de marketing et de « savonnage », on pourrait, par les mêmes moyens, le maintenir au pouvoir quasi indéfiniment. Les publicitaires, soit, peuvent faire connaître un homme politique mais ne peuvent absolument pas le transformer en grand homme d'état; ils peuvent faire connaître un quidam mais de là à en faire un héros... Les publicitaires ne connaissent pas encore la recette du charisme. Ceux qui pourraient le prétendre sont des imposteurs.

Pierre Vallières est très fâché de la pensée du Premier ministre **Lévesque** sur le marketing politique: « Dans l'opinion que **Lévesque** (Le Jour, 27-5-77) s'est formé de la population québécoise, il semble dans son esprit, que le peuple ne soit pas politisable mais seulement perméable au marketing, à la mise en boîte des politiques quelles qu'elles soient. D'après lui, si le marketing souverainiste est bien fait, la population votera « oui » lors du référendum : si le marketing fédéraliste est meilleur, elle votera « non ». Dans un cas comme dans l'autre, la conscience politique sera méprisée ». (**Evelyne Dumas**, dans Le Jour, du 25 novembre, devait fortement contester cette citation : « Le mensonge est une vieille technique », dit-elle).

Un autre phénomène, j'imagine, que le marketing scientifique crée les héros et les saints. Ni **Duplessis** ni **Franco**, encore moins **Mao**, n'avaient de ces savants manipulateurs de l'image dans leur entourage. Par contre, en véritables leaders, ils connaissaient l'instinct des masses.

Hitler a dit: « Tout génie déployé dans l'organisation d'une propagande n'aboutirait à rien si l'on ne tenait compte d'une façon toujours également rigoureuse d'un principe fondamental: elle

doit se limiter à un petit nombre de choses que l'on répète sans **225**
cesse ».

Mussolini a dit : « Il faut donner aux Italiens deux choses : des mots d'ordre précis et de la musique sur les piazza ».

Mao a dit : « Depuis les masses jusqu'aux masses : découvrez les idées de masses puis concentrez-vous sur elles. Alors seulement vous pouvez diffuser ces idées dans les masses avec persévérance ».

Il me semble que ces trois leaders aient plutôt été des empaqueteurs que des empaquetés.

C'est l'électorat qui est « packagé » pour recevoir « le messie ». Le communicateur aide le candidat à faire agir le charisme, (s'il y a lieu), sert de tremplin à son « message », lui procure des scènes « théâtrales », pas plus. **Goebbels**, tout bon propagandiste qu'il était, n'a pas fait **Hitler**. L'inverse est plus probable.

Si « La masse est femme », de ce fait, le Québec a un « petit doigt qui lui dit tout ». Les psychologues ont démontré que l'intuition des femmes était une façon de se défendre et de communiquer qui fait partie d'un patrimoine génétique propre à leur sexe.

Réginald Nantel, (La Presse, 16-7-77), commente « La Sainte Alliance » d'**Alain Pontault** : » L'auteur reprend l'image terriblement éculée, il faut bien le dire, du petit pays femelle possédé par le gros pays mâle. « Le petit pays est le Québec, le gros, le Canada, encore que celui-ci soit possédé par ce « non-pays », la Multinationale, dont la puissance est incontestée et incontestable ».

Le Québécois va se replier sur son sixième sens pour comprendre l'incompréhensible...

Selon **Maurice Lamontagne**, « Une nouvelle génération de sociologues, de militants syndicalistes, d'écrivains (et de cinéastes) semble convaincue que notre progrès collectif dépend maintenant de la classe ouvrière. L'ouvriérisme a remplacé l'agriculturalisme ».

Le Québec est un grand Dupuis et Frères d'idéologies : des « ismes » à chaque rayon, des soldes à chaque printemps.

Mais *quand on a des* « cordes sensibles », *on connaît la musique* ; on sait que tous ces porteurs d'idéologies veulent le pouvoir. C'est leur *commun dénominateur* ; qu'ils ont besoin du peuple et veulent tous son bien ; que seule leur idéologie peut mener au mieux-être commun ; qu'ils utilisent les mêmes moyens de propagande : guerre psychologique, moyens de pression, chantage sociologique, peur et fantômes, actions machiavéliques et coups en bas de la ceinture ; qu'ils ont lu « Le viol des foules par la propagande » de **Tchakhotine,** les oeuvres d'**Alynsky, Galbraith, Marcuse** et **Illich,** les Encycliques des Papes ; qu'ils détestent ouvertement les autres Québécois qui ne partagent pas leurs vues, la vérité n'étant que d'un seul côté de la clôture...

Léon Guérin dans « Le type économique et social des Canadiens », publié en 1958, décrit les moeurs électorales du siècle dernier : « Par suite de la méfiance des uns, ou des mauvaises passions des autres, même à la malhonnêteté de plusieurs, enfin de la corruption électorale, le fonctionnement du régime nouveau laissait à désirer. Ceux qui s'intéressaient le plus vivement à la lutte électorale souvent ne se souciaient que médiocrement de la valeur intrinsèque des mesures débattues : ils se laissaient emporter par leurs prédispositions, la faveur de tel candidat, tel chef de parti. À l'occasion, on n'hésitait pas à avoir recours à la violence au village : c'était comme le réveil de l'esprit combatif engendré par les habitudes de l'ancien élan celtique. La conduite louche ou malhonnête des élus était à tort ou à raison le motif fréquent de ces luttes intestines ».

L'instinct étant garant de la décision politique finale, on peut s'en donner à coeur joie avec le reste, les plaisirs d'une campagne électorale...

Le clergé, malgré tout son pouvoir ne pourra toujours réprimer des moeurs électorales un peu trop irraisonnées. En 1878, **Mgr Favre** disait : « En ces temps d'agitations électorales fiévreuses, le peuple canadien, si moral, si pacifique, si religieux, se laisse soulever, emporter par les passions les plus furieuses. La haine, les vengeances, les noires calomnies, les médisances atroces, l'ivrognerie, le mensonge, le parjure, tels sont les désordres qui accompagnent les élections.

« Nous sommes *simples*, nous autres habitants », dira un personnage de Maria Chapdelaine à son curé, « et vu notre ignorance, nous sommes obligés de mettre à la tête de nos municipalités des citoyens instruits mais qui, au fond, nous exploitent et ne méritent peut-être pas l'estime des coeurs honnêtes ». L'histoire ne donne pas la réponse du curé.

Le clergé, en principe est bleu « comme les couleurs du ciel ». **Laurier** qui vient de voir supprimer par **Mgr Laflèche** le journal qu'il avait fondé, « Le défricheur », ira jusqu'à Rome qui réprimendera et blâmera ouvertement « le clergé canadien-français de trop s'intégrer dans les élections »...

Jos Tremblay parle de ses habitudes électorales :

> *« J'ai voté pour la première fois en 1921 : on avait élu 65 députés libéraux dans les 65 comtés, si j'me souviens bien. La meilleure combine c'est de voter « bleu » au Québec et « rouge » à Ottawa : y a juste les Rouges qui sont assez bêtes pour toujours voter « rouge » aux deux places. Je sais voter avec ma tête! Ça vous surprend? Je vote pour ou contre le chef du parti, pour ou contre le parti, pour ou contre le député, j'ai une douzaine de choix quand je vote...*

*j'vous dis, tiens... en 1972, après mon accident, j'ai été voter en taxi avec le bassin dans le plâtre. Pour un petit vieux c'est pas pire... Les « poteaux » ont jamais voté à ma place... j'aurais aimé voter pour **Trudeau** mais j'ai voté contre son candidat, j'ai voté pour **Wagner** et il a passé. Fernande?... Elle dit que tous les candidats sont bons, ça fait qu'à vote pour le plus beau, je pense. Ou elle vote au contraire de moi, par esprit de contradiction ».*

Sollicité par devant, par derrière, malaxé avec tous ses nationalismes, le Québécois électoral, les rouages à blanc, déclenche la corde 1; il prend une bière, ouvre la télé ou va aux vues ou monte à son chalet et se demande tranquillement si l'espèce est menacée. Il n'aura qu'un seul slogan en tête le jour de la votation, « L'instinct au pouvoir! » Ce qui ne l'empêche pas de participer au spectacle: camions de la Brink's, « vrais pauvres » qu'on montre à la télévision comme on montre des ours, panels de « vrais chômeurs » qui s'expriment mieux que des sociologues; chefs syndicaux qui font de la prison pour émouvoir les petites gens; on se passe des « Québec », tout le monde saigne, on se prend à la gorge: « barbus » à gauche et « chromés » à droite, faiseurs de grèves et faiseurs de lock-outs... « T'sé, là là! »; les députés francophones à Ottawa sont des « vendus », ceux du Québec des « rêveurs socialistes ». Bref, c'est tout un show!

Léon Dion suggère: « Partisans comme adversaires... les Québécois tireraient grand profit de l'essai de **John Milton** sur la liberté de la presse et de la tolérance. Les vieux livres chinois déjà recommandaient l'indulgence dans le combat: « Laisse toujours, conseillent-ils, une porte de sortie à tes ennemis ».

De leurs députés, les voteurs moyens connaissent deux choses: « ils disent des gros mots en chambre » et, selon La Presse (25-5-77), « les montants d'argent qui sont affectés à leur bien-être, en feraient, après les représentants et les sénateurs du congrès américain, les parlementaires les mieux traités au monde ».

« Les émotions nous avaient fait oublier qu'il fallait d'abord gagner des élections. Au Québec, un parti n'est valable qu'au pouvoir et finit « par se défaire » lui-même alors qu'à Ottawa, c'est souvent autrement », dit **Daniel Johnson** aux congressistes de son parti.

John Deutch parle des deux affectivité politiques canadiennes: « Les Canadiens anglais, dit-il, s'attachent à l'idée d'un Canada uni pour des *raisons affectives*; leurs déceptions et leurs craintes sont *d'ordre économique*. Les Canadiens adhèrent à un Canada uni pour des *raisons économiques*; leurs déceptions et leurs craintes sont *d'ordre affectif* ».

La constatation de **Deutch** est d'importance pour le commu-

228 nicateur politique qui doit en retenir qu'aucun slogan politique n'est traduisible de l'anglais au français. En voulant « unir » les voteurs anglophones et francophones avec des slogans traduits, on risque… de les désunir.

Le thème de la dernière Fête du Canada, en anglais, « Let's shake hand with Canada » a bien failli devenir « Serrons-nous-la avec le Canada ! » et c'est à la toute dernière minute que « Le Canada un beau pays, un pays libre » l'emporta sur cette inimaginable traduction… qui risquait de désunir le pays !

Mais tout est possible en politique québécoise. N'a-t'on pas caché soigneusement pendant six-sept ans, la statue en pied, d'un de nos anciens premiers ministres… ce qui, selon un observateur « est faire preuve de duplessisme » et de peu d'instinct politique.

31
Le chauvinisme

L'expression « *nous autres* » signifiait les gens que l'on rencontre à la messe, « *les autres* » étaient des étrangers.

Les réseaux de distribution de la bière, parmi cent exemples, sont calqués sur notre chauvinisme : chaque ville de quelque importance a son propre distributeur de Labatt ou de Molson, c'est un gars de la place, qui roule en grosse voiture, paie la traite et montre la « palette ». L'agent de bière est un des notables de la ville, souvent au même titre que le président de la Chambre de Commerce, le distributeur de General Motors, le joueur de hockey des lignes professionnelles, le curé ou le notaire : il est « la vache à lait » de toutes les organisations locales, d'où son importance dans le milieu.

Si bien que le distributeur de Chicoutimi ne distribue pas dans tout le Saguenay, celui de Saint-Hyacinthe s'arrête aux limites de Saint-Jean, celui de Drummondville n'enjambe pas les frontières de Victoriaville. Parce que les Campivalenciens ne vont pas à la même église que les Maskoutains...

Nous avons vu que le clocher de l'église a été, jusqu'à l'avènement du radio à cristal, le seul médium d'information collective sonore au Québec.

Il existe donc « plusieurs » Québécois selon les régions ; ils descendent de maints types d'habitants, ont des accents particuliers, des goûts différents en consommation. Pensons aux gens d'A-bitibi, les gars aventuriers les plus incroyables du Québec; dans la Métropole, on trouve des Montréalais que le creuset a bâtardisés; puis que dire des Sherbrookois encore sous le mimétisme des An-glais des Eastern Townships; quant aux Québécois (ceux de Qué-bec), ils sont toujours heureux ou malheureux par comparaison avec Montréal; si l'on se tourne vers les « colons » des Laurentides, on les trouvera taciturnes, vidés après leur aventure avec le **Curé Labelle**; les « entre-deux » de Trois-Rivières, de Drummondville ou de Hull, qui défendent tous un nationalisme municipal; ceux de la Beauce, de Charlevoix et de Gaspé, plus authentiques, demeu-rent plus près de la racine terrienne.

Par ailleurs, on compte huit accents différenciables au Qué-bec; depuis le chuintement des Abitibiens si particulier aux chefs créditistes, la « jota » espagnole ou le « j » prononcé « h » des Joliet-tains, le « r » roulé ou « mouillé » des Montréalais, celui « grasseyé » de la vieille capitale, les dentales pointues des Gaspésiens, les voyel-les ouvertes des gens du Lac Saint-Jean, les sons nasillards des pays-d'en-Haut, sans parler de toutes les parlures typiques de la Beauce, de la Côte-Nord, du Bas-du-Fleuve et d'ailleurs. Tout cela ajoute du pittoresque à l'éventail québécois. Et pourtant les niveaux différents de français parlé sont des sources de discriminations de classe au Québec: on s'étiquette entre nous à notre manière de parler... « très instruits, peu instruits, quétaines ». « Les Noirs, dira **Alex Haley,** ont le problème « du plus ou moins noir » et font des distinctions entre eux selon l'intensité de la pigmentation de leur peau. »

Dans un ouvrage que tous les fabricants de slogans devraient avoir sur leur pupitre, « Le livre des proverbes québécois », **Pierre Des Ruisseaux** catalogue les proverbes selon des régions géographi-ques données: « Si la tradition orale, dit-il est indissociable de la culture ainsi que des facteurs économiques qui la sous-tendent et la conditionnent, il va de soi qu'on ne peut espérer saisir le sens des proverbes et maximes populaires (c'est-à-dire qu'ils sont utilisés, à quelques exceptions près, dans le langage commun et sur une base quotidienne) *si l'on ne considère pas également le contexte géo-graphique, social et culturel dans lequel ils s'insèrent...* Les prover-bes populaires apparaissent, par ailleurs, comme une sorte de lan-gage ésotérique, culturellement codé, au sens où ils véhiculent des séries de messages culturels ou de valeurs, qui ne seront compris, à toute fin pratique, *« que par ceux qui, faisant partie de cette culture, connaîtront déjà les significations des proverbes utilisés ».*

Il n'y a donc pas qu'un seul nombril québécois mais plusieurs, c'est-à-dire autant qu'il y a de ces « villages mcluhaniens » de micro-sociétés, qui, par les cordes 10 et 31 « ne veulent ressembler à per-sonne ». On n'a qu'à parler de fusion de municipalités au Québec pour engendrer des levées de boucliers... et des batailles de taverne comme ce fut le cas à Laval... « qui deviendra un grand somnifère de Montréal » comme le disait alors un anti-fusionniste de Chomedey.

Ce Québec en mutation culturelle régionale est à surveiller.

Le Québécois, en voyage plus que jamais, plus renseigné sur le monde extérieur qu'auparavant, devenu mondialiste de par ses puissants moyens de communication est paradoxalement plus « Québécois », plus « paroissien » qu'il ne l'a jamais été.

Dans le Maclean's de mai 1977, **McLuhan**, l'homme des hémisphères de gauche et de droite, prophétise : « The effect of information is not to pull people together. It makes people feel independent. Everybody feels that he is able to make it alone. Every place in the world is pulling away from every other place... Nationalism is very old hardware based on the printed word. Because when people began to see their own tongue in print visually, it gave them a tremendous boost égotistically. Nationalism belongs to the left hemisphere entirely. Whereas, regionalism and separatism belong to the right hemisphere which is the electric word... There will be no separatism. That is in the hardware sense ; they (the separatists) will not pull out. Psychologically, they are separated already. They have been for a long time ».

Mais **McLuhan** ne connaît pas le cousin de Jos Tremblay :

> J'savais que nous autres, au Québec, on était un peu partis en orbite... mais là, j'ai eu mon voyage... Mon cousin Jean-Paul est séparatiste plus que les autres. Y veut séparer la région du Saguenay du reste du Québec... J'aurai tout entendu... j'sais pas si y fesait juste me tirer la pipe... Y me dit : « Icitte, on est autonome, loin du reste du monde... et pas pollué... On a des frontières naturelles... On est le plus gros producteur d'aluminium au monde. Y a des marchés pour nos richesses..., nos forêts pour le bois, nos cours d'eau pour l'électricité, notre industrie de touristes, la chasse... T'as vu la Traversée du lac Saint-Jean ? On a les plus belles femmes de la province... Tu l'sais combien il y a de millionnaires par icitte ? Autant qu'à Québec... sinon plus... Les caisses pop, ça marche. Pis j'dirais que surtout on a pas peur de travailler. Moé j'te jure qu'on fait vivre vos chômeurs de Montréal, pis vos Jeux Olympiques... On pourrait se séparer demain. On s'comprend ? On manquerait pas de premiers ministres pour un pays comme ça... **Trudeau, Bourassa, Lévesque**, y viendraient tous en courant... ces gars-là sont pas bêtes... Moé, j'ris pas, Jos !

c'est ben plus possible, ben plus faisable que tu penses... On pourrait aussi séparer l'Estrie, l'Abitibi et d'autres régions. Ça ferait les États-Unis du Québec d'Amérique... « Là j'ai dit à Jean-Paul de finir sa bière avant qu'à devienne chaude ».

Fédéralisme? Séparatisme? Les Québécois vont voter pour la troisième option, le chauvinisme.

32
Le cartésianisme

Nous sommes des « tireux de plans ».

La raison même étant le principe de toute certitude, Jos Tremblay raconte ses problèmes d'architecte du dimanche :

> *«Fernande, elle, voulait acheter les meubles avant d'avoir bâti la maison. J'ai dit : « Voyons, maman, mets pas la charrue par devant les boeufs... Attends au moins d'avoir vu les plans ». Des plans, on en a vu... semi-détaché « California », bungalow anglais, chalet suisse... Finalement, j'ai tout redessiné ça avec le père Élie, un menuisier. On a fait... sais plus, quatre ou cinq plans... On était rendu avec huit chambres à coucher, trois salles de bains... en prévision des futurs enfants, des visiteurs... Ça avait plus de maudit bon sens. On a tout sacré ça en l'air ... et on a acheté cette maison-là qui a été bâtie en '34...*

Le cartésianisme est aux Français ce que le pragmatisme est aux Anglais.

Dans son livre, « L'autogestion universitaire », l'ex-recteur de l'U.Q.U.A.M., **Léo Dorais**, fait l'autopsie d'un mythe... « le labyrinthe bureaucratique est devenu tout le réseau de l'U.Q. *pourtant* *une mécanique de perfection sur papier.* L'autogestion a donné lieu (paradoxalement) à une pléthore de textes législatifs et administratifs qui ont marqué le va-et-vient de l'idéologie centralisatrice et décentralisatrice ».

Heureusement que le Québec est un grand producteur de papier parce que pour tricofiler des plans, nous sommes là un peu rare.

Depuis 1608, le plan « global » du Québec a été pensé, revu et corrigé des centaines de fois.

Les tiroirs de ces vieilles commodes à relief de diamant regorgent de manuscrits de pièces de théâtre, de livres, de chansons, d'ébauches, d'inventions, de bleus d'immeubles, de plans de villes entières.

La Presse, du 11-9-72, titre avec son sérieux habituel : « Le gouvernement aura un plan directeur des plans directeurs des municipalités ». Le Devoir, du 8-3-75, ne s'en laisse pas montrer par la douairière de la rue Saint-Jacques. « Une deuxième étude confiée, à **R. Parenteau** pour savoir si une troisième ne serait pas opportune ».

Napoléon Bourassa, artiste et écrivain de génie du 19ième siècle, notre **Léonard de Vinci**, « passa sa vie à rater ses commandes officielles tellement ses rapports techniques pour les justifier étaient longs ».

Duplessis connaissait sa clientèle cartésienne quand il répliquait : « Pourquoi c'est vrai ? Parce que c'est moi qui vous le dis ».

Nous devons à la corde cartésienne, le plaisir masochiste de nous remettre en cause, la « tabula rasa » de la masse québécoise étant de toutes les générations : « Qui sommes-nous ? Un peuple ? Une nation ? Une nationalité ? Une race ? Une tribu ? Un marché de consommateurs ? Une société ? Une ethnie ? Une caste ? Une classe ? Une minorité ? Ou…

Si tous les Québécois sont patriotes par la corde 18, ils ne s'entendent pas toujours sur la forme que doit prendre leur nationalisme. « On y trouve, dit **Léon Dion**, une tension permanente entre le particularisme et l'universalisme, le conservatisme et le progressisme de même qu'entre le réformisme et le radicalisme.

Nous aimons discuter du sexe des anges ! Nous avons besoin de ce magma idéologique, il nous berce… nous endort. Et à une terrasse de café, vous entendrez discuter de Métou et de l'enneakaidékaéteris.

Défaut ou qualité, nos collusions idéologiques, nos guerres des « ismes », entretenues par ceux qui pensent, donnent aux Québécois une vitalité spirituelle que ne connaissent pas les autres Cana-

diens. L'honneur cartésien de la masse québécoise étant satisfait, le
communicateur peut continuer son discours.

Je ne blâme personne, allez, la grille des 36 cordes sensibles est un pur produit de la corde 32. Passons donc à la corde 33 !

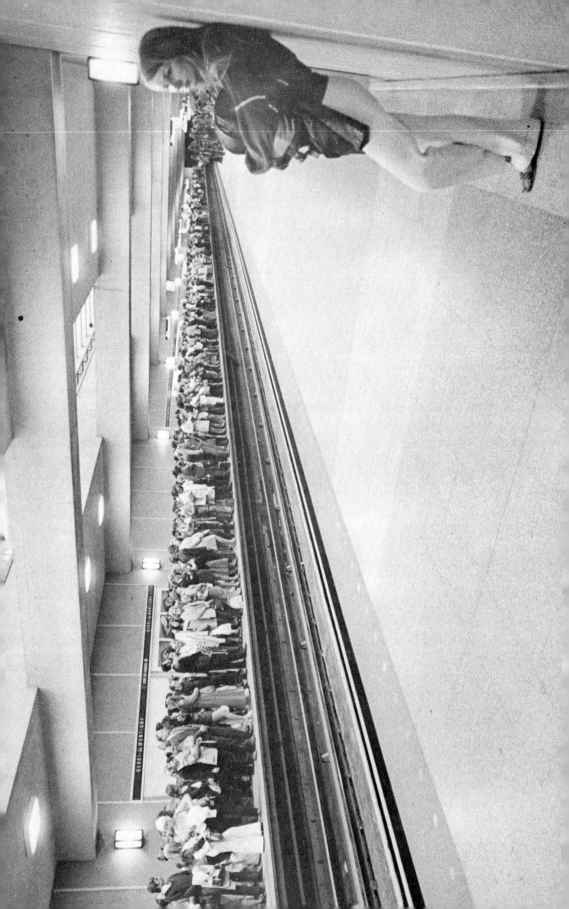

33
L'individualisme

Madeleine de Verchères qui aurait eu des centaines de procès avec ses voisins semble vouloir donner raison aux chroniqueurs qui prétendent que les femmes avaient la mauvaise réputation d'aimer la chicane « et de ne pas se laisser bâdrer... »

Thémis fait fortune au Québec! On plaide à propos de tout et de rien, pour une clôture mitoyenne, une faille contractuelle, un bail avec le proprio, une encoche à sa réputation ou à sa Cadillac. Les querelles québécoises sont bysantines.

J. E. Roy nous fournit des statistiques édifiantes sur le sujet: « Du 26 septembre 1663 au 23 août 1664, il n'y eut pas moins de 424 causes dans la seule juridiction de Québec pour une population d'à peu près 1,500 habitants, soit presque un procès par quatre habitants... y compris les enfants ».

Forts du droit canon et du droit civil, nos ancêtres s'emparent des plus petits prétextes pour avoir recours aux tribunaux, « plaident pour un brin d'herbe, une paille, une cosse ».

Dans « ce beau pays, ce pays libre », le premier quidam venu peut s'emparer de l'antenne de la télévision d'état et crier des noms au Premier ministre, sans crainte de représailles... et confondre le droit avec la liberté, l'individuel avec le collectif. Sensibles, on l'a vu, les Québécois se fâchent raide, si on les empêche d'affirmer « leurs droits à la sensibilité », c'est-à-dire le droit à n'importe quoi...

Ils sont de souche normande autant que française, nous le savons, et cela fait dire à **Bovey**, dans « Les Canadiens français d'aujourd'hui » (1940) : « La source de l'idéologie politique canadienne-française est plus le produit de la culture normande et celle-ci provenait des *théories scandinaves sur la liberté* ».

La structure des « rangs » des premiers colons est née de besoins collectifs, se protéger et s'entraider, d'où l'importance du « premier voisin » ; à Saint-Hyacinthe dans ma jeunesse, ma mère s'alliait naturellement au premier voisin (on déménageait souvent (corde 2)) à qui elle empruntait, ou prêtait, des tasses de sucre et de farine. Les autres voisins n'entraient pas dans le cercle intime. On pouvait à loisir médire sur leur dos...

Dès les premiers temps de la colonie, les « habitants » érigent des clôtures partout (ce qu'ils ne faisaient pas en France) et cela va donner lieu aux premières chicanes de vous savez quoi.

« En ville, selon **Everett C. Hugues**, les nombreux escaliers extérieurs en forme de tire-bouchon témoignent d'un haut degré d'indépendance : ainsi personne n'a à partager un hall d'entrée commun et l'hiver chacun peut déneiger son propre escalier ». À Outremont, les jardiniers italiens érigent des haies de cèdre.

Selon **Jean-Charles Falardeau**, dans « La Société canadienne-française », « le roi Louis XIV avait ordonné, dès 1663, aux administrateurs de la nouvelle colonie d'empêcher les « rangs » et de grouper les habitants en village circulaire, comme c'était la coutume en France ». Mais allez-y voir ! Les Québécois vont démontrer des dispositions précoces pour l'individualisme, le lèse-majesté et l'indiscipline.

Montcalm déclarait « que le peuple » a un grand esprit d'indépendance et ne connaît ni règle, ni règlement ». **Hocquart**, en 1736, écrivait : « Ils sont communément assez souples lorsqu'on les pique d'honneur et qu'on les gouverne avec justice, mais ils sont naturellement indociles ». **P.G. Roy**, commentant d'autres opinions de **Hocquart**, prétend « que le portrait des Canadiens français de 1736 peut s'appliquer à ceux de 1922 ». Et cinquante ans plus tard ?

L'intendant **Raudot**, en 1707, parle « de l'esprit de dissipation et d'insubordination qui règne parmi la jeunesse ». Le français **Vattier** y va d'une formule polie : « Certains en ont conclu qu'ils étaient indisciplinés, mais il s'agit à notre sens de «fierté gauloise ». Il cite **Charlevoix** qui disait que « s'ils sont de mauvais valets, c'est qu'ils ont le coeur trop haut et qu'ils aiment trop leur liberté ». **Hocquart**, pour finir le portrait, ajoute « ils sont extrêmement sensibles au mépris et aux moindres punitions ». « Ils font de bons maîtres mais de mauvais serviteurs », surenchérit un missionnaire.

Miracle de sa survivance ici, « l'habitant » est habitué à se suffire à lui-même: c'est une grande qualité individuelle mais un vice de formation sociale qui le tiendra loin du « commerce » des autres.

Nous sommes naturellement des solitaires: seuls au volant sur la route, seuls en affaires et sur la scène où les one-man show sont toujours très applaudis.

L'Anglo-saxon, habituellement plus philantrope et plus embrigadable à des causes arrivera à un compromis « social » entre son indépendance et la discipline collective; le Québécois, comme le Français, dès qu'il se donne des règlements, les remet vite en cause et les amende. « Une constitution est toujours, par définition quelque chose de temporaire »: à force de l'amender, de la recoller, nous en arrivons vite à la méthode qui consiste, si je peux dire, à manquer de méthode.

Froide, britannique et rigide, la tradition parlementaire de la Chambre des Communes ne fait pas l'affaire de tout le monde. Après avoir quitté le ministère du Travail « avec un soulagement avoué » (La Presse 9-7-77), l'ex-ministre **Jacques Couture** se décontracte: « Au début, j'étais très méfiant à l'égard de la Chambre parce que je trouve que c'est faux… et je n'ai jamais voulu y entrer pleinement. Mon erreur, ça été de ne pas jouer le jeu, de ne pas créer mon personnage… Quand on est des gens vrais, je pense qu'on est beaucoup plus à gauche que les autres… ».

Le Premier ministre **Barre**, victime lui aussi de cette corde française, se plaint de la queue-de-pie parlementaire: « Je n'arriverai jamais à me livrer à toutes les arabesques que l'on considère parfois nécessaires à une carrière politique ». (Express, 23-10-77).

Guy Joron écrivait, avant le « 15 »: « Aucun projet collectif ne fait l'unanimité. C'est dislocation, le triomphe des égoïsmes, individuels ou petits groupes. Chacun invente ses propres valeurs pour en changer aussitôt ailleurs; chacun a ses propres lois ». Nous n'avons pas inventé la discipline, ni personnelle, ni civique.

L'individualisme n'est pas en régression au Québec; il est arrivé à l'Université de Montréal qu'aucun étudiant ne veuille poser sa candidature à la présidence de la faculté; les « pigistes solitaires » pullulent en publicité, les célibataires sont plus nombreux que jamais.

Jos dit:

« J'voulais rien savoir ! »

Les Québécois ajoutent: « Chacun dans son verre », « Me, myself and I », « Il ne faut pas laisser voir ce qui bout dans sa marmite », « Chacun sent son mal ».

34
La sensualité

« Il est bien évident, dit **Marcel Rioux**, que pour connaître et décrire un peuple, les pratiques amoureuses et culinaires ont une importance extrême ».

Franquet parlait déjà de « la malheureuse habitude que les habitants et les soldats de cette colonie ont contractée de boire de l'eau-de-vie *le matin*... ».

Le Québécois doit aux Anglais ses tavernes, les vraies, avec du « bran de scie » sur le plancher, des latrines puantes, des fenêtres de verre opaque et l'affiche officielle « Les dames ne sont pas admises. Par ordre ». Le Québécois du vendredi qui boit ses bières à la taverne du quartier est un stéréotype... « C'était le vendredi, et jamais d'autre soir, qu'il battait sa femme à bras raccourcis... »

Mais le Québécois ne mérite pas sa réputation « d'homme des tavernes », et sa soif que l'on veut gargantuesque est « normale ». On ne consomme annuellement que 87 litres de bière per capita (279 bouteilles) soit *deux petits litres de plus que la moyenne nationale*; notre soi-disant « biberon » se classe loin derrière les champions mondiaux, les Allemands de l'Ouest qui, individuellement, en consomment 148 litres... « sans jamais **cracher dedans** ».

L'Ontario était, au temps d'**Olive Diefenbaker** (femme de notre fameux John par la corde 11), « plus alcoolisée » que le Québec: Olive fit même une campagne contre le Martini...

246   Mais pour le reste… Les cordes 13 et 34 pétaradent comme un moteur à deux temps…

Jos Tremblay, consommateur, est disciple d'Épicure:

> « *Faut profiter un peu de la vie tous les jours… Essaye pas de me donner des complexes… Pourquoi que j'aurais une petite voiture qui est aussi chère qu'une grosse? Pourquoi que ma femme aurait pas une laveuse automatique et un frigidaire… c'est des choses essentielles. On va quand même pas commencer à se priver sur la nourriture… Comme dit Fernande, «la table est toujours prête… t'as faim, tu manges ». Du bon manger, c'est bon! « C'est pas quelques bières ou un peu de fort qui vont m'appauvrir. C'est mieux de mourir le ventre plein que le ventre vide ». T'as entendu la chanson de Tex… « Tant qui aura quek'chose dans l'frigidaire… j'fermerai ma gueule… » C'est en plein ça que j'veux dire* ».

« Dominion nous fait bien manger », **Juliette Huot** le dit. Et comme les Québécois, sensuels, ont une prédilection pour les femmes « qui respirent la santé » (l'Union des Artistes n'en manque pas), le message passe facilement. *Les Québécois ne mangent pas pour se nourrir, ils mangent pour être heureux.* Manger, pour eux, a quelque chose de sacré, de magique… le poisson donne de l'intelligence, le boeuf de la force, les huîtres des érections…

Manger répond à son besoin de communiquer ou de répondre à une communication. Il mange chez le chinois du quartier et se croit à Canton, boit une bouteille de Bordeaux et se voit en France. On a prétendu que les Québécois retrouvaient le « rituel de la messe » en entrant dans une chaîne McDonald… même Mac, même prix, même qualité, même service… toujours tout à la même place, comme à l'église.

Ma mère le répétait à ma soeur: « On prend un homme par l'estomac ».

Robert-Lionel Séguin nous fait voir que ces habitudes dispendieuses ne datent pas d'hier: « En Nouvelle-France, le manger et le boire ne seront pas uniquement de tradition française. Les fromages *hollandais* et les vins *espagnols* sont placés sur les tables. Au printemps de 1703, la joyeuse clientèle qui fréquente l'auberge Martel à Montréal, se régale de « fromages façon de Hollande ». Le vin est importé à la barrique. Qu'il vienne des vignobles de France ou d'Espagne, il est généralement de bon cru et servi bien chambré ».

C'est au Québec que l'on consomme le plus de vins d'appellations contrôlées, d'alcools de première qualité et de marques coûteuses de fromages importés.

Le Québécois qui a les borborygmes les plus sonores d'Amérique est bien puni de ses excès; il domine le marché des eaux de table, des «soulagements pour le foie et les intestins». *Tout autant hypocondriaque*, il se récompense avec des médicaments dispendieux auxquels il témoigne une indéfectible fidélité.

Dans la Revue d'Ethnologie du Québec, No 3, **Jacques Nadeau** nous donne une bonne idée de la pharmacie populaire des Québécois, «depuis la gomme de sapin, la queue de chat qui guérit les orgelets (ou les «orgueilleux») jusqu'à la fumée de pipe qui soulage les maux d'oreilles. L'impressionnante pharmacopée de nos grand-mères, les sages conseils des toujours populaires Almanachs, les herboristes et le «halo-magico-religieux» de nos guérisseurs, font du Québécois (et de son cousin français) «quelqu'un qui soigne bien ses extrêmes».

Des générations de médecins ont soigné les Québécois en leur demandant tout simplement: «Comment vont vos selles?» **Molière** connaissait bien cette préoccupation française: «Clistorem donare, postea purgare», conseille son «Médecin malgré lui».

Sur le sujet... alors que le Français se contente de dire «merde», notre propre vocabulaire scatologique est beaucoup plus fort. Ici, il est convenable de conclure une discussion serrée par la classique trilogie de «Tu me fais_____!», «Tu peux ben manger d'la_____!», et «Baise-moi le_____!»

Le Devoir (4-5-77) titre: «Fuddle duddle à la Québécoise: un député qui a lancé un retentissant «mange de la _____» retire ses propos de bonne grâce». Et n'allez surtout pas croire que ces gros mots sont exclusifs à notre intelligentsia, je les ai entendus de la bouche d'un chauffeur de taxi...

Notre champion roteur a bien d'autres sens; si les désodorisants personnels ne se vendent pas bien au Québec (on sait tous qu'ils ne sentent pas bon), ce n'est pas le cas des parfums importés (pour hommes et femmes), des tissus soyeux, du velours et des cuirs souples. Sans conclure au voyeurisme, les Québécois en 1975, portaient des lunettes plus dispendieuses que celles des autres Canadiens.

Bruce Mallen que j'ai cité plus tôt, fait abondamment la preuve que les sens du consommateur québécois sont des motivations d'achat plus «sensibles» ici qu'ailleurs.

Goût: le Québécois préfère les marinades semi-sucrées aux marinades vinaigrées, les céréales pré-sucrées, les poudings au chocolat (rarement les essences citronnées) les fromages doux, les colas. Le Québec est le seul marché canadien où le chewing-gum sucré est encore à la hausse;

Odorat: il est le plus fort utilisateur de cigarillos au rhum, des tabacs à pipe aromatisés, des désodorisants *ménagers* très parfumés ;

Toucher: les papiers de toilette, les serviettes sanitaires, les papiers-mouchoirs doivent répondre à des critères de douceur particuliers au Québec ;

Vue: les serviettes de papiers « avec des motifs », les téléphones de couleur, l'ébénisterie des téléviseurs, s'harmonisant au reste du mobilier, distinguent encore une fois les Québécois.

(**Mallen** ne fait pas mention de « l'oreille » québécoise : la corde 28, celle des guitares, des disques et des spectacles, aura déjà singularisé nos habitudes auditives).

Les ouvrages intellectuels qui se vendent le mieux au Québec sont les livres de recettes ! On en a publié soixante-cinq depuis dix ans, tous signés par des auteurs québécois, *de Soeur Berthe et Juliette...* jusqu'à « **Margo Oliver** ». Aussi, en 1975, les studios d'amaigrissement étaient-ils deux fois plus nombreux ici qu'en Ontario.

Hédoniste par la corde 13, pratiquant le « Carpe Diem » d'Épicure par la corde 22, jouisseur par la corde 25, les sens à fleur de peau par la corde 34, le Canadien le plus heureux du pays est au Québec, n'en doutez pas une seconde.

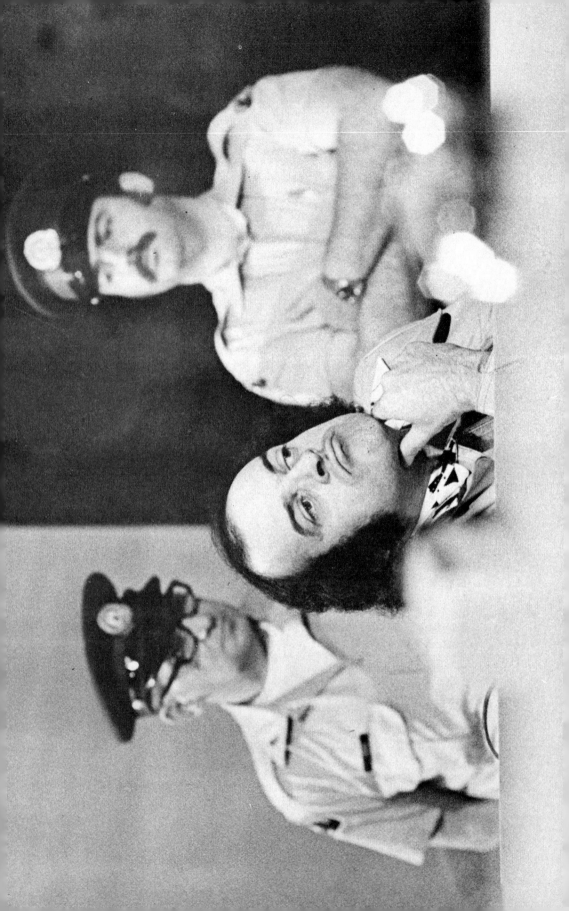

35
La vantardise

Y a des « courants d'air » au Québec.

« D'où vient cette habitude de raconter, se demande **Rioux**, d'exagérer un peu, de dire les choses d'une façon plaisante et attrayante. Elle vient d'abord d'un peuple chaud qui aime parler et communiquer avec ses semblables. (On pourrait penser que le sociologue contredit le Québécois de la corde 12, mais nous ne lui en tiendrons pas rigueur puisque nous avons déjà admis d'autres paradoxes.) Que dire? Que raconter? confirme **Rioux**. Dans le milieu traditionnel, où peu de choses se passaient, où les événements extraordinaires étaient rares, il fallait les susciter ou tout au moins faire en sorte que le banal prît des allures plus intéressantes et plus attrayantes ».

« *Faut quand même pas charrier!* » répète M. **René Lévesque**, en voulant ramener les Québécois sur terre.

C'est notre côté mythomane, fanfaron, « conteux de peurs » et (un peu) menteur. Le Québécois vient « de ces hauts-lieux d'où parlait **Zarathoustra** »... ses récits de voyages sont homériques.

Mais, comme à Marseille, il s'agit plus d'un sport en vogue que d'un défaut méchant de notre monde. C'est un peu, beaucoup, la corde 7 vocalisée.

En laboratoire, j'ai souvent fait la preuve qu'une publicité qui « charrie » trop bloque l'action : le Québécois qui aime se vanter aura vite fait de conclure qu'il ne doit pas ajouter foi à la vantardise des autres. Jos Tremblay confirme ces observations :

> *« Ce que j'aime pas de certains politiciens, c'est qu'ils se vantent tout le temps. Leur parti fait jamais d'erreurs... ils sont toujours responsables de tout ce qui arrive de bon mais pas des mauvais coups... La publicité, c'est la même chose... y pensent qu'on a des poignées dans le dos... « le meilleur au monde... » « the best in the world »... Essaye de comprendre quelque chose dans la guerre de prix des grands marchés.... y avait quatre annonces dans Le Soleil d'hier qui disaient tous qu'ils avaient les meilleurs prix en ville... Pousse mais pousse égal... Moi j'aime pas me vanter, j'exagère jamais rien... »*

Adler dit que le complexe d'infériorité mène forcément au complexe de supériorité. Les forts-en-gueule cachent des faiblesses.

Le boxeur **Mohammed Ali** va donner de ce transfert de complexe, l'exemple je dirais, le plus frappant.

Les Noirs, les Juifs et les Québécois, doués pour le show business sont souvent cabotins par ce complexe : « I am ten foot tall » dit **Sammy Davis** qui fait à peine cinq pieds. Les artistes les plus spectaculaires font souvent preuve dans l'intimité d'une timidité surprenante, par complexe à rebours.

Les joueurs de hockey, les « nôtres », les Richard, Béliveau et Lafleur sont une façon de nous vanter, de nous revaloriser par personne interposée. Ces dieux vengeurs dépassent la simple admiration de prouesses sportives : ce sont tous les Québécois qui « lancent et comptent »... surtout contre Toronto, et qui rentrent des Anglais dans la bande et leur donnent la claque !

Les « lignes ouvertes » de la radio québécoise alimentent la corde 35 : Jos Tremblay dit qu'il ne les écoute pas...

> *« C'est toujours les mêmes qui appellent... j'ai appelé une fois le Ti-Jos connaissant de CKVL... Héroux ou Leroux ? je l'ai planté vite... Les gars m'en ont parlé le lendemain. Ma femme a appelé une fois... sur l'avortement. Comment s'appelle l'animatrice ? Là aussi, c'est ma femme qui a eu raison... C'est plus facile de « parler » à la radio et dire ce qu'on pense que d'écrire aux journaux. Les journaux passent seulement les lettres des personnes instruites ou celles de politiciens... « As-tu déjà lu dans les journaux des lettres d'abonnés avec des fautes de français ? »*

La vantardise québécoise est comme la palette d'un peintre. **Hocquart** fait remarquer que «les Canadiens aiment les distinctions et les titres… Un officier de milice aurait trouvé inconvenant qu'on ne l'appelle pas par son titre de colonel même si au moment où on lui parlait, il conduisait une charrue».

Les Québécois qui ont des diplômes, les étalent à qui veut les voir: Un président d'agence de publicité de Montréal a fait reproduire son diplôme de MBA sur une plaque de métal brillant qui vous crève les yeux dès que vous entrez dans le bureau.

Le titre professionnel revalorisant d'autrefois, M.D. et C.R...., façon de «se vanter», en prennent un sacré coup ces jours-ci: les élites n'ont plus les mêmes «lettres» à la fin de leurs noms: La nouvelle revalorisation de la corde 35 serait de n'en pas avoir (ou de n'en pas parler).

Avant la Révolution tranquille, on affichait son influence politique par un petit numéro de plaque de voiture: aujourd'hui ce sont des mots rares comme «sous-tendre», «aliénation», «attentisme», «croissance sauvage» etc. qu'il faut savoir utiliser au bon moment pour être tenu comme sommité politique. De la numérologie à la sémantique… il y a progrès dans le même complexe.

36
Le manque de sens pratique

« Les principes universels avec lesquels nos professeurs flir-
taient, écrivait **Le Frère Untel,** feraient qu'ils ne trouvaient jamais
moyen de les faire copuler avec la vie... quelques-uns semblent mettre toute leur gloire à ne rien écrire: leur prétexte, c'est que l'écriture matérialise la pensée... C'est une des raisons, paraît-il, pour
laquelle Jésus-Christ n'a rien écrit ».

Dans une entrevue, le moins paresseux des Québécois, **Jean
Duceppe,** se fâche: « Il faut arrêter de dire que c'est à cause des Anglais si nous n'avons pas çi ou ça; il faut apprendre à nous regarder
tels que nous sommes, c'est-à-dire *un petit peuple de paresseux* capable de devenir un peuple de géants ».

Henri Bourassa parlait de « notre obésité morale ».

Jos cherche-t-il des excuses?:

> « *Moi, je pense qu'on manque de moyens mais
> pas qu'on est paresseux... Pas en '75. On a encore
> des faux-plis... mais les jeunes s'instruisent... y ont
> pas deux milles à faire à pied pour se rendre à l'école
> comme nous autres...* » *On manque de sens prati-
> que... là où un Américain fait une chose en une jour-
> née, nous autres on en met trois. Mais on est pas pa-
> resseux, on est lents...* »

Sur le continent pragmatique par excellence, le Québécois, on dirait, va faire exception. Il n'aime pas tellement cette corde mais comme disait **Mark Twain** de la température... « tout le monde en parle mais personne ne veut faire quoi que ce soit pour l'améliorer ».

Mais on cause, on fait de la « tavernerie ». « Trois dominantes de la pensée canadienne-française: l'agriculturisme, l'anti-étatisme et le messianisme, vont nous permettre d'être quasi-inconscients du 19e siècle », écrit **Michel Brunet.**

« Le deuxième projet du siècle des Québécois » va faire honneur à notre 36e corde: « La Charte de la langue s'est embourbée dans les procédures », titre La Presse (16-7-77).

« Romains! **Catilina** menace les portes de Rome... et vous délibérez toujours! »

L'Anglo-saxon dira: « Nous passerons le pont quand nous y serons rendus ». Le Québécois lui, se pose des tas de questions avant d'arriver à son « pont-bridge »: « D'abord, le pont existe-t-il? Vérifions la carte... La dernière débâcle printannière l'a peut-être emporté au diable? Les routes sont-elles praticables? »... Il tergiverse...

« L'instruction était réservée aux Indiens et privilégiée en Nouvelle-France »; sous le régime anglais, elle est exclusive aux membres du clergé et aux riches jusqu'à ce que viennent **Esdras Minville, Édouard Montpetit** et **Georges-Henri Lévesque**, les trois pères de la Révolution tranquille ».

Le Jésuite **Antoine Silvy**, et qui voudrait douter de la parole d'un Jésuite, décrit l'ancien Canadien: « Il est fier, orgueilleux et capable de supporter les fatigues les plus poussées; il aime à voyager et à courir les bois, a bien de la peine à s'attacher à un lieu et tient du sauvage pour aimer *l'indépendance* et *l'oisiveté*. Des soldats ont peuplé ce pays avec *des filles qui, ayant vécu dans le désordre en France*, ont inspiré à leurs enfants au lieu du travail, les plaisirs et la fainéantise ».

Le bon père **Silvy** en deux phrases, décrit une dizaine de cordes sensibles qu'il vous sera facile de coder...

Après la conquête, mis en état de minorité et refoulés sur les terres, « nous nous sommes mis à détester, par auto-défense, par dépit, tout ce que nous aimions ». Y compris l'aventure et l'entrepreneurship. Nous voulons nous trouver d'autres valeurs: « L'idéalisme de notre cousin de France, son culte de la pensée et des valeurs universelles de l'esprit l'empêchent d'attribuer un prestige supérieur au pragmatisme et au mercantilisme », dit **Maurice Tremblay** lors d'un symposium à l'Université Laval, en 1952. « Pour le Français le travail n'est pas l'essence ni le but de la vie mais plutôt le soutien d'une vie qui vaut la peine d'être vécue pour elle-même ».

Voyons les résultats de toutes ces belles aspirations!

Il s'est vendu environ 10,000 tentes-roulottes et caravanings au Québec, en 1975, *dont moins de 2,000 étaient de fabrication québécoise.* Un spécialiste de cette industrie explique que les manufacturiers québécois ont fabriqué un véhicule plus solide que ceux des concurrents canadiens et américains... mais qu'ils ont oublié le style et la finition. « Ils se sont faits péter les bretelles trop vite », conclut-il. Paresse ou manque de sens pratique ?

Vous connaissez le Québécois de la corde 17, ce « roi naturel du slogan », celui-là même qui a fait de la publicité « un art populaire » ; ce même Québécois « qui connaît tous les slogans des autres » quand il est à la tête d'une petite ou moyenne entreprise, se met à bouder « l'annonce ». Une thèse d'étudiant, qui date de 1963, révèle que 49 des 117 p.d.g. de P.M.E. au Québec... « croyaient que la vente directe rapportait davantage que la publicité... que la publicité était une dépense et non un investissement ». L'enquête, fit l'étonnante découverte que dans 76% de ces P.M.E., les budgets « relations publiques, dons aux charités, peintures de camion, promotions, enseignes lumineuses et annonce » étaient inscrits pêle-mêle à un seul poste des prévisions budgétaires, à l'item « Publicité ».

Les membres-fondateurs du Publicité-Club de Montréal, flairant l'embûche, *ont fondé leur association sans constitution*; l'idée de grouper les publicitaires francophones avait déjà avorté deux fois à cause de problèmes constitutionnels qui divisaient les intéressés avant même que l'association n'existe.

Posons-nous quelques questions d'ordre pratique... « comme des blasphèmes ».

Le Québécois consomme-t-il pour vivre ou vit-il pour consommer ? Va-t-il se retrouver en consommant ? Que cherche-t-il ? Satisfaire ses besoins psychologiques ou ses besoins physiologiques ? Les objets qu'il achète sont-ils des symboles qui lui permettent de s'en faire accroire à lui-même et d'en mettre plein la vue des autres ? Achète-t-il pour l'approbation ou pour sa propre satisfaction ?

La corde 36 nous laisse-t-elle le choix des réponses ?

Deux cordes, la 23 du conservatisme et la 34 de la sensualité, expliquent le manque de sens pratique de la consommatrice québécoise au supermarché : fidèle à ses marques, elle paiera « le prix qu'elles coûtent » et en dédaignera d'autres, moins chères ; aimant « bien manger et à bien faire manger les siens », selon le slogan connu, elle boudera les prix « coupés à plein » des fruits et des pâtisseries si elle doute le moindrement de la fraîcheur. « La cherté donne goût à la viande » disait déjà **Montaigne.**

Les hommes, dans d'autres secteurs de la consommation, ne feront pas preuve de plus de sens pratique ; ils tomberont dans le même piège de la fidélité à la marque dès qu'il s'agit de l'entretien de leur précieuse voiture et ils courront rarement « les aubaines » pour l'achat de l'essence, de la batterie ou des pneus.

On ne doit pas se surprendre que la publicité américaine, conçue originalement pour nos pratico-pratiques de voisins, « traduite » pour le Québec, atteigne souvent le marché à rebrousse-poil. Ici, « Rome ne s'est pas bâtie en un jour », et les solutions-miracle à tous les problèmes sont suspectes. Des affirmations gratuites comme « finie la corvée du ménage » ou « Il sera désormais facile de nourrir toute la famille à bon compte », antagonisent notre côté Saint-Thomas.

Les Anglophones qui ont toujours reconnu la créativité des Québécois en publicité, par exemple, ne croient toujours pas qu'il nous est possible de « matérialiser » nos propres idées jusqu'au bout.

Des hommes d'affaires anglo-saxons, des champions du pragmatisme, avec lesquels j'ai discuté de « ESP » (perception extra-sensorielle), du flair en affaires, m'ont tous avoué qu'il y avait toujours une chance à prendre dans toute action de marketing... mais qu'il ne fallait pas le dire et « qu'il valait toujours mieux commander « une recherche scientifique de marché » que de passer pour un devin...

Reste aux Québécois eux-mêmes à harnacher le flair naturel de la mystique corde 20 d'une façon plus pragmatique.

Le défi québécois, c'est la corde 36. Voulons-nous le relever ou préférons-nous rester les « idéalistes » de l'Amérique du Nord, par mission, « parce que nous avons entendu des voix »... Alors, il va falloir cesser de nous plaindre ou d'être malheureux parce que nous avons un peu plus de chômage qu'ailleurs, arrêter de « compter » les Anglais aux commandes des multinationales... et ne pas trop nous en faire si les oeufs du Québec ne se vendent pas... Parce que « si l'on n'est pas un élément de solution, on est alors un des aspects du problème ».

Chapitre

Les six projets collectifs des Québécois

Les six racines vitales, immuables, qui, par quelque hasard nous ont ancrés à ce point donné du globe et « font de nous ce que nous sommes », portent le message de nos tâches collectives.

On entend dire que les Québécois manquent de grands projets.

Dès que nous arriverons à nous mettre d'accord sur des *objectifs communs de créativité et d'action*, les moyens pour y arriver seront simples à trouver. Le marketing collectif des Québécois sera « rendu facile ».

« Ce n'est pas un processus facile, écrit **Guy Joron**, puisqu'il nous faut à la fois « sentir » nos racines et développer de nouvelles qualités. Il en faut davantage pour être un peuple adulte, dont la culture s'épanouit, qu'il n'en faut à une minorité culturelle luttant pour retarder l'assimilation. Nous ne pourrons plus longtemps « rester en transition entre les deux états ».

Les six racines vitales nous invitent à des travaux connaturels faits à notre image.

Quels sont ces messages de nos racines?

1. La racine terrienne nous parle naturellement de *l'écologie;*
2. La racine minoritaire, *de la migration et de la natalité;*
3. La racine américaine, *du consumérisme et de publicité;*
4. La racine catholique, paradoxalement, de *l'entrepreneurship;*
5. La racine latine, *du produit culturel québécois;*
6. La racine française, *de la langue québécoise.*

Ces projets sont un monde mais c'est le nôtre. Il y a d'autres tâches, si vous voulez, plus nobles, plus politisées, plus glorieuses, plus verbalisantes mais aucune n'est plus « québécoise », par nos racines.

Nous n'allons pas chercher midi à quatorze heures.

Ces travaux collectifs sont pris à même les souches qui *alimentent nos cordes sensibles;* ils sont donc plus susceptibles d'être *le discours subconscient que les Québécois veulent entendre pour se motiver eux-mêmes à faire quelque chose ensemble.*

On ne va pas fonctionner à rebrousse-poil de nos racines naturelles et de nos cordes sensibles. Dans ce livre, je me suis efforcé de montrer l'arbre tout entier, avec les racines et les branches, d'illustrer le tout en distinguant chacune des parties; nos tâches collectives font partie de l'entité.

Mais qui va faire la stratégie de toutes ces « entreprises du siècle? »

Gavés de victoires, les soldats romains incitaient **César** à de nouvelles conquêtes: « Je veux bien, aurait répondu l'Empereur, mais à l'avenir faites les plans de bataille vous-mêmes! »... ce qui aurait refroidi les centurions les plus braves.

C'est facile de dire « nous avons six racines vitales, donnons-nous six tâches collectives naturelles et allons-y! »

Qui va mener la guerre?

Nous devons résister, au départ, à cette tendance tellement québécoise d'aller faire les anti-chambres officielles des « haut-placés » des gouvernements. Cette mauvaise habitude, sachez-le, déplaît à nos fonctionnaires, et nous ne méritons que trop les miettes « paternalistes » qu'ils finissent par nous laisser tomber...

Jos Tremblay dit:

> « *Un gars qui arriverait de nos jours à se passer des gouvernements est un fou ou un génie... »*

Qui est la sommité en écologie au Québec? Qu'il se lève et s'identifie.

Qui va promouvoir la natalité ou encore la migration, faire plus qu'en parler?

Qui est le messie publicitaire qui va créer « la publicité nouvelle » et qui fera »un succès de sa vie et de celle des consommateurs? »

Qui va remettre l'entrepreneurship au ventre de ces descendants de découvreurs de continents?

Qui va harnacher le penchant naturel des Québécois pour les arts?

Qui va définir la langue des Québécois?

Les projets sont vastes: sans vouloir en faire des synthèses ou des systèmes d'action, entrons là où les portes sont grand'ouvertes... pour reconnaître le territoire.

1
L'Écologie

Chaque Québécois est responsable de sa fleur, pour paraphraser Saint-Exupéry.

« *Le Québec s'en va chez le diable* », *affirme Jos Tremblay :*
« *Y a quarante ans, quand on est arrivé à Montréal, c'était déjà défendu de se baigner dans le Fleuve. Quand tu viens de Gaspé... ça surprend! Ensuite les plages de la Rivière des Prairies sont devenues suspectes : les gens qui se baignaient là faisaient des boutons sur le corps. Après on a entendu dire que les poissons qu'on pêchait dans le Fleuve étaient contaminés au mercurochrome... même que toute la rive-nord du Saint-Laurent n'était plus sauvable... C'est y vrai qu'il a pas encore de lois pour protéger nos cours d'eau? Pendant ce temps-là, le ministre de l'Environnement se tape la gueule en disant que c'est lui qui va sauver les Jeux Olympiques de* **Drapeau**. *Qu'est-ce qui fait là?... On parle souvent de dépolluer mais le monde sait pas par où commencer, on sait pas comment... Qu'est-ce que ça me donne de racler mon parterre, de brûler mes feuilles mortes, si les industries garrochent toute*

leur marde sur mes fleurs... Si le Fleuve est «un égout à ciel ouvert», avec quelle eau veux-tu que j'arrose mes glaïeuls?»

Au cours de 1976, dans quatre régions différentes du Québec, on pouvait boire à même le robinet de la cuisine de l'eau « avec des bibittes », de l'eau « qui donne la fièvre typhoïde », de l'eau « qui fait des bulles de savon » et de l'eau « rouge ».

Il faudra mettre 10 ans et $138 millions pour dépolluer la petite rivière Yamaska, « celle de l'eau rouge », un ruisseau, si on la compare au fleuve Saint-Laurent.

Le président de l'Association québécoise des techniques de l'eau, **Pierre Desjardins**, dit « que » les Québécois jettent leur eau à l'eau... » (La Presse 26-5-77). *Bon premier au Canada*, l'usager québécois a une consommation d'eau supérieure de 20% à la moyenne du pays. Il en coûte, disette d'eau ou pas, (et elles seront de plus en plus fréquentes) quelques $750 millions par année pour faire boire les Québécois, les garder « propres, propres, propres » et arroser leur parterre.

Montréal dépasse toutes les autres villes canadiennes en consommation de « British Thermal Units » pour réchauffer ses cordes 14 et 34, laissant loin derrière London et Toronto. Les Anglais ont beau être froids...

Pendant que l'on dit encore péjorativement, « Faire partie du bag écologique » et que l'on montre du doigt les mystiques de l'écologie, les Québécois se font dire que ni le réservoir d'eau douce, ni les forêts, ni l'électricité ne vont durer éternellement. Les Québécois sont-ils capables d'arrêter le gaspillage? **Pavlov** fit un jour l'expérience suivante: il habitua un chien à craindre une punition dès qu'on lui présentait une figure rectangulaire et à espérer une récompense dès qu'il voyait une figure circulaire. Soudainement, on présenta au chien une figure équivoque, un ovale et l'animal devint fou. Jusqu'à quel point les Québécois sont-ils conditionnés?

On gaspille notre nature alors qu'il faudrait l'exploiter. L'inventaire des métiers et des professions qui se rattachent directement à la nature est surprenant. Ces métiers répondent à l'atavisme des coureurs de bois et sont des jobs tout trouvés pour nos « 200 avocats en chômage et bientôt 4,000 », (La Presse, 11 mars 1977).

Ces industries cherchent des hommes nouveaux: la foresterie puisque nous reprenons possession de nos forêts, la minéralogie, les loisirs de plein-air, le tourisme, l'agro-alimentaire et quoi encore.

L'agro-alimentaire, néologisme du marketing, englobe tout ce qui est dans le panier à provisions, de la production à la transformation jusqu'à la consommation. On sait déjà que les Québécois, mis en appétit psychologiquement par les cordes 13 et 34, dépensent plus de $4 milliards par année à se nourrir (soit 19% du budget familial disponible contre 15.9% pour le reste du Canada).

Il y a un défi de vouloir nourrir les Québécois. Ce « retour à la terre » est plus logique que celui que l'on nous prêchait dans les années '40. « Emparons-nous du sol »… et aussi du marketing du sol.

Les industries alimentaires québécoises ont un multiplicateur d'emplois de 2.3 et un multiplicateur de revenus de 2.1 comparativement à des multiplicateurs de 1.6 et 1.5 dans l'ensemble des secteurs économiques québécois.

Dans la revue Action Canada-France de mars 1977, **Léonard Roy**, spécialiste québécois de l'agro-alimentaire, précise: « Il est illusoire de songer à une auto-suffisance complète dans le domaine de l'alimentation des Québécois; la nature elle-même ne le permettrait pas. *Mais le degré d'auto-suffisance peut être porté de 45% à 70%* ». C'est un milliard de dollars de plus qui circuleraient au Québec ».

La racine « terrienne » nous pose des défis qui vont de la plus pure écologie jusqu'au marketing des pommes de Rougemont… Elle cherche des bras et des têtes…

2

La migration et la natalité

La population du globe atteint des proportions cybernétiques : en 1975, elle avait encore augmenté de 77 millions d'habitants et trois-quarts de ces nouveau-nés risqueraient d'avoir faim toute leur vie. Si le rythme de progression annuel est maintenu, la population du globe aura doublé en 37 ans. En l'an 2011, nous serons 8,000 millions !

Il est probable qu'en l'an 2011, les Québécois soient en voie d'extinction.

Les démographes sont formels.

Le Québec doit compter sur une moyenne de 2,2 enfants par famille pour assurer le remplacement d'une génération ; les derniers recensements confirmaient une moyenne de 1,9. En 1973 et 1974, le taux de natalité se maintenait à 14,2 naissances par 1,000 habitants après avoir baissé de façon continue jusqu'à 14,0 en 1972. Il était presque de 30, en 1957.

La population du Québec, estimée à 6,243,000 au premier juin 1976, s'accroît à nouveau cette année-là de 0,9 pour cent. Alors que les accroissements correspondants en Ontario et au Canada sont respectivement de 1,3 et 1,4 pour cent. Pour les cinq dernières années, le taux annuel moyen de croissance est de 0,7 pour cent au Québec, comparativement à 1,6 et 1,4 pour cent en Ontario et au

Canada. Le solde migratoire du Québec, c'est-à-dire l'accroissement total de la population moins l'accroissement naturel, était de nouveau positif en 1976 et révélait une addition de 1,000 habitants.

Même si le taux de natalité a effectué une légère remontée au Québec depuis trois ans, passant de 13,8 par 1,000 habitants en 1973, à environ 17,4 en 1976, on assiste au Québec, en particulier, à un vieillissement rapide de la population. Le groupe d'âge 0 à 14 ans, qui représentait 35,0 pour cent de la population totale du Québec en 1956, ne correspondait plus qu'à 25,4 pour cent en 1975. Ce phénomène est une conséquence directe de la baisse continue du taux de natalité observée de 1957 à 1972.

On peut donc supposer que la nation québécoise frôle le point mort et « cet état de chose ne fait qu'augmenter le traumatisme atavique et subconscient d'être assimilé ».

Mais pourquoi vouloir perpétuer la race? Les Québécois ne sont ni le peuple élu de Dieu ni la race aryenne de l'Amérique du Nord? Avons-nous produit tellement de génies que les Sciences et les Arts ne peuvent se passer de nous? Et Pompéi, l'Atlantide, les Aztèques?

Tout finit par finir... alors?

J'ai interrogé ma petite voisine, (elle a sept ans), et je lui ai posé cette question métaphysique à brûle-pourpoint: « Pourquoi les Québécois devraient-ils survivre jusqu'à la fin du monde? »

Ses grands yeux bleus se sont immobilisés... elle a réfléchi... hésité... et répondu: « *Parce que!* »

Le sociologue **Fernand Dumont** répond, lui aussi, « parce que ». « Comme bien d'autres de nos générations, écrit-il, mon choix est fait car déjà s'annonce l'âge où l'on s'obstine à des fidélités jalouses. Je continuerai de vivre, d'aimer, de rêver, d'écrire au Canada français. *Je ne sais trop pourquoi.* Pour ne pas trahir en tout cas quelque idéal obscur qui vient de mes ancêtres illettrés. Chaque âge porte ses propres défis: celui de nos ancêtres leur commandait de durer pour que plus tard, aujourd'hui et demain nous, de 1977, puissions contribuer à construire un monde où s'incarneront leurs rêves obscurs ».

Parce que...!

La diaspora des « Canadiens errants » est importante.

Même en faisant du Québec un Eden, on ne pourra jamais rapatrier les nôtres: 1,200,000 vivent répartis dans les autres provinces canadiennes, 1,790,000 aux « États » et 50,000 dans « les Europes ».

> « *Aux États-Unis, mon cousin germain Bob, écrit son nom T-R-A-M-B-L-E-Y. À Paris, le cousin de ma mère, Luc, s'appelle « du Tremblé » avec un « e » accent aigu. Si tu peux les ramener au Québec, t'es meilleur que moé* ».

Avant de rapatrier les « survenants », il va falloir prendre des mesures pour que les Québécois ne « désertent » pas leur province.

L'écrivain et cinéaste **Mordecai Richler**, dans l'« Atlantic Monthly » de novembre 1977, s'inquiète que le Québec, séparé ou pas, devienne « une Irlande de l'Amérique du Nord, coupée de sa jeunesse, partie en quête d'occasions favorables ailleurs ».

On estime que 250,000 Québécois autochtones ont plié bagage depuis 10 ans. S'agit-il de « joueurs de golf », retirés à Miami? ou d'ouvriers spécialisés de la construction travaillant en Nouvelle-Angleterre? ou d'infirmières diplômées parties pour les hôpitaux de la Californie? Perdre un joueur de golf de 65 ans, passe encore, il a bien mérité sa retraite mais laisser aller un jeune intellectuel ou un jeune ouvrier, c'est de l'assèchement.

S'il faut en croire le sondage Goldfarb, de septembre 1977, « l'indépendance du Québec pourrait entraîner l'exode d'un million de Québécois ». Sondagite ou cataclysme?

Interrogé sur le même sujet en août 1975, Jos Tremblay avait dit:

> « *Les Canadiens français ne quitteront pas le Québec pour des raisons politiques... séparation ou pas... la politique, ils aiment trop ça... Mais si on a plus rien à manger chez nous... là c'est une autre paire de manches... on vendra à ceux qui veulent rester pour ce que ça vaut* ».

Retenir les nôtres, attirer les autres. Voilà! Préalablement à l'émission « Le Pour et le Contre », de **Pierre Nadeau**, en avril 1977, à Radio-Canada, on pouvait conserver l'espoir que l'immigration pourrait être la réponse « à la survivance québécoise en Amérique ».

Après une heure entière de jasette, de jambettes et d'enfirloupettes entre panelistes, auditeurs et animateur, on a réussi à comprendre, sans que jamais le mot ne soit lâché, que les Québécois étaient bien les « xénophobes » de la corde 24. Coincé entre les panelistes, deux immigrants « qui en avaient gros sur le coeur », et deux parlementaires de Québec et d'Ottawa, irréconciliables, le démographe **Jacques Henripin** avait pris le parti le plus intelligent, celui de se taire.

Je vous le demande, quel est le sens de cette lutte d'une minorité qui ne veut absolument pas assimiler les immigrants? « Les immigrants prennent nos jobs et menaçent notre culture », dit un auditeur au téléphone.

Les chiffres sont formels: en 1964, on comptait 1 immigrant admis au Québec pour 5 naissances: en 1974, le rapport n'était plus que de 1 pour 2.5. Au cours des dix dernières années, nous avons accueilli près de 150,000 « unilingues français » au Québec, Haïtiens, Vietnamiens, Libanais et autres. Dans dix ans, « nous en aurons perdu plus de la moitié »... partis en terre plus xénophile.

C'est qu'il faut voir dans certaines de nos attitudes ethnocentriques, plus que de l'indifférence à l'égard de l'étranger, c'est de la franche hostilité.

Si ce n'est pas du côté de la migration (à moins d'un changement d'attitude draconien) qu'il faut regarder pour que les Québécois passent joyeusement le cap de l'an 2011, que leur reste-t-il?

« *La petite revanche des berceaux* », est une solution qui en vaut bien d'autres...

La natalité au Québec est un sujet tabou que personne n'ose aborder de peur de passer pour rétrograde, de « nationaleux dépassés », d'antiféministes ou d'hurluberlus.

Tout le monde pense « au problème des enfants » mais hélas... personne ne veut en faire...

Si l'on ne descend pas les berceaux du grenier... *et bientôt*, on peut tous aller se rhabiller... On prévoit au Québec pour les trente prochaines années un taux de mortalité plus élevé que la moyenne nationale et un taux de natalité plus faible.

« Les familles, autrefois, comptaient généralement 8 enfants; aujourd'hui un peu plus que 2, en moyenne, et la tendance à la baisse se continue », selon **Jacques Henripin**.

La revanche des berceaux des années '80 demandera donc un minimum de trois enfants par couple pour que la balance oscille du côté positif.

En 1760, nous étions 60,000, cent ans plus tard 600,000, et un autre siècle plus tard... « On est six millions de proche-parents ». Cet accroissement n'est plus possible, soit, *il n'est même pas souhaitable*, mais pourquoi les Québécois, après avoir si longtemps détenu un record de natalité, détiennent-ils celui de la dénatalité? Faisons des suppositions auxquelles nous pouvons toujours tenter de répondre: le climat économique, en général? le relâchement des principes religieux? la libération de la femme? ou un phénomène quasi mondial?

Ma campagne nataliste ne vise pas à surpeupler un monde qui craque déjà dans sa couche. Je souscris aux thèses natalistes en cours tout en posant la question de la survie des Québécois. *Nous devons peupler le Québec,* et sans le surpeupler.

Quant au climat économique, c'est aux Québécois d'investir leur argent selon les priorités qu'ils choisissent.

Veulent-ils quadrupler les montants versés en allocations familiales et aux services de garderies? Par ce même phénomène de dénatalité, les budgets de l'éducation vont forcément diminuer, alors où voulons-nous investir ces économies forçées?

La libération de la femme, est la réponse hypothétique la plus valable aux « berceaux qui ne veulent plus bercer »: elle a commencé à se faire sentir simultanément avec le relâchement de certains principes religieux. Je parle ici de la libération sexuelle. Et il y a bien une relation de cause à effet entre le sexe et la natalité…

Je tire du numéro de février 1976 de Maclean, un portrait robot du nouveau couple québécois, vu par la sexologue **Hélène Larivière** que je cite par bribes:

« Il y a eu 55,000 mariages au Québec l'an dernier dont 50,000 religieux et 5,000 civils ».

« L'union libre. Nombre imposant mais peu de statistiques ».

Le tiers des 55,000 mariages annuels finissent par un divorce et *la moitié des unions libres* ne tiennent pas deux ans.

« Le couple c'est l'affaire des femmes. Elles viennent s'informer, consulter sur la vie à deux… se plaignent des absences de l'autre. Ce sont elles qui refusent les enfants ou qui en veulent, qui choisissent les méthodes contraceptives. Ce sont elles qui discutent de la place de l'homme, de son rôle… Cela peut plaire ou déplaire, contredire les clichés à la mode… le couple est encore l'affaire des femmes ».

« *L'ère du matriarcat tire à sa fin.* Le père essaie tant bien que mal de partager avec la mère les responsabilités quotidiennes. Mais ce partage… reste une idée. Il faut parler d'une tendance. Peu-être d'un rêve impossible… »

« L'enfant, c'était autrefois l'accident obligatoire… 150,000 par an, il y a 25 ans; moins du tiers maintenant… Le temps passé à deux est beaucoup plus long que celui qu'avaient nos parents. À cela s'ajoute la longévité et les loisirs, autant de temps disponible pour faire un couple… ou pour le défaire »…

« Faire son devoir (de femme) en 1940, faire plaisir à l'autre en 1960, vivre sa vie en 1976… »

« Le sexe n'est pas un péché, c'est une obsession. En 1976, il faut jouir… (le droit à l'orgasme etc.) »…

« Le nouveau couple, c'est le couple « open », ouvert à la vie selon des choix personnels plutôt que selon des normes. On refuse de s'effrayer de tout ce qui était naguère menaçant mais le modèle de la libération à tout prix devient quelquefois aussi aliénant que l'ancien. Question de mesure ».

Mais il y a plus que le « non » d'une femme. C'est le changement des valeurs que l'on a pu observer ces dernières années et auxquelles nous nous ajustons mal qui pourrait être, en définitive, l'obstacle majeur auquel peut se heurter une campagne nataliste. Quelles conditions faut-il créer pour qu'un couple, pour que la femme dans ce couple trouve le moyen de se satisfaire comme individu tout en prenant plaisir à avoir *« les trois enfants de la survivance québécoise »*.

Jacques Henripin dit ceci : « Quand la fécondité légitime subit un changement, d'autres transformations se produisent en même temps qui affectent ce qu'on appelle habituellement la philosophie de la vie ».

La réponse appartient à la collectivité québécoise.

« Sauvez le Québec ! Faites un enfant ! », voilà qui se dit facilement… qui se fait difficilement.

Problèmes économiques, garderies, femmes enceintes au travail (ici le Québec retarde lamentablement sur les autres provinces), bourses d'étude, avortement, allocations familiales, voilà autant de problèmes que ne solutionne pas un slogan, j'en conviens. Mais…

Savoir que le Québec est en progrès démographique, que les berceaux bercent, que nous aimons toujours les enfants, tout cela, selon moi, ferait de nous de meilleurs Québécois.

Si vous me demandez pourquoi, je vous réponds… *parce que !*

3

La publicité et
le consumérisme

Les Québécois vivent sur le continent le plus envié des autres continents. Les Québécois qui critiquent l'Amérique, « *en portant le déguisement soigneusement étudié du prolétaire* », le font presque toujours le ventre plein, dans des salles de cours équipées des plus dispendieux systèmes de « hardware » audio-visuel, sur des chaînes de télévision qui donnent aux autres continents l'image de notre opulence technique en même temps que celle d'une liberté d'expression dont nous savons même abuser.

Le système capitaliste n'est pas parfait, loin de là. Certaines pièces de la machine sont usées, nous en conviendrons, mais on n'a pas encore prouvé qu'il y avait ailleurs une société parfaite.

> « *Au Québec, dit Jos Tremblay, y en a qui veulent tout détruire, tout sacrer en l'air parce que ça serait la seule façon d'avoir du neuf. On est fou raide. Moi, je sais qu'il faut changer, évoluer, mais avec les choses qu'on a en main... pas avec ce qu'on a pas... Un oiseau dans la main est mieux que trois sur la branche...* »

Il ne s'agit pas tant d'arrêter net de consommer que de mieux consommer. Ni de stopper la publicité que de la faire servir à consommer plus rationnellement.

L'objectif global des Québécois en consommation et en publicité, serait donc de *rechercher l'équilibre*, et en cela, le mieux-être de tous.

Il y a des antagonistes aux deux extrêmes. Dans le coin gauche, l'aspirant : il est pris d'un prosélytisme que l'on rencontre dans les syndicats, les universités, les média, les gouvernements, les groupuscules. Le « consommateur » deviendra alors un moyen, une arme pour détruire le système, une « classe opprimée », selon des modèles politiques du siècle dernier.

Dans le coin droit, voyez le champion, au visage tuméfié : il s'agit d'un capitaliste pour qui le statu quo est un moyen et une fin, pour qui le marché québécois n'est possiblement « qu'un marché de consommateurs ».

Les extrémistes, de gauche ou de droite, sont une engeance bien détestable. Il doit y avoir entre ces têtes chaudes irréconciliables de la place pour le gros bon sens !

Le consommateur moyen, le vrai ne se sent pas obligé d'avaler en même temps une pilule idéologique et un message commercial chaque fois qu'il consomme.

Les Québécois sont dans la grande baignoire américaine, au beau milieu de la baignoire ! L'éducation des consommateurs doit se faire à partir du contexte dans lequel ils vivent. Il est bien futile de penser que nous pouvons nous asseoir dans cette baignoire sans nous mouiller. Penser que « les Québécois ont vécu le 19e siècle, sous une cloche de verre et qu'ils sont aseptisés et immunisés contre le continent, qu'ils ont échappé miraculeusement au 20e siècle, cela tient de l'aberration.

Je l'ai dit, le Québec est un laboratoire de communication unique au monde. Pourquoi ne pourrions-nous pas tester de nouveaux angles ? C'est là, précisément, que je voudrais entraîner les publicitaires québécois.

Si les antagonistes veulent bien enterrer la hache de guerre et travailler honnêtement au mieux-être de leurs concitoyens, (j'évite le mot consommateur devenu négatif) c'est au Québec que nous pourrons aller le plus loin et le plus vite dans des expériences valables.

Je voudrais que la publication des « 36 cordes », comme celle de « *La publicité québécoise* », en 1976, soit une porte grande ouverte sur le sanctuaire mystérieux et initiatique de la publicité. Je veux que les Québécois reconnaissent à vue, les marchands véreux, les propagandistes de bonheur facile et les extrémistes.

Trop de publicitaires se plaisent encore à jouer les gurus, à passer pour les mercenaires du système, alors qu'ils pourraient en devenir les aristocrates.

En trente ans de publicité, je n'ai jamais mis en doute la puissance de l'instrument que je possède — la publicité — mais j'ai aussi appris à reconnaître ses faiblesses.

Dans un supermarché qui normalement tient en stock 7,000 articles, près de 1,500 disparaîtront des tablettes au cours de l'année. Sur quelque 30,000 nouveaux produits lancés aux États-Unis en 1972, 24,000 n'étaient plus sur le marché un an plus tard. Et la publicité?

Des produits moisissent sur les tablettes de l'épicier, des politiciens perdent leur dépôt, des télé-romans sont retirés des ondes après trois ou quatre mois de banc d'essai. Pourquoi? Le même phénomène a joué, les consommateurs, les électeurs et les téléspectateurs ont exercé un choix.

La publicité québécoise peut aller encore plus loin dans son auto-critique, devenant en cela sociale, tout en continuant sa lutte contre l'acculturation par la traduction publicitaire qui fait des Québécois des «consommateurs traduits et des mangeurs de biscuits cassés à la livre.

Chaque jour, le «pub» m'en apprend sur *moi*, sur la société, sur l'homme, celui qui fait des choses, qui consomme, sur l'homme qui vend, sur *l'homme qui dit*; sur les choses qui se font, qui se vendent et se consomment.

La publicité, *c'est par en avant qu'elle me pousse...* au point de m'être souvent laissé entraîner par elle dans de bien folles aventures avant-gardistes que l'on est bien forcé, à un moment, de ne plus attribuer qu'à la folle jeunesse.

Je perdais mes jobs parce que je refusais de traduire de la publicité américaine... je faisais perdre les clients de mes employeurs parce que je ne savais pas qu'il y a des choses que l'on ne devait pas dire à Toronto...» J'avais vingt ans... comme dit la chanson de Maurice Chevalier.

Quand, dans *les années 60*, je suis devenu suspect pour mes amis anglophones, (pourtant je les aimais bien)... en fondant le Publicité-Club, je voyais dans ce rassemblement des forces pour la publicité francophone, une première lueur d'espoir...

Plus tard, grâce à BCP, dont j'allais faire désormais mon outil, quand un client donna le feu vert à « *Lui, y connaît ça* » et acceptait le principe de la «séparation publicitaire», de deux campagnes indépendantes, l'une créée en français, l'autre en anglais... c'était pour moi, par la corde 20, *comme une seconde naissance.* Quand plus récemment, j'ai eu le plaisir de signer, avec de plus jeunes collègues, la reconnaissance d'une association d'agences francophones... quand tout le film se déroule, je suis forcé d'admettre que la publicité était, est toujours, pour moi, un instrument.

Curieux de moyen qui fait que, le midi, vous déjeunez en tête-à-tête avec un ministre et que, le soir, vous « soupez à la bière » dans une taverne pour interviewer des consommateurs anonymes...

Curieux de moyen qui peut vous faire « passer pour » séparatiste à Toronto et fédéraliste à Québec ! *Comme si un publicitaire ne pouvait se contenter d'avoir des idées et laisser à d'autres les idéologies.*

Quant à mon message quotidien, il n'a pas changé depuis vingt ans et j'ai eu cent bouches pour répéter mille fois la même chose. Ce message est à deux temps : Premièrement, « Québécois, vous êtes différents, vous pouvez vous affirmer, et je vous le démontre ». Deuxièmement, « Si ma démonstration vous plaît, achetez ce que je vous propose ».

Je n'ai jamais trompé ni les Québécois ni mes clients.

On a accusé BCP d'avoir fait déferler une vague de « tutoiement vulgaire » avec le slogan « As-tu envoyé ton $2 ? » pour la « Taxe volontaire » de Montréal. « Cela ne se ferait pas en France » avait écrit un puriste. Mais les Français n'ont peut-être pas besoin de la même solidarité que les Québécois. Parce que le tutoiement des Québécois est *un acte de solidarité « familière »,* ce qui échappe aux linguistes.

Si je dis à *un Québécois,* « Lui, y connaît ça », cela se traduit ainsi : il n'est ni un « cave », ni un infériorisé, ni un porteur d'eau. « On est six millions » dit exactement la même chose, mais à *tous les Québécois.*

« Récupération » disent certains penseurs, « politisation » disent les hommes politiques : on fait beaucoup d'honneur à nos campagnes. Je n'ai jamais cru de ma vie que les consommateurs québécois étaient semblables aux consommateurs anglo-saxons, en fait, *j'affirme qu'ils sont aussi dissemblables que possible.* Mon message s'arrête là, au neutre. Si l'on veut le « récupérer » et le « politiser »...

Dans « Les Québécois », **Marcel Rioux** parle des premières manifestations de nationalisme en Nouvelle-France et ce qu'il dit est essentiel : « Ce sera le commencement d'un long processus historique de *différenciation et d'affirmation du soi.* Pendant de longues périodes, la différenciation va l'emporter sur l'affirmation de soi, ce sont des temps de repli, de conservatisme et d'isolement. À d'autres époques... c'est l'affirmation du soi qui prédomine. On peut dire que c'est la prédominance de l'un ou de l'autre axe, différenciation ou affirmation de soi, qui va caractériser les périodes de conservatisme ou de créativité. La *différenciation* est négative ou maximise l'écart perçu entre soi et les autres. *L'affirmation* de soi veut exploiter ce que l'on croit être profondément et essentiellement ; elle est tournée vers le présent et vers l'avenir, alors que la différenciation est davantage tournée vers le passé. » « Lui, y connaît ça ! » était *une affirmation.*

En fait, c'est tout ça que dit la publicité de BCP, *dans l'affirmation toujours*, sans se départir de son rôle de vendre des biens ou des services. Et puisque l'agence a toujours au moins une cinquantaine de commerciaux en ondes, le message se répercute.

Sur l'identité juive, **Samuel Trigano** écrit : « Il y avait un rêve plus grand que le rêve par rapport à la réalité et plus grand que la réalité par rapport au rêve. »

Tout message comporte des risques puisqu'il véhicule une idée, donc une nouveauté.

L'homme de communication que je cherche à être n'a pas d'autre choix que de prendre le risque de « deviner » l'avenir, de l'extrapoler. Mon métier consiste précisément à « combler un vide », à « rapprocher des interlocuteurs possibles », à remplir une absence, à réduire des distances, à donner une forme, un nom aux fonctions sociales et économiques de vente-consommation, offre-demande, production-utilisation, en un mot de tous ces gestes qui enrichissent ou appauvrissent l'art et la joie de vivre !

Malgré tout, je ne saurais définir encore aujourd'hui ce qu'est vraiment la publicité. Jusqu'à ce jour, personne, ni gouvernement, ni annonceur, ni publicitaire, ni consommateur, ni moi, n'avons pu trancher le débat sur son efficacité réelle ou illusoire…

Comme discours public, *la publicité est la question* qu'une société se pose sur elle-même en s'en donnant elle-même la réponse. Elle nous raconte tout sur la circulation des biens, des services, des équipements collectifs disponibles. Elle nous dit tout sur les relations entre générations, sur le rôle des hommes des femmes et des enfants, sur les objets comme médiation entre les hommes, sur les valeurs protégées dans cette société. Elle nous dit tout sur nous et « **Dominion nous fait bien manger** ».

Elle dit tout sur un ton rassurant-optimiste, souvent sous forme de jeu. Il s'agit d'une réalité simplificatrice. C'est un instantané qui ne retient que les éléments grossissants, dont le montage, fait de symboles familiers, soutient l'argument de base : argument incitatif, sollicitant et invitant à l'adhésion. Mais l'efficacité de l'invitation, le pouvoir de l'argument, la publicité en tire autant, sinon plus, des éléments qui sous-tendent la démonstration que de la démonstration elle-même. C'est de ce surplus de sens qu'elle tire son efficacité. Et « **Un jour, ça sera ton tour !** »

Dumont, dans « Le Lieu de l'Homme », dit : « Nous sommes devant une société qui doit être restaurée tous les jours, où la mobilité et la diversité ramènent à l'incertitude sur les moindres choses, où seuls de perpétuels entretiens peuvent refaire le tissu social et permettre à chacun la détermination de conduites cohérentes ».

Dans un monde où la discontinuité des situations est devenue la règle, la parole (publicitaire) doit, sans se lasser, colmater les brèches, prononcer un sens pour ici et maintenant. Et « **Lui, y connaît ça !** », et je vous l'affirme.

Si j'en juge par l'angoisse des pages blanches que nous connaissons, nous, les idéateurs publicitaires, je crois bien que le « *discours public* » (la publicité) qu'une société se donne, n'est pas exclusivement une restitution globale et précise des biens et services en circulation. Ce n'est pas une bibliothèque mobile, ce n'est pas un catalogue, ce n'est pas un bureau de statistiques. C'est une chose de l'imagination.

Ça demeure un discours « autonome » tirant sa légitimité et sa puissance de son enracinement dans le réel et dans son interprétation du désirable pour une société, parce que « **Avec Coke, y a de la joie !** »

Il s'agit donc d'un discours se situant à égale distance de l'unité *producteur/consommateur* et de l'interprétation qu'une société se donne d'elle-même puisque « **Québec sait faire !** »

Comme instrument de récupération et de perpétuation, la publicité, sans aucun doute, s'apparente à d'autres instruments d'apprentissage et de standardisation sociale comme la famille, l'école, l'État. Elle cherche le consensus, oublie et nie les conflits, elle affirme et rassure quotidiennement sur la santé économique et mentale d'une collectivité, sur le mode de production en vigueur, sur la capacité de faire, de produire et d'absorber cette production. C'est peut-être dans ce rôle qu'elle apparaît comme une niveleuse de consciences, comme une manipulatrice des comportements, comme le plus menteur des crieurs publics. Mais « **Tout le monde le fait, fais-le donc.** »

C'est dans ce rôle aussi, et on peut bien le vérifier au Québec, qu'elle *témoigne quotidiennement* d'un imaginaire collectif fort, de l'existence d'une langue comprise de tous et bien de chez nous, de la richesse de nos *arts populaires*, des améliorations marquées du standard de vie des Québécois dans les trois dernières décennies, du niveau de développement de notre société, en un mot, de la cohérence de la vie quotidienne dans notre société, *tout comme elle témoigne en même temps du niveau de démocratisation d'un pays*. Et, « **J'ai un beau pays.** »

Comme agent créateur, comme instrument de transformation, dame Publicité s'apparente à d'autres outils de changement, à d'autres éléments de mutation, elle se situe dans la zone des *possibles* en orientant un changement voulu ou inconscient. Elle participe à un devenir collectif. (On n'a qu'à regarder le rôle de l'illustration, de la photographie, du film, de la musique, du design, de la danse, dans les sociétés occidentales depuis cent ans.) La publicité, tout comme les média de masse, a rendu acceptables et accessibles des images et des sons nouveaux qui auraient mis un quart de siècle à percer et qui seraient même mort n'eût-ce été du pouvoir d'accélération de ces techniques nouvelles. Comme autant de mini-téléromans, de 30 et 60 secondes, elle a participé à la fabrication d'un style québécois accessible ici, comme le prêt-à-porter avait déjà en Europe fait descendre la mode dans la rue. En ce sens, ici elle a joué progressivement un rôle d'accélérateur dans le développement des arts populaires: programmation télévisée, découverte d'artiste, design etc... Sans parler de sa participation originale, à la fabrication d'une identité culturelle québécoise solide. Et « **On est six millions** ».

La publicité, comme langage public, joue un rôle d'agent et d'interprète. Elle est un véhicule entre le producteur et le consommateur, entre un réel social et le désirable pour cette société.

Je ne m'interroge pas sur l'avenir de la publicité au Québec. J'y participe tous les jours.

La publicité d'ici, c'est-à-dire ses praticiens et son industrie, est définitivement née et se porte bien.

Elle n'a pas encore atteint sa pleine maturité, ce qui voudrait dire l'autonomie complète de la conception, de la fabrication et de l'administration des budgets.

La preuve de force de la publicité québécoise et la plus grande gratification de ma lutte *pour* la publicité québécoise *me viennent des Québécois eux-mêmes, de leur feedback.*

La publicité ne m'a pas seulement mieux fait connaître et comprendre les Québécois, par leurs racines, leurs 36 cordes sensibles, elle me les a fait aimer; elle m'a fait m'interroger sur leur passé, leur présent et leur avenir.

La publicité, à mon avis, comme langage public, comme possibilité d'accès à des grands groupes comme instrument d'interpellation publique, la publicité, dis-je, est là pour rester, comme les média *eux-mêmes* quels que soient les modes de production et quelles que soient *les formes d'organisation sociale en vigueur.*

La publicité voit son avenir lié à l'avenir des sociétés ellesmêmes. Elle servira bientôt des intérêts multiples et conflictuels, car le pluralisme de nos sociétés modernes encourage l'expression des groupes les plus diversifiés.

Tout groupe ayant des enjeux à débattre ou des services à offrir, ou des biens à vendre ou à échanger doit pouvoir recourir à cette forme privilégiée de langage que constitue le langage publicitaire pour faire valoir son point de vue.

Le publicitaire devient ainsi le *catalyseur, l'instrument, le medium* et, dans cette optique il doit demeurer accessible à tous et se faire l'interprète des situations commerciales ou sociales.

*La publicité s'appuiera donc sur la définition qu'une société —
le Québec, par exemple —* se donne d'elle-même, sur ses aspirations
à moyen terme et sur la signification « sociale » du produit, du service ou de l'idée à propager. Le langage publicitaire, ainsi envisagé,
épouse le style du ou des sous-groupes, et de leur position relative
face aux aspirations de toute la société.

*La publicité se fera pour une société de plus en plus segmentée,
nuancée, chacun se distinguant non plus par ce qu'il a, mais par ce
qu'il est.* Désormais, la publicité devra développer des approches
et des niveaux de langage variant avec les objectifs sociaux et économiques de ces sous-groupes. Elle sera mouvante et en perpétuelle
recherche car ce sera sa seule façon de suivre la trace du public qui
lui-même bougera d'un sous-groupe à l'autre.

Demain, la mission de la publicité québécoise sera plus que
jamais de concourir avec tout son savoir-faire à l'avenir de l'homme. Dès qu'ils se décideront, je le répète, les publicitaires québécois
qui trop souvent se plaisent à passer pour les mercenaires de l'économie — pourront en devenir *les aristocrates*. Ce jour-là, la publicité québécoise sera *totalement responsable.* (Il faut la défendre et de
l'intérieur et de l'extérieur).

Il ne fait pas de doute que le publicitaire québécois, celui qui
va faire un succès de sa carrière est celui qui *voudra* que les consommateurs réussissent eux aussi.

Il sera homme social.

4

L'entrepreneurship

On a tellement répété aux Québécois, ceux de la 11e force économique mondiale, qu'ils n'étaient pas faits pour les affaires, qu'ils ont fini par le croire.

Il va falloir combattre de toutes nos énergies cette superbe menterie soigneusement entretenue pendant deux cents ans par « le catholicisme canadien-français » et plus récemment par un certain « socialisme d'ici ».

Si je n'avais pas été servant de messe à l'Oratoire, je ne serais pas le président de BCP Publicité.

Entre deux « répons », ânonnés machinalement à un vieux Ste-Croix devenu sourd, je ne pouvais m'empêcher de « croire » : le dynamisme, l'organisation, l'achalandage de cette cour à miracles me fascinait. « Chaque brique a été payée plusieurs fois par des Américains miraculés », avait dit un aîné. Le Frère André produisait son miracle hebdomadaire, l'huile de Saint-Joseph se vendait à la barrique, la revue de l'Oratoire touchait une trentaine de pays, les neuvaines rapportaient, le coeur **d'Alfred Bessette** attirait les foules, Fidès lançait « Mes fiches », la JEC partait en triomphe, « les Compagnons » du Père Legault jouaient « Le Noël sur la place »…

Mystique, je l'avoue, et fasciné par le feedback de tous ces ex-voto qui tapissaient les murs du sanctuaire, que vouliez-vous que je fasse?

Ce sont les grands orateurs sacrés de l'Oratoire, qui m'ont révélé l'Épitre aux Corinthiens, « ce merveilleux projet de relations publiques pour Jésus-Christ ». Quand **Paul** écrivit cette épître-là, plus ambivalente que ses treize autres, il ne se doutait pas qu'il allait confirmer un jeune Canadien français dans le choix de sa carrière...

J'allais, dès lors, tirer une bonne leçon de cette Église catholique-canadienne-française: l'exemple venant de haut, je me suis dit *qu'il était plus facile d'être vertueux en étant riche qu'en étant pauvre.*

La richesse « temporelle » du clergé québécois remonte loin dans notre histoire.

On peut se demander pourquoi les Anglais, après les Plaines d'Abraham, n'ont pas exigé de nos quelque trois cents religieux la rançon du vainqueur? Nos gens de robe étaient de fins diplomates, de bons relationnistes, des champions du compromis; ils savaient tout donner sans jamais rien céder.

« Les voix mystiques » de ma corde 20 (celle de l'Oratoire!) ne m'avaient pas trompé, j'étais en bonne compagnie puisque la fortune du clergé québécois devait être évaluée, en 1975, à $1 milliard et quelques poussières, tout à fait à la hauteur du saint entrepreneurship québécois, du divin entrepreneurship!

L'entrepreneurship étant le « sine qua non » de la survie des Québécois, nous n'allons en dénigrer ni une forme ni une autre; depuis la plurinationale jusqu'au plus simple métier d'artisanat, toutes les entreprises trouveront grâce à nos yeux et nous allons les défendre avec une égale obsession.

« Autrefois, écrit **Réjean Claude** dans Le Devoir (8-6-77), on se méfiait du monde des affaires en raison de motifs religieux ou moraux. Aujourd'hui, ces motifs ont fait place à des motifs idéologiques, tantôt socialistes, tantôt nationalistes... On les (les hommes d'affaires) accuse volontiers d'être de vulgaires créatures impuissantes quand ils ont le malheur d'être au service d'entreprises qui ne sont pas possédées ou contrôlées par les nôtres: si au contraire, ils oeuvrent au sein d'entreprises qui émanent à cent pour cent du milieu, on trouve quand même le moyen d'insinuer qu'ils sont inféodés aux établissements étrangers... »

Mais tout à coup le vent tourne. « Nous avons 101 bonnes raisons d'entrer dans les multi-nationales du Québec et nous avons bien l'intention d'y aller » dit un étudiant des H.E.C.

De la plurinationale au Québec, **Jean-Luc Migué,** cité par **Léon Dion**, dans « La prochaine révolution », écrit: « La société québécoise n'a jamais su tirer tout le profit qu'elle était en droit d'attendre des sociétés plurinationales installées ici. Mais comment rendre possible l'intégration du « bras québécois » de l'entreprise internationale ? » **Migué** mentionne deux éléments (en 1970): d'abord l'intégration systématique et à tous les niveaux, et plus particulièrement aux niveaux supérieurs d'un personnel à peu près entièrement québécois, suivant en ceci l'exemple d'autres pays, comme le Mexique...

Ensuite, *la participation active des entreprises plurinationales à la vie québécoise*: établissement de programmes cohérents de recherches (etc.)... le dernier ensemble de mesures serait d'application facile étant donné que les cadres supérieurs des entreprises seraient des Québécois connaissant bien le milieu... »

Si, d'une part les Québécois s'intègrent aux multinationales et si, d'autre part, les multinationales s'intègrent au Québec, l'entrepreneurship ne peut que bien se porter. Pour une dizaine de multinationales ou importantes entreprises canadiennes qui ont totalement et volontairement réalisé les deux conditions dont parle **Migué**, il en existerait encore une centaine qui n'ont jamais daigné faire le moindre effort pour s'intégrer à notre société.

Pourquoi telle savonnerie, qui, en dentifrices seulement, a un chiffre d'affaires de $22 millions au Québec, se préoccuperait-elle de la santé dentaire à Chicoutimi ? Un grand manufacturier d'automobiles, caché par l'anonymat de ses marques nationales, devrait-il s'inquiéter de la sécurité routière en Estrie ?

C'est prouvé, dès que des Québécois occupent des postes-clefs dans des multinationales, la conscience « québécoise » de « ces grandes inconscientes » se manifeste presque automatiquement.

L'Église, et j'y reviens, répond à la structure classique des multinationales: siège social, hiérarchie, franchises territoriales, recherche de nouveaux marchés (par le missionnariat), relations publiques, etc. Toute structure hiérarchique avec ses leaders charismatiques, est forcément mystique.

Pour en avoir connu des centaines, je sais que les P.D.G. québécois sont des mystiques, des « bâtisseurs de cathédrales ».

À qui allez-vous attribuer cette citation ? « C'est une oeuvre de paix que nous léguons aux générations qui nous suivront. Nous espérons qu'elles sauront reconnaître dans cet héritage le talent, le courage et le génie particulier de notre collectivité ». Au **Cardinal Léger** s'adressant aux bénévoles de l'oeuvre "Fame Pareo » ? Au Chanoine **Groulx** s'adressant aux élèves de l'ancienne faculté d'histoire ? ou à **Alfred Rouleau** du Mouvement Desjardins ? Bien sûr ! À **Alfred Rouleau.**

Nous parlons du Mouvement Desjardins: son fondateur **Alphonse Desjardins** n'a pas fait plus que de convertir un rêve, celui d'un grand mystique, en actifs qui dépassent $7 milliards... Né dans les sous-sols d'église, le Mouvement Desjardins, après une forte secousse laïque a trouvé une vitesse de croisière étonnante grâce à des leaders charismatiques et mystiques. On peut, à la fois, avoir des préoccupations sociales et faire un succès financier de son entreprise.

Personne ne voudra voir dans le mouvement coopératif la seule planche de salut de l'entrepreneurship québécois, mais à partir du calibre de ceux qui y sont engagés et de la tangibilité des résultats de ces entreprises financières ou des co-ops de l'agro-alimentaire, il faut bien admettre « que la formule paraît particulièrement connaturelle aux Canadiens français ».

Notre racine catholique nous mène sans paradoxe au désir d'entreprendre, à la volonté de bâtir et à vouloir accumuler des richesses matérielles, n'en doutons plus.

Dans une entrevue (La Presse (4-7-77), **Gilles Vigneault** y va d'une déclaration qui, de son propre aveu, le surprend : « Un industriel, le mot fait peut-être un peu bizarre dans ma bouche, qui n'aurait pas vendu sa compagnie aux Américains, préférant continuer plutôt que d'empocher tout de suite son premier million, a fait plus pour le 15 novembre que nos chansons à nous tous »…

Le défi québécois de l'entrepreneurship est beaucoup du côté de la P.M.E. Et je n'ai pas dit exclusivement.

Roger Bédard, dans « Comment développer les petites et moyennes entreprises » dit : « On sait que les P.M.E. produisent 50% de tous les biens et services au Québec, qu'elles y offrent plus de la moitié des emplois et qu'elles représentent pour les vingt prochaines années un potentiel de croissance aussi considérable que les grandes entreprises. Les insuffisances dans le domaine du marketing, plus encore que le manque de moyens financiers retardent leur progrès. La réussite d'un grand nombre de P.M.E. résulte directement de la qualité de ses innovations, souvent techniques, comme la souffleuse à neige Sicard ou la motoneige Bombardier ».

Déjà, nous fait remarquer le directeur des H.E.C., **Pierre Laurin**, dans « Facteurs humains de la croissance des P.M.E. », des professeurs chevronnés ont conçu et commencé à donner des cours en administration, finance, et marketing, spécialement destinés à ceux qui veulent oeuvrer dans une P.M.E…. »

Si nous avons besoin des gestionnaires, nous avons encore plus besoin d'entrepreneurs.

Une entente conjointe Québec-USA, dans l'industrie du sirop d'érable, est à suivre. Les Américains, « ne mangent pas le monde », mais il s'agit là d'un pays où l'on ne vous fera pas de faveurs… Vous avez un bon produit ? Vos prix sont compétitifs ? À vous, le marché américain, le plus gigantesque marché de la planète. « A vous aussi, les hommes réputés les plus durs du business. Des footballeurs, des professionnels habitués à se battre, directs, froids, pragmatiques et qui ne vous feront pas de cadeaux. »

Je n'exclus pas le monde syndicaliste du défi de l'entrepreneurship québécois: les syndicats étant des entreprises hiérarchiques au sein d'entreprises hiérarchisées. Certaines de nos centrales syndicales, et non les moins bruyantes, préfèrent encore le messianisme à l'entrepreneurship, le brassage d'idées au brassage d'affaires.

Dans une économie comme la nôtre, il faut savoir résister à l'attrait masochiste du complexe de culpabilité. L'environnement contestaire et le faux intellectualisme souvent manifestés par des penseurs syndicaux hors du contexte concret de la vie font que *trop de monde crachent dans la soupe... aux pois.*

Il est beaucoup plus facile de réclamer à grands cris le partage du gâteau entre un plus grand nombre de convives que de relever ses manches pour cuire des gâteaux afin que chacun en ait une plus grosse part.

« Stagnation économique au Québec. » À qui la faute? Un sondage réalisé par le Parti Québécois et publié, en partie, dans La Presse (26-5-77), indique que 36% des Québécois attribuent la faute aux syndicats, 30% au gouvernement fédéral, 19% au gouvernement provincial actuel, 9% au patronnat et 2% à l'ancien gouvernement du Québec.

« Il ne sera pas plus aisé « de casser le système » ici qu'ailleurs », écrit **Léon Dion**. « Il convient de rappeler que dans aucun pays industrialisé il n'a été jusqu'ici possible à des partis politiques socialistes une fois parvenus au pouvoir par les voies démocratiques normales, de convertir ces pays au socialisme. »

Un propriétaire de P.M.E. à un colloque tenu sur la Rive Sud en 1976 a suggéré que les salaires des présidents de compagnie soient « garantis » par les gouvernements. On a ri! Le choquant ne choque même plus...

Suggérant aux Québécois de revaloriser l'entrepreneur, le professeur **Jean-Marie Gagnon** de Laval fait deux hypothèses pour le moins pessimistes: « Les hommes d'affaires québécois n'ont plus ni créativité, ni désir d'entreprendre et cela pourrait s'expliquer par le peu de prestige que le milieu attache à la réussite en affaires; enfin, en croissant trop rapidement, le secteur public accapare les ressources humaines et matérielles et vide le secteur privé de sa substance et le condamne à la stagnation ».

Mais nous n'allons quand même pas exclure l'entrepreneurship des para-gouvernementales, des entreprises nationalisées et des sociétés qui servent à la promotion économique collective du

Québec, la S.F.G., la SOQUEM, la SOQUIP et d'autres. L'anémie du secteur public québécois a été largement comblée depuis 1960.

On a trop souvent reproché à ce secteur la stagnation ou, à l'opposé, la pagaille; c'est un fait que la communication avec le grand public fait défaut: on aurait intérêt à l'élargir, surtout que les Québécois se réveillent à la chose économique.

Que nous soyons «les hippies» du monde des affaires nord-américain, ou que le contexte soit plus difficile pour nous que pour d'autres, je veux bien, mais cela ne doit pas nous empêcher d'entreprendre, de retourner nos handicaps en notre faveur.

Encore faut-il se présenter aux examens d'admission de l'entrepreneurship, faire taire ces habitudes morbides que nous avons de nous diminuer, de «chiquer la guénille» ou de se rabâcher les erreurs de nos ancêtres. «Dans ce domaine comme dans les autres, dit encore **Léon Dion**, les Québécois comme tous les peuples, ne portent pas plus que le poids de leur passé».

On n'enlèvera pas aux Québécois «la liberté de réussir».

5
Le produit culturel québécois

La culture latine est-elle plus porteuse de créativité que les autres? Ne laissons pas la réponse à la corde 31...

Les Québécois, dans les faits, semblent plus créatifs que leurs compatriotes anglo-saxons, ces derniers en conviennent, et pour la publicité, du moins, c'est acquis depuis longtemps.

Et nous avons un public: les cordes 4, 17, 20, 25 et 28 nous ont décrit suffisamment d'aspects de ces Québécois, acteurs ou spectateurs.

Je ne veux pas entreprendre de faire l'inventaire de notre culture ou recopier le « Livre vert » de **Jean-Paul L'Allier** sur ses deux cent cinquante-huit pages... Je vais me contenter d'un bref commentaire à partir d'une remarque de Jos Tremblay, repiquée sur une bobine de magnétophone datée du 9-9-75:

> « *Tu vas rire... et c'est pas parce qu'il vient de par chez nous... mais je pense que* **René Simard** *a autant de mérite que* **Félix Leclerc** *ou en tout cas que bien d'autres. Ça te fait rire? Y vend plus de disques que d'autres, y fait dix fois plus d'argent que n'importe qui. Là, les journalistes le descendent parce qu'il chante en anglais à Las Vegas. On a-tu une maudite mentalité de Canadiens français! La*

*reine a décoré les Beatles en Angleterre, tu te sou-
viens? Au Québec, on dirait que le gouvernement
s'occupe juste des artistes qui n'auront jamais de
succès...* »

À la première audition de cette bobine, les remarques de Jos
me paraissaient partiales et « engagées » par la corde 31, (mon inter-
locuteur n'habite pas très loin de la famille Simard) et je l'avais
rangée dans la boîte marquée: « *inutilisable* ». Par hasard, j'y suis
revenu et j'ai compris que Jos aime juste un peu trop tous ses artistes...

Au fond, *Jos dit que « l'industrie » de la culture au Québec,
c'est de la bouillie pour les chats.*

Je veux parler des « produits » culturels: commerciaux de
télévision, livres, périodiques, disques, artisanat, tourisme etc.

Le Québec risque de devenir une « Kételrie » culturelle. « L'aide à l'industrie culturelle québécoise, écrit **Jean-Paul L'Allier**, et
certaines formes de protection du marché québécois ne doivent cependant en rien entraver la liberté des citoyens en regard de leur
droit de choisir, de consommer tel ou tel bien culturel qu'il soit
d'ici ou d'ailleurs. *C'est en appuyant des actions visant à améliorer*
la qualité de ces produits et de leur mise en marché, en participant
à ces campagnes d'éducation populaire que nous pourrons améliorer la « consommation québécoise pour ces produits d'ici ». L'Allier
fait mouche.

La comparaison, le marketing de notre culture n'est pas mieux
structuré que l'agro-alimentaire où « le degré d'auto-suffisance est
de 45% alors qu'il pourrait être facilement porté à 70%. »

Je ne prône ni l'auto-suffisance culturelle, imaginez le cul-
de-sac, ni de tourner le dos à la France et aux États-Unis; mais un
peu de mercantilisme de bon aloi dans la mise en marché de nos
produits culturels produiraient des retombées de millions de dollars
tout en matant la « Kételrie ».

Il y a plus qu'une question d'attitude de la part des « hauts-
placés » gouvernementaux et des promoteurs eux-mêmes des industries culturelles »: les uns, planant au-dessus des problèmes con-
crets, cherchent à éviter l'anathème de « vendeurs »; les autres, étant
peu enclins à faire front commun, à définir leur secteur, jalousent
les subsides émiettés que certains réussissent à obtenir par la filière
de Québec ou d'Ottawa, souvent après avoir fait jouer un Ministère
contre l'autre.

Examinons quelques secteurs.

Victor Lévy-Beaulieu, dans La Presse (3.10.77) affirme que
« le livre québécois est condamné à mort ».

Le doyen des éditeurs québécois, **Pierre Tisseyre**, fait le bilan de l'édition pour l'année 1976, dans Action Canada-France (mai 1977): « Il y a 44 éditeurs membres de l'Association des éditeurs canadiens, 14 membres de la Société des Éditeurs de Manuels scolaires du Québec; 657 titres déposés à la Bibliothèque nationale de Québec dans le domaine de l'enseignement et de l'éducation et 424 titres d'ouvrages littéraires. Ce sont des chiffres impressionnants qui, à première vue, pourraient faire croire que l'édition se porte bien au Québec. Il n'en est rien et cela pour deux raisons: exiguïté du marché et concurrence étrangère... Si dans de telles conditions l'édition québécoise survit, c'est évidemment qu'elle est aidée. C'est le conseil des Arts du Canada qui permet aux éditeurs littéraires ou scientifiques de publier presque tout ce qui le mérite. Le Ministère des Affaires culturelles avait laissé le champ libre au fédéral. »

Après la nourriture spirituelle, nous passons à la bonne soupe pour écouter un jeune hôtelier québécois, **Pierre Minville**: « Nous sommes colonisés au Québec par la cuisine des autres. Notre cuisine québécoise est loin de se limiter aux ragoûts de boulettes, aux tourtières et aux fèves au lard... aux « hot chicken » et aux spaghettis italiens. Il y a des ingrédients propres au Québec... qui méritent qu'on les hausse au rang de la gastronomie: les crevettes de Matane, les bigorneaux, l'esturgeon fumé, le sirop d'érable. Et que dire du gibier d'inspection nous garantissant une qualité stable. Il y a vingt ans, ajoute le jeune *maître-queux*, nous n'entendions à la radio que des chansonnettes françaises. Aujourd'hui, nos chansonniers ont démontré qu'ils avaient quelque chose à dire qui nous touche de près, qui nous ressemble. En cuisine, c'est pareil ».

Au fait, de quel ministère relève un entrepreneur comme Minville? Tourisme?, Affaires culturelles?, Industrie et Commerce?, Agriculture, Consommateurs?, Santé? Du ministère qui voudra « l'encourager »?

L'industrie de la publicité, comme celle de la restauration québécoise, n'a jamais su à quel saint se vouer à Québec ou à Ottawa.

Il y a dix ans, en 1967, la revue torontoise « Marketing » m'invitait à faire des prédictions sur l'avenir de la publicité québécoise. (Je me traduis, bien sûr). « Cela est écrit sur les murs au Québec que l'étiquetage, l'affichage, la vente au comptoir et la publicité se feront uniquement en français, et cela, avant 1980. Déjà, **M. Pierre Juneau**, du Conseil de la radio et de la télévision canadiennes, parle de contenir les commerciaux américains sur les stations de télévision anglophone: si le CRTC est conséquent, il bannira également la publicité traduite pour le Québec puisqu'il s'agit du même phénomène de déculturisation et que l'on ne peut protéger la seule culture anglaise du pays et laisser tomber l'autre. On sait qu'à ce sujet, le Publicité-Club de Montréal, en pleine crise de conscience et d'allégeance, songe à retirer la catégorie « traduction » de son Concours annuel de la publicité. Personnellement, je m'engage à élever un monument sur une grande place publique au premier de nos serviteurs publics, nommé ou élu, qui musellera la traduction publicitaire au Québec une fois pour toutes. Il aura bien mérité de la Patrie puisqu'en promouvant la création publicitaire, il aura créé simultanément un événement culturel et un événement économique alors que la traduction « continue de nous faire porter de l'eau, et vite, à Toronto et rapidement, à New-York, sans que jamais rien ne se crée et que toujours tout se perde. »

Ces prédictions de 1967 ne sont pas encore toutes réalisées; l'étiquetage, l'affichage et la vente, oui: le Publicité-Club ne « reconnaît » plus la traduction à son concours annuel: le C.R.T.C. a bel et bien réglementé l'entrée des commerciaux américains au Canada « pour la langue anglaise seulement », créant ainsi un « événement culturel et économique » anglophone mais la publicité francophone est restée en plan.

Mais je ne désespère pas. Je continue d'amasser des fonds pour ce monument public, et pour cause.

Au cours d'une conférence qu'il prononçait devant les membres du Publicité-Club de Montréal (23-9-77), le Ministre de la culture, M. **Louis O'Neill** a mentionné « le colonialisme culturel » comme étant parmi les reproches le plus fréquemment adressés à notre publicité. Cette conférence passera sans doute à la petite histoire de la publicité québécoise puisque c'est la première fois qu'un ministre parlait « officiellement » du plus grand vice de structure du milieu publicitaire.

Madame **Lise Payette**, « par la bouche de son canon », M. **Pierre Meunier**, directeur de l'Office de Protection du Consommateur du Québec, parlant devant les membres de l'Association canadienne des Annonceurs, à Toronto, (1.10.77) reprend et renforce l'argument de M. O'Neill: « En 1975, seulement 22% des annonces nationales diffusées en français à la télévision étaient créées en français et produites au Québec... Cette situation nous semble encore aujourd'hui inacceptable. Nous sommes conscients que la publicité est un véhicule important de valeurs et de normes et il est essentiel que son contenu surgisse du milieu même auquel elle s'adresse et qu'elle influence fortement. C'est pourquoi nous pensons que les annonceurs devraient reviser leurs vues en la matière. Le Québec a une spécifité culturelle et il importe d'en tenir compte tant par respect du consommateur que par souci d'efficacité ».

On doit se rendre compte qu'une seule annonce télévisée au Québec peut atteindre un million d'auditeurs: si vous multipliez par autant de millions qu'elle passe de fois en ondes, vous êtes devant un monstre. Alors vous allez vous demander pourquoi on écrit encore des livres… et pour combien de lecteurs… et surtout pourquoi on les subventionne? (Le tirage moyen des 1,500 titres publiés en 1976 a été de 3,500 exemplaires, pas forcément vendus).

« On écrit encore des livres au Québec, dit un éditeur, et n'en déplaise à Monsieur **McLuhan**, parce que nous sommes civilisés ».

Mais les éditeurs, les cuisiniers et les publicitaires partagent leurs problèmes avec d'autres entrepreneurs de produits artistiques Les journaux en parlent…

« L'impressario **Guy Latraverse** en difficultés financières » (Les journaux mettent le pauvre **Latraverse** en faillite tous les six mois depuis quinze ans).

« Après cinq ans de vaches grasses, le cinéma québécois attend les vaches maigres: **Pierre David** n'est pas d'accord ».

En même temps que ces gros titres expriment un malaise, ils parlent de nos cordes sensibles 9, 19, 28 et 36.

Le marketing du produit culturel québécois « qui n'est ni meilleur ni moins bon que ceux des autres, mais qui est **Nous** » est un projet collectif d'envergure qui aura besoin « du nerf de la guerre ».

Lequel des deux ministères, le M.I.C. ou le M.A.C. va suggérer un plan d'action aux multinationales du Québec qui voudraient s'intégrer à notre culture? Il y aurait chez ces dernières pas moins de $10 millions qui traînent…

Le mécénat d'Imperial Tobacco, par exemple, par le Conseil du Maurier pour les arts d'interprétation, a permis depuis cinq ans, de distribuer près de $500,000 à des entreprises artistiques du Québec, du Théâtre du Nouveau Monde au Théâtre de Cap Rouge.

Quelle belle racine, si seulement on veut se donner la peine de la convertir au pratico-pratique.

6

La langue québécoise

Tous les Québécois sont bien d'accord pour conserver leur langue mais personne ne sait au juste quelle langue il leur faut parler.

J'en veux comme exemple du marasme, un article du journaliste **Jean-Guy Dubuc** (La Presse, 27.5.77): « Que l'on pense à la mauvaise qualité de la langue utilisée dans la publicité écrite ou parlée... Même Radio-Canada accepte cette publicité, même certains Ministères, celui du Tourisme, transmettent le mauvais goût. Sans parvenir à une législation, le Gouvernement pourrait commencer par donner l'exemple, inviter les maisons de publicité à se faire publicistes de notre *langue*... »

Mais **Dubuc**, pas plus coupable que d'autres, ne précise pas ce qu'il entend par « *notre langue* »: il s'en prend, j'imagine, à ceux qui ne parlent pas *sa langue à lui*. Advenant que les publicitaires veuillent bien se substituer aux 30,967 professeurs du Québec, encore faudra-t-il leur préciser les canons de la langue qu'ils doivent « enseigner » aux Québécois.

Mais la langue française, voyons! Minute papillon!

Parler ou écrire le français de France, celui de **Flaubert**, est bien grande utopie disent certains Québécois. Si l'on parle « l'américain » chez nos voisins, pourquoi ne parlerions-nous pas le « québécois » au Québec? On dira « traduit du québécois » comme on dit « traduit de l'américain ».

On peut trouver beau le texte de « La tentation de Saint-Antoine », mais ce n'est pas nécessaire de le savoir par coeur pour écrire un slogan qui communique au Québec. Un publicitaire explique « qu'une certaine langue québécoise ressemble aux Québécois dans leurs actes quotidiens... se faire monter un bateau... se faire passer un sapin... se sucrer le bec... avoir mal aux cheveux... le lendemain de la veille... avoir mal au galarneau... se lever à l'heure des poules... donner la claque ». Il demande: « Pourquoi les messages télévisés n'utilisent pas ce genre d'expressions ou encore les mots de nos origines normandes: les « créatures », « à c't'heure », « itou »; ou que l'on prononce « la » pour lait ou « craire » pour croire, ou « démie » au lieu de « demie »? Quel mal y a-t-il à utiliser ces mots surtout s'ils communiquent? Mais tous les publicitaires ne sont pas d'accord avec lui.

Eux-mêmes y perdent leur latin ou se contentent de répéter ce que disait autrefois **Gratien Gélinas**: « Changez la langue du public et mon texte se modifiera automatiquement dans le même sens ».

Le monde ordinaire doit-il tendre vers une langue? ou la langue doit-elle être l'outil de ceux qui la parlent?

Nous aimons, au Québec, l'image qui fait choc, celle qui décrit crûment et brièvement une situation, un sentiment, une manière d'être.

« La parlure des Québécois » n'est pas forcément du joual.

Lisez l'ex-publicitaire **Yves Thériault**: il écrit une langue authentique qui communique « ne craignant pas la simplicité, sans faux joual, sans expérimentation phonétique, sans faux populisme ». Plusieurs de ses expressions sont autant d'images fulgurantes de notre quotidien, véritable coup de poing dans la réalité de la communication.

Notre langue aurait besoin du consensus de plusieurs pour devenir le bien commun de tous.

Nous n'avons pas de langue parce que nous n'avons pas ce consensus.

Les « forgerons » de la langue, poètes, romanciers et journalistes ne sont pas prêts non plus à faire l'unanimité autour de leur outil de travail.

Lise Gauvin, dans « Études françaises » cite des « irréconciliables ». **Victor Lévy-Beaulieu**: « Le joual, c'est un faux problème. On est là-dedans; on a pas le choix, il faut s'en servir car c'est un élément de notre vie collective... » **Michel Tremblay**: « Le joual c'est la substance même de notre drame ». **Jean Éthier-Blais**: « L'écrivain québécois qui est par définition prophète a donc le devoir le plus strict de décrire la réalité dans un langage universel, le français classique et nul autre ». **Réginald Martel**: « Marie-Claire Blais » (« Nous sommes tous des trous-de-cul ») a inventé une langue que ni les Français ni les Québécois ne parlent ». **Giuseppe Turi**: « Le « Québécois » pourrait être une nouvelle langue, née du parler populaire et du joual de la même façon que le français est issu du latin vulgaire ». **Gaston Miron**: « Un créateur a toute liberté d'utiliser tous les niveaux de langue séparément ou en même temps pour créer une oeuvre ». **Jean-Paul Desbiens**: « ... Parler joual, c'est précisément dire « joual » au lieu de cheval... Le joual est le symbole de notre inexistence ». **Gérald Godin**: « Le bon français, c'est l'avenir souhaité du Québec, mais le joual c'est son présent ». **Marcel Rioux** ajoute: « C'est le joual, la plus noble conquête des Québécois ».

Le débat fait rage! Certains veulent parler « joual », d'autres « en termes » comme dans j'val... quelques-uns, ni l'un ni l'autre. On se cherche, on se crie des noms, on tergiverse.

Pourtant, ça presse! « Traduits et traduisants », les Québécois n'ont pas échappé aux dangers du bilinguisme; les spécialistes ont pu noter les méfaits, à long terme, de la transculturisation et de la babélisation, qui nous guettent de même que l'anémie de notre esprit français.

Le jour où nous ne dirons plus: « Il parle bien... il parle mal, il parle joual, il a l'accent français », ou encore « Heureusement que j'écris mieux que je parle », ce jour-là nous ne nous amuserons plus à comparer le français du « 10 » à celui du « 2 », et seulement ce jour-là nous aurons une langue bien à nous.

Entre temps, personne ne sait quel français écrire, quel français dire: les politiciens, les journalistes, les panelistes font eh!

Comme l'implantation du système métrique, devrait-on confier ce problème à des gens de marketing et oublier les chapelles de linguistes?

Oui... peut-être!

Quelle langue?

Le « franquébécois », ça m'irait... si seulement je pouvais vous dire ce que ça mange en hiver.

Conclusion

Conclusion

Les racines immuables et les cordes mobiles

Les décisions que le Québécois prend tous les jours au niveau des cordes sensibles sont déclenchées depuis le tréfonds de ses six racines culturelles.

« L'époque exige qu'on se définisse à partir de valeurs nouvelles, écrit **Jacques Languirand** dans La Presse, je dirais au niveau des BRANCHES; mais elle exige qu'on se définisse aussi à partir de valeurs permanentes, au niveau des RACINES ».

Le « Nosce te ipsum » vaut autant pour les masses que pour les individus: plus la masse québécoise se connaîtra elle-même, plus libres seront ses choix collectifs.

« La meilleure façon de guérir, suggère **Marcel Rioux**, c'est de se reconnaître pour ce qu'on est et d'aller au bout de soi-même ».

Les six racines sont immuables, permanentes.

L'ésotérisme dit: « L'arbre n'est pas que de ce monde, il puise dans l'en deçà et monte jusqu'à l'au-delà ».

L'en deçà québécois est fixé depuis 1608. Ni vous ni moi n'y pouvons rien changer. L'au-delà, c'est aujourd'hui et demain.

Notre arbre à nous, Québécois, va donner des fruits « made in Quebec » produits de notre sol, de notre climat, de notre environnement autant qu'un pommier donne des pommes et un cerisier des cerises. Nous sommes mûrs, en tant que Québécois, pour produire des fruits québécois, venus de nos six racines fixes.

Les 36 cordes sont mobiles.

Les cordes, même les plus légendaires, les plus stéréotypées ou archétypées ne sont pas immuables. J'ai fait plusieurs fois la démonstration de cette mobilité de la mécanique à vibrer de la société québécoise. On a vu que la corde du mysticisme, en particulier, hier moteur religieux, était presque devenue moteur politique.

« Les sociétés ne font-elles que déplacer les figures globales qui servent aux individus à la tâtonnante recherche de l'actualisation de soi? » demande le sociologue **Fernand Dumont**. La société québécoise répond « Non ».

Nous ne sommes pas irrémédiablement collés à la mélasse de nos vieux défauts : nous pouvons changer nos comportements collectifs de consommateurs d'idées et de produits. D'autres sociétés l'ont fait avant nous.

Pour voir grandir l'arbre québécois, il va falloir l'émonder de quelques cordes trop sensibles, « lui faire maintes entailles dans sa chair ».

C'est aux Québécois à jouer du sécateur.

Certains de nos traits caractériels sont négatifs, d'autres positifs, chacun étant un défi, puisqu'il nous faut atténuer les uns et développer les autres. Il faut mettre les cordes à notre service plutôt que d'en être les esclaves.

C'est là le message que me rapportait le feedback.

« Merci pour le poster » m'écrivait un étudiant. « J'ai réalisé que nos racines sont notre sous-sol et que je ne laisserais pas aux autres le soin de les exploiter. Je pars en guerre, contre les cordes 7, 9, 10, 13, 19, 21 et 36. Les autres, je peux vivre avec encore un peu... »

Mais le feedback n'a pas toujours été aussi positif.

La première publication « officielle » du schéma des « 36 cordes » tel qu'il apparaît, corrigé, en page couverture, fut publié par inadvertance dans « Communication de Masse et Consommation de Masse » en 1975, et présenté plus comme l'instrument machiavélique d'un manipulateur qu'un nouveau moyen d'élargir le débat entre la publicité et la consommation. Ce quiproquo me valut une contre-réaction désavantageuse que j'ai corrigée depuis.

Suite à la description « manipulée » d'une dizaine de « cordes sensibles » dans « La Machine à effacer le temps », de **Jean-Pierre**

Lefebvre, j'ai reçu une douzaine de lettres me demandant une description des 36 cordes au complet dont cinq ou six, qui m'enguirlandaient dans le plus pur vocabulaire marxiste, et une dernière qui me recommandait « de ne pas publier cette recherche, matière pour initiés, qui risque de nuire aux Québécois, incapables historiquement de distinguer le Mal du Bien... Ceux-là même que vous voulez aider vont vous lapider... J'espère seulement que vous êtes indépendant de fortune et moins sensible aux coups que **Jean-Paul Desbiens**. Voyez sur quelle croix ils l'ont cloué », le petit « frère » etc. etc.

Je peux rassurer mon correspondant ! Si Untel, avant de monter « sur sa croix » avait eu la précaution de citer la très belle et très amère pensée de **Miguel De Unamuno**, moi, je vais protéger mes arrières avec une pensée de **Pascal** : « Quand un discours naturel peint une passion, ou un effet, on trouve en soi-même la vérité de ce que l'on attend, laquelle on ne savait pas qu'elle y fut, en sorte *que l'on est porté à aimer celui qui nous la fait sentir* : car il ne nous fait pas montre de son bien propre mais du nôtre *et ainsi ce bienfait nous le rend aimable* ». Et comme Untel, et à mon âge, ce ne sont plus les croix qui font peur...

Plus tard, en écoutant l'enregistrement d'un cours de français donné à l'aide des « 36 cordes » par le professeur **Marie Bellerive** à l'université Concordia à des étudiants anglophones, j'ai entrepris de traduire ce livre en anglais. Les commentaires des élèves, pas méchants, mais tellement loin de la réalité, m'ont fait comprendre que la fameuse question « What do they want ? » était bien plus « Who are they ? » Et tant mieux si les Anglo-saxons arrivent un jour à nous comprendre.

Mais le feedback ne fait que commencer...

Comme Jason aux prises avec les Méduses, un piège envoûtant me guettait en fouillant nos cordes sensibles, celui de succomber au plaisir facile d'être le directeur de conscience de la masse québécoise. Je ne suis ni ethno-psychologue ni ethno-psychiatre. D'autres pourront moraliser. Mais il m'a semblé que le temps était plus propice pour être à l'écoute des Québécois que de leur dire quoi faire.

J'ai donc voyagé à travers des lieux communs, (j'ai écrit un livre que tout le monde avait déjà lu), et dans le sens que l'entend l'homme de théâtre **Grotowski**, « Dégager du texte dramatique l'archétype : c'est-à-dire symbole, mythe, image, motifs enracinés dans les traditions d'une culture nationale, ayant valeur de métaphore, de modèle de la condition humaine, de la destinée de cet homme ». La publicité étant aussi spectacle, elle n'aura pas échappé au théâtre ésotérique.

Entre penser et être attentif, j'ai choisi d'être attentif et je suis resté publicitaire.

« On peut le certifier d'avance, écrit **Henri de Lubac**, celui qui répondra le mieux aux besoins de son époque sera quelqu'un qui n'aura pas cherché d'abord à y répondre. C'est ce qu'on trouve au fond de soi, pour soi, qui a chance de devenir pour d'autres le remède typique et l'aliment essentiel ».

Cette phrase m'a fait penser au « Roots » d'**Alex Hailey**. C'est spontanément que j'ai décidé de rencontrer cet auteur à succès pour lui parler « de mes racines ».

Hailey et son recherchiste, **Sims**, ont écouté cet autre « minoritaire à racines » avec une certaine fraternité. « Ce genre d'essai, a dit **Hailey**, se méfie des adjectifs... parce qu'ils engagent trop l'auteur (j'en ai fait sauter au moins deux cents de mon manuscrit original). « Il faut, a-t-il précisé, prendre garde à ce que l'on dit quand on s'adresse à une société de tradition orale : elle a toujours tendance à exagérer la vérité de ce qui est écrit... On doit se contenter de poser des questions, dans son propre style, avec son propre tempérament. »

Et je n'ai voulu rien avancer que je n'aie observé empiriquement, entomologiquement et « publicitairement », depuis vingt-cinq ans, soit dans *mes campagnes* de publicité ou celles des autres, par rapport aux résultats.

« Je suis plutôt une espèce de chanceux, je n'ai de compte personnel à régler avec qui que ce soit... » disait le Frère Untel. C'est bien mon cas.

Ce livre ne m'aurait pas été inspiré si je n'avais eu moi-même quelque chose à apprendre. Un livre n'est valable que si ses lecteurs, individuellement ou collectivement, apprennent quelque chose à son auteur.

Je reste sur ma faim et je songe à l'angoissante question d'**Arkon Daraul** : « Le véritable mystère des mystères est de savoir où et comment des hommes ont appris pour la première fois qu'ils peuvent conditionner d'autres hommes par des techniques précises ».

Nomenclature

ACHEVÉ D'IMPRIMER
EN FÉVRIER 1980
SUR LES PRESSES DE
PAYETTE & SIMMS INC.
À SAINT-LAMBERT, P.Q.